国家社会科学基金项目（10BJY072）资助

中国农地资源保护机制研究

张合林◇著

中国社会科学出版社

图书在版编目（CIP）数据

中国农地资源保护机制研究/张合林著. —北京：中国社会科学
出版社，2015.6
ISBN 978 - 7 - 5161 - 6296 - 5

Ⅰ.①中…　Ⅱ.①张…　Ⅲ.①农业用地—土地资源—土地
保护—研究—中国　Ⅳ.①F323.211

中国版本图书馆 CIP 数据核字（2015）第 131073 号

出 版 人	赵剑英
责任编辑	卢小生
特约编辑	李舒亚
责任校对	周晓东
责任印制	王 超

出　　版	中国社会科学出版社
社　　址	北京鼓楼西大街甲 158 号
邮　　编	100720
网　　址	http：//www.csspw.cn
发 行 部	010 - 84083685
门 市 部	010 - 84029450
经　　销	新华书店及其他书店

印　　装	北京君升印刷有限公司
版　　次	2015 年 6 月第 1 版
印　　次	2015 年 6 月第 1 次印刷

开　　本	710×1000　1/16
印　　张	16
插　　页	2
字　　数	270 千字
定　　价	58.00 元

序

　　随着工业化和城镇化的推进，以及一些村庄的扩张，大量的农地正在被以各种方式吞食。还可以看到，一些地级市的城区边界甚至已和县城相连，中间大量的农地被"转化"为开发区。中国的农地绝对数量虽然问题不大，但关键是农民愿意耕作、能为其带来利益的土地不足。为避免粮食成为"奢侈品"，必须首先尽可能地把适合规模化农业的平原地区的农地保护起来。农地，除了生产农产品的功能以外，还有一种"敞地"功能。城市民众在钢筋混凝土建筑物的森林里生活，需要大面积的敞地来调节心理感受，这是一种公共需求。城市化水平越高，公众的这种需求越大。我们需要建立一种"大农业"的农地概念，可以说，保护一切农地资源，包括草原、湿地、可利用荒地、林地，等等。

　　我对我国的农地保护前景有三忧：一忧对农地保护的认识不到位，二忧农地保护重数量轻质量，三忧保护机制有缺陷。农业种植的综合效益不高，让一些地方对农地的流失"陷于麻木"，严重影响农民从事农业种植的积极性。现行有关土地规划管理体制并不利于保护耕地，因此需要体制改革。做好农地保护工作，要有一整套政策措施协调推进，如果没有视野更大的农地保护政策体系，基本农田保护的"红线"就难守住。

　　张合林教授的《中国农地资源保护机制研究》一书，对中国工业化、城镇化进程中农地资源保护所涉及的许多重大问题，做了较系统和深层次的规范与实证研究分析，重点探索建立在国家宏观调控下以市场机制为主的农地保护长效机制及其发展路径，构建农地市场机制保护的体制改革与制度创新的整体性框架方案，同时提出了我国农地资源市场机制保护的配套措施与政策建议组合。本书具有如下主要学术特色和创新：

　　首先，本书的一个重要贡献是对典型国家和地区特别是美国的农地资源保护机制及经验进行了全面、系统的研究总结，为我国农地资源保护提供了重要借鉴与启示，为我国社会主义市场经济改革方向的农地保护制度改革提供了重要经验和依据，也彰显了本书的国际视野。比如，对美国农地资源保护机制及经验的三点发现及提出的四点借鉴与启示具有重要的价值。

其次，作者提出实现从现行的以行政手段为主的农地资源保护制度向以市场机制为主的农地资源保护长效机制的转变，是本书的重要观点和研究思路，全书紧紧围绕这条逻辑主线，层层展开研究，思路非常清晰。作者采用规范和实证的研究方法，深刻剖析了我国农地资源保护的基本状况及存在的问题与原因。通过对我国农地资源保护政策体系及其演进、农地资源保护机制的缺陷与矛盾、农地资源的利用现状及其变动趋势、农地保护的地方实践模式、农地资源保护中存在问题及原因的深刻剖析，发现我国目前以行政计划为主的农地保护制度存在政府治理成本高昂，市场性、经济性、利益调节性的调控措施手段缺失，农地资源大量损失，农地质量及利用效率低下，农民土地权益受损严重等突出矛盾和问题，从而得出结论，即在国家科学宏观调控下农地资源的市场机制保护是有效地保护农地资源的必然要求和努力改革与完善的方向。同时，通过现行行政计划为主的农地保护制度下农地保护相关参与主体的博弈分析和不同市场化、市场机制发育程度环境下农地保护效率的实证分析及实地问卷调查研究分析，证明农地资源保护的效率同市场化程度具有高度正相关性，进一步有力地支撑了上述规范研究结论，从而提出了我国农地资源保护机制转变的重要观点。

再次，探索了国家宏观调控下以市场机制为主的农地保护长效机制，提出了农地保护体制改革创新的整体性框架方案，指出了打通农地资源保护机制转变的发展路径。作者讨论了包括完整的农地产权、城乡统一土地市场、农地资源配置的市场机制，以及包括农地资源保护的利益约束机制、经济补偿机制、激励机制和利益调节机制的"四位一体"的农地保护利益调整体系，构建了在国家宏观调控下的以市场机制为主线的农地保护长效机制及其农地保护政策分析基础。

最后，提出了我国农地资源市场机制保护的配套措施与政策建议组合，内容包括市场机制保护框架下由 12 个相关政策措施组成的多重农地保护政策体系，以土地利用规划调控、土地用途管制、土地规模控制、土地法律调节和土地税收调节为主的政府宏观调控政策措施保障。这些意见具有可操作性，如能转化为政策，将促进我国农地资源的有效保护。

　　本书是由张合林教授在其完成的国家社科基金项目"我国农地资源保护的市场机制、发展路径与制度创新研究"基础上进一步修改、完善而成，凝聚了他多年研究工作的心得，反映了他的学术思想的深厚积淀。本书的出版，也给农地保护研究领域增添了一抹亮光，委实可喜可贺。

中国社会科学院农村发展研究所研究员、博士生导师

党国英

2015 年 3 月 26 日于北京

摘　　要

　　随着工业化、城市化的快速发展，世界各国都产生了农地资源的明显数量减少和不同程度的质量退化问题，对农地资源进行有效保护成为世界性课题并取得了丰富经验。农地是生存之本、发展之基。我国在保护农地特别是耕地方面付出了很大努力，取得一定成绩。然而从多年的实践看，我国农地保护的效果不够理想，不少地区农地保护及其引发的问题突出。究其原因，除了缘于我国快速工业化、城镇化用地刚性需求与土地供应二者之间的突出矛盾外，还与目前我国采取的以行政计划为主的土地资源配置、土地管理和农地保护制度安排缺陷有关。所以，在坚持"十分珍惜、合理利用土地和切实保护耕地"基本国策下，探索完善和创新农地保护体制机制，以实现我国农地资源的有效保护和可持续利用，是亟须研究解决的重大课题。

　　本书由三部分组成，共分八章。

　　第一部分包括第一章至第三章。第一、第二章主要阐释了本选题研究背景、研究目的和意义、基本概念、研究范围与方法，对中外农地资源保护的研究文献和基础理论进行了研究和评价，进而提出本书的研究目的、基本思路和创新点。第三章对典型国家和地区特别是美国的农地资源保护机制及经验进行了全面系统研究，总结出农地资源保护的一般规律及科学合理实用的保护方法手段，为我国农地资源保护提供了重要借鉴与启示。这些典型国家和地区特别是美国较早形成的比较完备的农地资源市场保护机制和体系，主要运用或基于市场机制对农地资源进行了有效保护，为我国社会主义市场经济改革方向的农地保护制度改革提供了重要经验依据。

　　第二部分由第四、第五章组成。第四章对我国农地资源保护基本状况及问题与原因进行了规范和经验研究。通过对我国农地资源保护政策体系及其演进、农地资源保护机制的缺陷与矛盾、农地资源的利用现状及其变动趋势、农地保护的地方实践模式、农地资源保护中存在问题及原因的深刻剖析发现，我国目前以行政计划为主的农地保护制度存在政府治理成本高昂，市场性、经济性、利益调节性的调控措施手段缺失，农地资源大量流失，农地质量及利用效率低下，农民土地权益受损严重等突出矛盾和问题，从而得出结论，即在国家科学宏观调控下农地资源的市场机制保护是有效保护农地资源的必然要求和努力改革与完善的方向。第五章对我国农地资源保护机制进一步进行了实证分析。通过对现行行政计划为主的农地保护制度下农地保护相关参与主体的博弈分析，不同市场化程度地区、不同市场机制发育程度阶段农地保护效率的实证分析以及实地问卷调查研究分析，证明在以行政计划手段为主的农地制度保护框架下，各保护主体按照自身利益最大化原则进行博弈，最终的博弈结果是各方利益制衡下农地保护最终目的难以实现；同时发现，无论是同一时期不同市场化程度地区，或者同一地区不同市场机制发育程度时期，农地资源保护的效率都同市场化程度呈高度正相关性，说明市场机制更有利于有效保护农地资源，所以，通过相关体制改革和制度创新，建立健全农地保护市场机制并实行农地资源的市场机制保护，将能够有效提高我国农地资源保护的整体效率，更有利于农地保护目标的实现。

第三部分包括第六、第七章，是本书的核心。第六章重点探索建立在国家宏观调控下以市场机制为主的农地保护长效机制及其发展路径。基于建立的农地资源市场机制保护理论、"五位一体"目标、三大基本原则，借鉴国外发达国家和地区农地保护的机制与经验，从完整的农地产权，城乡统一土地市场，农地资源配置的市场机制和包括农地资源保护的利益约束机制、经济补偿机制、激励机制和利益调节机制"四位一体"的农地保护利益调整体系，国家宏观调控政策措施等方面，探索构建在国家宏观调控下的以市场机制为主的农地保护长效机制。同时设计"社会主义市场经济改革方向"的包括农地产权制度改革→土地征用制度改革→城乡统一土地市场制度建设→转变城镇化发展方式→完善地方发展评价及干部政绩考核体系的"五位一体"的体制改革与制度创新的整体性框架方案，通过其实施建立由现行以行政计划为主的农地保护机制转到新的以市场机制为主的农地保护长效机制的发展路径，打通农地资源保护机制转换的通道。在第七章提出我国农地资源市场机制保护的配套措施与政策建议组合。本书建立的以市场机制为主的农地保护长效机制，有很强的针对性，强调依据各种所有制经济依法平等使用生产要素、公开公平公正参与市场竞争、同等受到法律保护以及要素平等交换、利益合理分享等市场规则、定价原则、内在机制对我国农地资源进行有效保护，强调国家宏观调控政策对以市场机制为主的农地保护机制的调控与保障，使市场在农地资源配置与保护中起决定性作用和更好发挥政府作用，实现市场机制与政府调节的有机结合。为此提出既有战略高度又便于实际操作的我国农地资源市场机制保护的配套措施与政策建议组合，包括市场机制保护框架下由十二个相关政策措施组成的多重农地保护政策体系，以土地利用规划调控、土地用途管制、土地规模控制、土地法律调节和土地税收调节为主的政府宏观调控政策措施保障。

第八章对全书进行总结，对有关问题的研究进行了展望。

关键词：农地资源保护　市场机制　发展路径　制度创新　政策措施

Abstract

With the rapid development of industrialization and urbanization, all countries in the world have produced a marked decrease in the number of farmland resources and degree of quality degradation problem, effective protection of farmland resource become a worldwide topic and has gained rich experience. Farmland is the essence of survival and development. In the protection of farmland especially cultivated land, our country paid great efforts and made certain achievements. However, from years of practice, our farmland protection effect is not ideal enough, farmland protection caused prominent problems in many areas. Investigate its reason, besides the obvious contradictions between the result from the rapid industrialization, the urbanization of our country with the rigid demand and the supply of land, also related to the arranged defects in allocation of land resources, land management and farmland protection system which under the primarily administrative plan adopted by our country now. So, in adherence to the basic national policy "treasure, rational use of land and protecting farmland effectively", keeping pace with the times, to explore the improvement and innovation of rural land protection mechanism, in order to realize the sustainable utilization of land resources and effective protection of our country is an urgent issue which needs to study and solve.

This project research consists of three major parts, divided into eight chapters.

The first part, form chapter one to chapter three. The first and second chapter mainly explains the research background, research purpose and significance of this topic, the basic concept, research scope and methods, make research and evaluations on research literature on the farmland resources protection and the basic theory of both home and abroad, then puts forward the basic ideas and innovation points of this project research. The third chapter conducted the comprehensive system research of the typical countries and regions, especially American farmland resources protection mechanism and experience, summed up the general law and scientific, reasonable and practical methods of farmland resource protection, and provides an important reference and enlightenment for our country's protection of farmland resources. These typical countries and regions, especially in American earlier formed a relatively complete farmland resources market protection mechanism and system, the main use of, or based on the effective protection of farmland resources in the market mechanism, provides an important basis experience for the direction of our socialist market economy reform of farmland protection system reform.

The second part, including the fourth and fifth chapter. The fourth chapter makes an norms and empirical research on the basic situation and problems of farmland resources protection in China. Through deep analysis on our country's land resources protection policy system and its evolution, defect and contradiction of land resource protection mechanism, the present utilization situation of the farmland and its change tendency, local practice mode of farmland protection, problems and reasons exist in the protection of farmland resources, found that farmland protection system in our country at present is given priority to with the administrative plan exists many outstanding contradictions and problems, such as the high cost of government governance, marketability, economy, and interest regulation lack of means of regulation and control measures, a significant drain on farmland resources, the quality of farmland and use efficiency is low, The farmers' land rights and interests are damaged seriously and so on. To come to the conclusion that the protection of farmland resources in the market mechanism which under the macroeconomic regulation and control is the necessary requirement of effective protection of farmland resources and the direction of efforts to reform and perfect. Chapter 5 carried further empirical analysis on mechanism of farmland resources protection in our country. Through the game analysis of farmland protection related participators that based on the existing administrative plan, empirical analysis and field survey research of different degree of market area, different market mechanism development stage of farmland protection efficiency, shown that under the farmland system protection framework which in the mainly administrative planning measures. The main body in accordance with the principle of maximize their own interests to protect, the final game result is under the balance of all parties interests, the purpose of farmland protection were difficult to achieve ultimately. Also we found that both the same period in different marketing degree of area, or with different degree of market mechanism in the same area, the efficiency of farmland resources protection with the degree of marketization is highly positive correlation. It means the market mechanism is more conducive to the effective protection of farmland resources. So, through the related farmland protection system reform and system innovation to establish and perfect the market mechanism and implement the market mechanism to protect farmland resources, will be able to effectively improve the overall efficiency of farmland resources protection in China, is more advantageous to achieve the goals of farmland protection.

The third part, including chapter 6 and chapter 7, is the core part of this research. Chapter 6 mainly exploration the long – term mechanism and development path of farmland protection with the market mechanism, which based on the national macroeconomic regulation and control, based on the market mechanism of farmland resources protection theory, "five in one" target, three basic principles, draw lessons from foreign experience and the mechanism of farmland protection in the developed countries and districts, from the complete farmland property right, unified land market between urban and rural areas, farmland resource allocation of market mechanism, and "four in one" farmland protection benefit adjustment system which include benefit restraint mechanism the economic compensation mechanism, incentive mechanism and interest adjustment mechanism, national macro – control policy measures etc. To explore construct long term mechanism under the national macroeconomic regulation and control to the market mechanism as the main protection of farmland, at the same time to design a "socialist market economy reform direction" of the "five in one" framework, it is a reformation and innovation of the whole frame scheme, Including the farmland property right system reform, the reform of land expropriation, unified urban and rural land market system construction and transformation of urbanization development mode, perfect the system of achievement evaluation and cadre of local development. Through its implementation, which is mainly composed of administrative plan established by the current farmland protection mechanism to the new market mechanism to give priority to the development path of farmland protection long - term mechanism, get through the channel of farmland resources protection mechanism transformation. In the seventh chapter emphasizes the market mechanism to protect farmland resources in China are put forward corresponding measures and policy recommendations. This project set up the long - term mechanism to market mechanism as the main farmland protection, has very strong pertinence, emphasize on the equal use of production factors in accordance with all kinds of ownership economy law, public fair to participate in market competition, same legal protection as well as the factors of equal exchange, interests reasonable share of market rules, pricing principle, internal mechanism to effectively protect farmland resources in China, emphasizes the national macroeconomic regulation and control policy to regulate and protect the farmland protection market mechanism, to make the market play a decisive role in allocation and protection of farmland resources and play the role of the government better, so as to realize the organic combination of market mechanism and government regulation. Therefore put forward the combination of supporting measures and policy suggestions to protect our country's farmland resources market mechanism, which both strategic and practical, including multiple farmland protection policy system that consists of twelve related policies and measures, and all of this under the market mechanism protect framework. In addition, also includes the security of government macro - control policy measures, it is based on the land use planning, land use control, land scale control, land law adjustment and land tax adjustment.

Finally, in chapter 8 of all research conducted a conclusive summary, and make a prospect for relevant issues research.

Key words: Farmland resources protection; the market mechanism; Development path; System innovation; Policies and measures

目 录

第一章 导论

第一节 研究背景与问题的提出

一 研究背景

土地承载万物，为人类提供了生存权和发展权，是一切人类活动的物质基础。农地资源是进行农业生产的基础要素，农地为人类提供生存和发展所需的粮食、蔬菜、水果、木材等实物型基本农产品；同时农地还具有净化空气、涵养水源、调节气候、防止水土流失、维护生物多样性等诸多生态效益；提供开敞空间、优美景观、休闲娱乐、环境舒适性、文化服务等非实物型社会效益，带来巨大的社会福利，具有不可替代性和不可再生性，为珍贵的稀缺资源。农地的减少势必导致其附属的生产功能、生态功能和社会效益的减少甚至消失。因而，世界各国在工业化、城市化发展过程之中，都普遍采取各种措施，控制城市化开发占用农地资源、保护优质农地资源用于农业生产，把农地有效保护当作关乎经济、社会和生态发展的重要问题来付诸努力。

我国是一个拥有960万平方公里的世界土地面积的第三大国，但绝大部分国土面积被高山、丘陵和沙漠所覆盖，有的耕地也不宜耕种，实际上真正能养活13多亿中国人、适宜稳定利用的耕地面积也就是18亿亩多。① 从人均耕地的国际比较看，仍呈下降趋势。1996 年，我国人均耕地 1.59 亩（第一次全国土地调查数据），随着人口增长、城镇化加速发展和其他因素，到 2009 年，下降到人均耕地 1.52 亩，明显低于世界人均耕地 3.38 亩的水平，仅占世界人均耕地的近 45%，且区域间很不平衡。② 随着我国人口的增加，人均耕地在未来相当长的时期内还会进一步减少。可见，我国人均耕地少、耕地质量总体不高、耕地后备资源不足的基本国情没有改变，综合考虑现有耕地数量、质量和人口增长、发展用地需求等因素，耕地保护形势仍十分严峻。因此，必须采取世界上最严格、最科学的措施，对耕地进行保护，坚决守住耕地保护红线和粮食安全底线，确保我国实有耕地数量基本稳定，不断提高耕地质量。

二　问题的提出

民以食为天，食以土为本。土地是生存之本、发展之基，关系各行各业，影响千秋万代。我国历来十分重视耕地保护，先后制定了一系列重大方针、政策，一再强调加强土地管理，切实保护耕地。早在 1986 年，我国就颁布了《土地管理法》，并在 1998 年的修订版中把"十分珍惜、合理利用土地和切实保护耕地"定为一项基本国策。进入 21 世纪，尤其是 2006 年取消农业税以来，我国逐渐开始实行最严格的土地管理制度和最严格的耕地保护制度，我国在保护农地特别是耕地方面付出了很大努力，取得一定成绩。然而，从多年实践看，我国耕地保护的效果并不理想，在快速工业化、城镇化进程中不少地区农地问题日益突出，主要表现在两方面：一是政府高昂的治理成本、农地资源大量损失、农地质量及利用效率

---

① 国土资源部，国家统计局，国务院第二次全国土地调查领导小组办公室：《关于第二次全国土地调查主要数据成果的公报》（2013 年 12 月 30 日）；王世元：《在国务院新闻办新闻发布会上的情况介绍》（2013 年 12 月 30 日）。根据国务院决定，自 2007 年 7 月 1 日起，开展第二次全国土地调查（简称二次调查），于 2009 年底完成，以 2009 年 12 月 31 日为标准时点汇总二次调查数据。时隔四年，2013 年 12 月 30 日，第二次全国土地调查主要数据成果正式发布。调查显示，截至 2009 年 12 月 31 日，全国耕地共 203077 万亩，比基于第一次调查（1996 年）逐年变更到 2009 年的耕地数据多出 20380 万亩。虽然二次调查的耕地数据多了 2 亿亩，但并不是说我国实有耕地数量真的增加了，主要是由于调查标准、调查手段和技术方法的改进等，把原有的、实有的耕地调查了出来。同时，我国东北和西北地区的林区和草原以及 25 度陡坡地上的 1.49 亿亩耕地，相当一部分要有计划、有安排地进行退耕还林，还有相当数量的耕地因中重度污染已不太适宜耕种，还有相当一部分耕地因工矿塌陷、地下水超采也不适宜耕种。所以，总的来看，适宜稳定利用的耕地仅 18 亿亩多。

② 《二次调查新闻发布会答问实录》（2013 年 12 月 30 日）；陈仁泽：《人多地少的基本国情没有改变》，《人民日报》2013 年 12 月 31 日第 9 版。

低下、围绕农地的价格机制不健全等。据统计和专家测算①，改革开放 30 多年来我国耕地减少了约 3 亿亩，平均每年减少 1000 万亩②；即使采用与二次调查同样的年度土地利用变更调查也显示，2009 年到 2012 年的三年间耕地减少约 400 万亩，年均减少 100 多万亩。③ 二是失地农民几何增长、农民土地权益受损、农民纯收入增长的比例失衡等问题日益严峻。究其原因，除了缘于我国快速城镇化、工业化用地刚性需求与土地供给二者之间的突出矛盾外，还与目前我国采取的以行政计划为主的土地配置、土地管理和农地保护制度安排的缺陷有关。所以，在坚持"十分珍惜、合理利用土地和切实保护耕地"基本国策下，与时俱进，探索完善和创新农地保护体制机制，实现我国农地资源的有效保护和社会福利的最大化，是亟须研究解决的重大课题。

第二节　研究目的和意义

一　研究目的

党的十七届三中全会通过的《中共中央关于推进农村改革发展若干重大问题的决定》提出，我国"农业发展方式依然粗放，耕地大量减少，保障国家粮食安全和主要农产品供求平衡压力增大"，要"坚持最严格的耕地保护制度，层层落实责任，坚决守住十八亿亩耕地红线"。党的十八届三中全会通过的《中共中央关于全面深化改革若干重大问题的决定》明确指出："经济体制改革是全面深化改革的重点，核心问题是处理好政府和市场的关系，使市场在资源配置中起决定性作用和更好发挥政府作用。市场决定资源配置是市场经济的一般规律，健全社会主义市场经济体制必须遵循这条规律。必须积极稳妥地从广度和深度上推进市场化改革，大幅度减少政府对资源的直接配置，推动资源配置依据市场规则、市场价

---

① 蔡继明：《中国土地制度改革的"顶层设计"》，http：//www.tfswufe.net/Article_Show.asp? ArticleID=4602，2012 年 10 月 29 日。

② 国土资源部：《2012 年国土资源公报》，国土资源部网站，http：//www.mlr.gov.cn/zwgk/tjxx/201304/t20130420_1205174，2013 年 4 月 20 日。

③ 根据《二次调查新闻发布会答问实录》（2013 年 12 月 30 日）有关数据计算而得。

格、市场竞争实现效益最大化和效率最优化。"① 要"坚持和完善最严格的耕地保护制度","赋予农民更多财产权利","推进城乡要素平等交换和公共资源均衡配置"。党的十八届三中全会之后召开的中央农村工作会议进一步强调:"耕地红线要严防死守,18 亿亩耕地红线仍然必须坚守,同时现有耕地面积必须保持基本稳定。调动和保护好'两个积极性',要让农民种粮有利可图、让主产区抓粮有积极性,中央和地方要共同负责,中央承担首要责任,各级地方政府要树立大局意识,增加粮食生产投入,自觉承担维护国家粮食安全责任。""关于'谁来种地',解决好这个问题对我国农业农村发展和整个经济社会发展影响深远。核心是要解决好人的问题,通过富裕农民、提高农民、扶持农民,让农业经营有效益,让农业成为有奔头的产业,让农民成为体面的职业,让农村成为安居乐业的美丽家园。"② 这是在总结我国 30 多年来经济体制改革实践,从完善社会主义市场经济体制特别是完善现代土地市场体系出发,对使市场在土地资源配置中起决定性作用和实现农民土地财产权益提出的新要求。这些重要文件精神为我国坚持和完善最严格的耕地保护制度,创新农地有效保护机制提供了政策空间,也为推进相关领域的改革指明了方向。本书研究的主要目的,就是通过完善和深化有关体制改革,探索建立在国家宏观调控下以市场机制为主的农地保护长效机制,从而获得农地保护经济效益、社会效益、生态效益的全面实现,以期为促进我国农地的有效保护和农地资源的可持续利用提供理论依据和智力与技术支撑。为此,主要进行如下研究:

第一,系统研究国内外相关文献、基本理论、典型国家和地区农地资源保护机制经验。通过对国内外相关文献和基本理论的系统研究分析,掌握已有的研究进展和基本的理论基础,有利于建立本书的研究思路和理论分析框架,使本书研究更加理性和科学。通过对典型国家和地区尤其是美国农地资源保护机制及经验的全面系统研究,总结出农地资源保护的一般规律及科学合理实用的处理方法与手段,为我国农地资源保护提供借鉴与启示。

第二,剖析我国农地资源保护的基本状况及存在问题与原因,并用实证研究予以佐证。通过对我国农地资源保护政策体系及其演进、农地资源

---

① 徐华:《在新的历史起点上吹响全面深化改革"集结号"》,《中外企业家》2013 年第 30 期。

② 《中央农村工作会议公报》,《人民日报》2013 年 12 月 25 日第 1 版。

保护机制的缺陷与矛盾、农地资源的利用现状及其变动趋势、农地保护的地方实践模式、农地资源保护中存在问题及原因的深刻剖析，发现我国目前以行政计划为主的农地保护制度存在政府治理成本高昂，市场性、经济性、利益调节性的调控措施手段缺失，农地资源大量损失，农地质量及利用效率低下，农民土地权益受损严重等突出矛盾和问题，从而得出结论，即在国家科学宏观调控下农地资源的市场机制保护是有效保护农地资源的必然要求和努力改革与完善的方向。同时通过现行以行政计划为主的农地保护制度下农地保护相关参与主体的博弈分析和不同市场化、市场机制发育程度环境下农地保护效率的实证分析及实地问卷调查研究分析，进一步支撑了上述研究结论。

第三，探索建立在国家宏观调控下以市场机制为主的农地保护长效机制及其发展路径。基于建立的农地资源市场机制保护的理论、"五位一体"目标、三大基本原则，借鉴国外发达国家和地区农地保护的机制与经验，针对我国农地保护的突出问题及其约束条件，从完整的农地产权，城乡统一土地市场，农地资源配置的市场机制和包括农地资源保护的利益约束机制、经济补偿机制、激励机制和利益调节机制的"四位一体"的农地保护利益调整体系，国家宏观调控政策措施等几个方面，探索构建起在国家宏观调控下的以市场机制为主的农地保护长效机制。同时，通过设计"社会主义市场经济改革方向"的包括农地产权制度改革→土地征用制度改革→城乡统一土地市场制度建设→转变城镇化发展方式→完善地方发展评价及干部政绩考核体系的"五位一体"的体制改革与制度创新的整体性框架方案，建立由现行以行政计划为主的农地保护机制转到新的以市场机制为主的农地保护长效机制的发展路径，打通农地资源保护机制转换的通道。

第四，强调提出我国农地资源市场机制保护的配套措施与政策建议组合。本书建立的以市场机制为主的农地保护长效机制，有很强的针对性，强调依据各种所有制经济、依法平等使用生产要素、公开公平公正参与市场竞争、同等受法律保护以及要素平等交换、利益合理分享等市场规则、定价原则、内在机制对我国农地资源进行有效保护，强调国家宏观调控政策对以市场机制为主的农地保护机制的调控与保障，使市场在农地资源配置与保护中起决定性作用，并更好地发挥政府作用，为此提出了既有战略高度又便于实际操作的我国农地资源市场机制保护的配套措施与政策建议组合，包括市场机制保护框架下多重农地保护政策体系以及相关管理服务和政府宏观调控政策措施保障。

二 研究意义

我国的农地保护问题与城市化、人口增长、区域开发模式、土地制度安排等息息相关，在现阶段，随着我国城市化的加速发展，城市扩张用地与农地资源保护之间的矛盾逐渐凸显，如何有效保护农地资源，引起了国内外学者的广泛关注，并产生了丰富的研究成果，这些研究成果无论是在理论上还是实践上都有重要的参考价值。但是，国内已有的研究成果往往就事论事，缺乏整体性的农地资源保护机制和制度设计，其具体农地保护模式、方法上也还存在分歧，需要进行深入系统的研究探讨。因此，本书具有重要理论和实践意义。

第一，通过对典型国家和地区农地资源保护机制及经验的全面研究，总结出农地资源保护的一般规律及科学合理实用的处理方法手段，为我国农地资源保护提供重要借鉴与启示。特别是通过对美国农地资源保护机制及经验的全面系统研究，我们得出了以下重要认识：美国主要通过调节、支出、税收和土地权益的收购四个方面的影响和再次减少税负、减缓耕地损失率和财政奖励与土地用途管制相结合三个方面的努力，成功实现了对农地资源的有效保护。美国在 20 世纪 90 年代已形成了比较完备的农地资源市场保护机制和体系，并不断创新和完善，属典型的农地资源成熟市场机制保护类型，其保护机制具有显著特点，并对我国的农地资源保护提供了重要借鉴与启示：一是农地资源保护目标的多样化与合理性；二是充分发挥市场机制作用，高度注重经济利益调节；三是各种法律法规与政策相互补充、配套实施；四是注重农地保护制度创新，形成公众参与农地保护制度环境氛围。以上研究成果对完善和转变我国农地保护机制有重要借鉴意义，也为我国市场化方向的农地保护制度改革提供了重要依据。

第二，通过规范研究和博弈、实证及实地问卷调查研究分析，得出结论认为：在国家科学宏观调控下农地资源的市场机制保护是有效保护农地资源的必然要求、努力改革与完善的方向，不仅对我国现行以行政手段为主的农地保护制度引发的突出经济社会问题有很强的针对性，并论证和指出了转变我国农地保护机制、完善和深化农地保护制度改革的方向，是对党的十八大及其三中全会关于全面深化改革战略部署的积极响应。

第三，基于建立的农地资源市场机制保护的理论、"五位一体"目标、三大基本原则，借鉴国外发达国家和地区农地保护的机制与经验，从完整的农地产权，城乡统一土地市场，农地资源配置的市场机制和"四位一体"的农地保护利益调整体系，国家宏观调控政策措施等几个方面，探索构建起在国家宏观调控下的以市场机制为主的农地保护长效机制。同时，通过设计"社会主义市场经济改革方向"的"五位一体"的整体性体制改革与制度创新的整体性框架方案，建立起由现行以行政为主的农地保护机制转到新的以市场机制为主的农地保护长效机制的发展路径，具有现实意义。

第四，研究提出的我国农地资源市场机制保护的配套措施与政策建议组合，包括市场机制保护框架下多重农地保护政策体系以及相关管理服务和政府宏观调控政策措施保障，将有利于促进和保障我国农地资源有效保护的实践活动。

第五，本书成果在一定程度上丰富了现代土地市场理论、现代土地产权理论和农地资源保护理论等。

第三节　研究范围与方法

一　基本概念与研究范围界定

（一）农地

关于农地的概念，国内学者从不同的视角提出相应的看法。王茨（2011）提出目前对农地的理解主要有三种：从土地所有权归属的角度进行理解，农地是农民集体土地的简称；从地域的角度进行理解，和"城市土地"相对，农地是农村土地的简称，包括农业用地和农村建设用地；从土地的利用途径和方式角度理解，农地是农业用地的简称。[①] 臧俊梅（2007）认为，从生态、经济或严格意义上讲，农地是一个由气候、地貌、植被土壤和微生物等多种自然要素和人工投入构成的一个人工自然综

---

① 王茨：《我国农地非农化配置效率研究》，博士学位论文，福建师范大学，2011 年，第 5 页。

合体，主要由耕地、园地、草地、滩涂及养殖水面等部分组成。① 我国《土地管理法》规定："国家编制土地利用总体规划，规定土地用途，将土地分为农用地、建设用地和未利用地。前款所称农用地是指直接用于农业生产的土地，包括耕地、林地、草地、农田水利用地、养殖水面等。"按照《全国土地分类》（中华人民共和国国土资源部 2001 年 8 月 21 日国土资发〔2001〕255 号印发，2002 年 1 月 1 日起试行）的土地类型划分标准，我国土地资源共分为农用地、建设用地和未利用土地三类，其中农用地主要包括农地、园地、林地、牧草地和其他农业用地等。1996 年第一次全国土地调查和 2009 年第二次全国土地调查数据均是依据该土地分类统计的。可见，我国通常使用的农地概念即农用地，主要包括农地、园地、林地、牧草地和农田水利用地、养殖水面等其他农业用地。因此，本书研究的农地是以为耕地为主的农用地。

（二）农地资源

闫广超、胡动刚（2012）认为，农地资源是指用于从事农业生产的土地，包括耕地、林地、园地、草地、农田水利用地和养殖水面等，是土地资源重要组成部分。② 田春、李世平（2008）认为，农地资源不仅是农业生产发展的重要物质基础，而且还承担着国家经济安全、社会保障等功能。③ 随着经济社会发展水平和人民生活质量的不断提高，以及可持续发展观念的深入人心，农地资源作为一种重要的稀缺资源逐渐呈现出用途广泛性和功能多样性的特点。提到农地资源，农地资源的安全问题就不容忽视，农地资源安全为土地资源安全研究的一个全新和未知的领域，其内涵更加多样化，认识上也应更广阔和全面。农地资源安全意味着一个国家或地区可以持续、稳定和经济地获取农地资源，并能保障人类身体健康，高效能生产效率和高质量生活水平，同时又不对现有的生态环境构成危害的农地资源形态或能力，不仅指农地资源数量和质量的保障，还应包括农地资源产权安全、利用安全、社会保障安全等更多方面

---

① 臧俊梅：《农地发展权的创设及其在农地保护中的运用研究》，博士学位论文，南京农业大学，2007 年，第 47 页。

② 闫广超、胡动刚：《农地资源安全问题及政策分析》，《科技创业》2012 年第 6 期。

③ 田春、李世平：《基于生态价值认知的农地保护机制初探》，《2008 年中国土地学会学术年会论文集》，2008 年 11 月，第 1577 页。

的内涵。① 农地资源相对农地而言，更强调其功能价值，作为稀缺资源之一的土地，能为人类带来许多生态价值和社会价值，这成为进行农地保护的原因之一。

（三）农地资源保护

为了保证农地资源的安全就必须进行农地保护。农地资源保护一直受到国家政府的密切关注，特别是近几年，随着农地资源保护形势的日益严峻，以实践为基础制定的有关农地资源保护制度和政策得到不断完善。农地资源保护是通过法律的、行政的和科学技术等手段，保护农地资源不受破坏的工作。宋丽俊（2013）指出，农地资源保护包括法律、法规和规章这三方面对农地资源保护的具体规定，除此之外土地整治也是耕地资源保护和可持续利用的一项重要举措。② 李凤梅（2010）认为，农地资源保护是指为了协调经济发展对农地需求矛盾，满足人类长期生存与发展的需要而采取的保持和提高农地资源数量、质量和生态环境的各种措施和行动。③ 贺晓英（2009）从更深层次诠释了农地资源保护的内涵，认为农地资源保护是为实现资源的合理利用，不能简单将农地保护理解为数量上的管控，而应是包括质量上的保护，进而达到农地整体生态系统与环境的保护，最终实现资源的优化配置，保证可持续发展。④ 国外学者对农地保护内涵与目的的研究主要有以下两种观点：一种观点认为，农地保护侧重于环境质量及与土地相关的因素研究，主要是对于环境或土质的保护；另一种观点则认为，农地保护侧重于土地本身数量质量的实证研究，出于粮食安全的考虑。由于当前我国仍处在社会主义初级阶段，发展是第一要务，农地资源保护目标的设立从国家粮食安全战略及生产利用角度考虑，包含数量和质量指标。⑤

综上所述，农地资源是人类从事物质生产必不可少的物质基础，非农

---

① 郭娜、孙佑海：《农地资源安全与保护及其战略研究》，《农业生态环境保护与农业可持续发展研讨会论文集》，2013 年 5 月 25 日。

② 宋丽俊：《太原市耕地保护存在的问题及法律对策》，硕士学位论文，山西财经大学，2013 年，第 8—9 页。

③ 李凤梅：《中国城市化进程中农地保护法律制度研究》，博士学位论文，中央民族大学，2010 年，第 1 页。

④ 贺晓英：《城市扩张中的农地保护机制研究》，博士学位论文，西北农林科技大学，2009 年，第 18 页。

⑤ 王利敏：《基于农田保护的农户经济补偿研究》，博士学位论文，南京农业大学，2011 年，第 11—12 页。

产业的发展同样需要大量的土地,而这些非农用地的基本增量来源通常都是农地。因此必须破除保护农地面积就是保护农地资源的狭隘观念,农地资源保护的本质含义应当是适应社会经济发展,通过完善和创新保护机制,有效保护和合理利用以耕地为主的农地资源特有的生态及生产功能,从而实现农地保护经济效益、社会效益、生态效益的统一和农地资源的可持续利用,这是本书研究的主要范围和任务。

二 研究路线与方法

(一)研究路线

本书按照提出问题、分析问题、解决问题的思路展开,研究重点在于探索建立在国家宏观调控下以市场机制为主的农地保护长效机制,从而实现农地保护经济效益、社会效益、生态效益等的统一和农地资源的可持续利用。为此,从我国当前农地资源保护现状与农地保护制度的发展与演化入手,通过对我国农地资源保护政策体系及其演进、农地资源保护机制的缺陷与矛盾、农地资源的利用现状及其变动趋势、农地保护的地方实践模式、农地资源保护中存在问题及原因的规范研究,农地保护相关参与主体的博弈分析、不同市场化和市场机制程度环境下农地保护效率的实证分析及实地问卷调查研究分析,比较和借鉴其他典型国家和地区农地资源保护机制及经验,指出当前在我国以行政计划手段为主的农地资源保护政策目标的实现面临严重挑战的情况下,通过农地资源保护体制的社会主义市场经济方向改革,加强运用产权约束手段、利益激励与协调等市场内在机制进行农地资源保护,是提高农地保护效率,降低农地保护成本的主要方向。基于建立的农地资源市场机制保护的理论、"五位一体"目标、三大基本原则,借鉴国外发达国家和地区农地保护的机制与经验,从完整的农地产权,城乡统一土地市场,农地资源配置的市场机制和"四位一体"的农地保护利益调整体系,国家宏观调控政策措施等几个方面,探索构建起在国家宏观调控下的以市场机制为主的农地保护长效机制。同时,通过设计社会主义市场经济改革方向的"五位一体"的体制改革与制度创新的整体性框架方案,建立由现行以行政计划为主的农地保护机制转到新的以市场机制为主的农地保护长效机制的发展路径,最后给出我国农地资源市场机制保护的配套措施与政策建议组合。根据以上研究思路,本书的研究技术路线如图1-1所示:

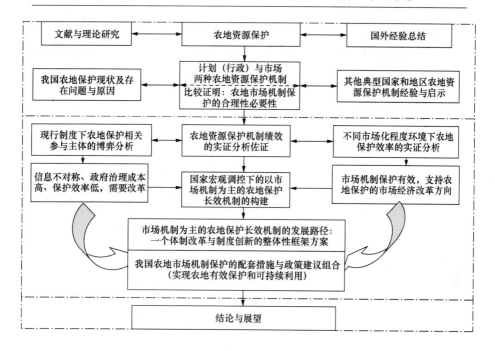

图 1 - 1 研究路线

（二）研究方法

1. 整体的结构主义研究方法

运用"整体（宏观）—结构（中观）—个体（微观）"三层次分析方法，既深入农地保护问题的微观层次——农地产权、价格、收益及农地保护参与主体等问题；又中观涉及农地市场机制保护长效机制构建及其农地保护机制转换的路径选择问题；还宏观层次涉及农地保护有关制度创新、农地市场机制保护的配套政策设计和国家宏观调控等问题。三个层面的整体把握及其问题的有效处理，最终解决农地资源的有效保护问题。

2. 理论概括与数理演绎相结合、定性与定量相结合的研究方法

理论概括与数理演绎相结合和定性与定量相结合的研究方法贯彻本书研究的全过程，它们有机统一、互相支撑、相得益彰，使本书的研究分析论证有理、有力、有据。

3. 理论分析、博弈分析与实证研究和对策研究相互佐证的研究方法

对于复杂的农地资源保护问题的研究，需要理论研究、实证研究和对策研究相互佐证。理论分析为本书研究提供有力的分析工具和核心结论，

对策研究是本书理论和机制制度创新实现的保障条件，而实证研究则是对本书研究结论成果的检验、修正和完善，为本书成果推广、运用提供切实可行的依据。三者的有机统一和互相佐证，保障本书研究成果的高度和厚实。

4. 比较研究和动态分析相结合的方法

农地资源保护问题一般是随着城市化进程加速而提出来的，欧美市场经济发达国家和其他典型国家及地区在此问题上已经有了较成熟的理论与经验，通过深入系统的研究、对比和发掘，吸收借鉴其经验并结合我国的实际，可望获得我国农地保护机制制度研究的创新。同时农地资源保护又是一个动态的发展过程，必须对其在动态变化中进行考察并与时俱进地进行理论、机制和制度创新。

第四节 国内外研究文献综述

一 国外文献综述

（一）关于农地资源保护的理念与动因

城市扩张引发农地流失是北美进行农地保护研究的起因。邦斯（Bunce, 1998）指出，欧洲在 20 世纪初已开始制定农地保护政策，正是由于发生在城乡边缘的农地流失，20 世纪 70 年代美国和加拿大政府也开始研究农地非农转用率，从而推动了农地保护。[①] 莱曼（Lehman, 1995）则认为，北美人口密度较低，且优质农地较多，所以部分人认为想要提高粮食产量，解决农业生产的问题，即使农地流失，也可以通过农业技术的投入来改善，由此以来农地就被看作是一种非稀缺的无限资源，因此直到 20 世纪 70 年代环境运动的出现，北美政府各界人士对农地保护的真正关注才逐渐形成，对城市开发占用农地的担忧成为其农地保护的动机。[②] 塞托和考夫曼（Seto and Kaufinann, 2003）通过构建"珠三角"土地利用影响因素的模型以及实地调查，得出促使农地非农化的因素主要是农地流

---

① M. Bunce, "Thirty years of farmland preservation in North America: Discourses and ideologies of a movement", *Journal of Rural Studies*, Vol. 14, No. 2, 1998.

② T. Lehman, *Public values, private lands: Farmland preservation policy*, 1933 – 1985, Chapel Hill: The University of North Carolina Press, 1995.

转产值的差异以及外商直接投资，在影响农地非农化流转驱动力方面，当地农民的行为远远没有大规模的直接投资重要，这就必然形成农地需要保护的动因。[1] Litenberg（2008）认为，中国当前的农地保护政策并不能使开发较大地区的农地非农化的压力有所减缓，反而不利于土地的合理利用，影响中国粮食问题的主要因素不是土地的流失，所以实现中国的粮食安全并不是农地保护的最主要目标，从而需要找到更坚定具体的理念确定进行农地保护的决心和动力，以及制定合理的保护政策以保护农地资源，维护农民利益。[2] Furuseth（1987）指出，影响农地保护的关键因素是确保后代食物的供应、环境以及农业遗产；相对于城市居民，农地保护意愿较强的是农地附近的居民。[3]

（二）影响农地资源保护的因素

Chengri Ding（2003）指出，中国当前的土地政策改革所面临的重要问题是：面对城市化所造成的用地需求的增长如何与耕地保护形成平衡，并对中国的耕地保护政策改革效果作了评价。[4] 从侧面反映了城市化的不断扩张，以及对农地的无限制占用成为影响农地保护的关键因素。马克·W. 斯金纳（Mark W. Skinner et al.，2001）以浙江省湖州市为例，从地方政府管制角度研究了经济快速发展对中国农地保护的影响，经研究分析，通过构建农地保护与环境、社会影响、农村工业化的区域效应的分析发现，地方政府的优先开发权与中央政府下达的农地保护指标对农地保护的区域响应具有同等程度的影响。此外，地方政府继续致力于通过耕地损失和退化来取得经济快速增长所需的土地，基于地方经济利益和地方行政分权在经济转型中的影响所得。[5] Lin（2003）通过对新中国成立以来各种制度对中国土地利用的影响研究，得出国家的规章制度对于农村土地利用的用地计划和行为方式影响较大。此外，几十年以来农地保护的制度变迁

---

① Karen C. Seto and Robert K. Kaufmann, "Modeling the Drivers of Urban Land Use Change in the Pearl River Delta, China: Integrating Remote Sensing with Socioeconomic Data", *Land Economics*, Vol. 79, No. 1, 2003.

② Erik Lichtenberg and Chengri Ding, "Assessing Farmland Protection Policy in China", *Land Use Policy*, Vol. 25, No. 1, 2008.

③ O. Furuseth, "Public attitudes toward local farmland", *Growth and Change*, No. 18, 1987.

④ Chengri Ding, "Land policy reform in China: Assessment and prospects", *Land Use Policy*, No. 2, 2003.

⑤ Mark W. Skinner et al., "Agricultural land protection in China: A case of local govemance in Zhejiang", *Land Use Policy*, No. 18, 2001.

途径最显而易见的是：最初的"事在人为"思想影响下形成的资源利用的方式；建立以"解决温饱"和经济社会发展为核心的规章制度；再到可持续发展规划，以"耕地总量动态平衡"为中心；最后影响农地保护措施和方式的不断变化，农地资源保护侧重点的调整无形中受国家制度的不断演进而变化。[①] 克林和阿利惠格（Kline and Alig, 1999）为了研究农地非农化在收入水平、农地所有权结构、城市增长边界、人口增长、农地保护区这些方面的影响，通过构建 Probit 模型进行分析。[②] 克林（1994）发现，环境因素在公众的农地保护中支持意愿最强，其次为食品供应，乡村社区环境和减缓城市开发占用农地。[③]

（三）进行农地资源保护的价值及影响

为了研究农地保护的价值，很多学者通过调查法，分析居民对农地保护的意愿。Halstead（1984）发现居住地离农地越近，对农地进行保护的意愿就越强。[④] Bergstrom（1985）指出，所研究之地的农地保护所能形成的生态效益每英亩大约是 13 美元，与平均值相比相对较低，究其原因，作为一个主要发展农业的地区，农地的生态效益不再是稀缺资源。[⑤] 杜克（Duke, 2002）利用条件价值估值法和支付意愿调查法，调查农地保护支付意愿在不同州或县的情况。[⑥] 加德纳（Gardner）则通过构建农地保护和开发的经济收益模型，体现农地保护所形成的粮食安全保障，从而产生的经济价值和生态价值。Wolfram、Bromley 和 Hodge，Lynch 和 Musser，Duke 和 Aull – Hyde 则在已有研究的基础上进行深化，认为农地保护的价值除了经济价值，还应包括减缓城市蔓延的环境价值，以及保护农业经

---

① G. C. Lin and HO. S P S. ， "China's land resources and land use change: Insights from the 1996 land survey", *Land Use Policy*, No. 2, 2003.

② 王炳春：《论中国农地资源安全》，博士学位论文，东北农业大学，2007 年，第 5—6 页。

③ J. Kline and D. Wichelns, "Using referendum data to characterize public support for purchasing development rights to farmland", *Land Economics*, Vol. 70, No. 2, 1994.

④ J. Halstead, "Measuring non – market demand value of Massachusetts's agricultural land: A case study", *Journal of Northeastern Agricultural Economics Council*, Vol. 13, No. 1, 1984.

⑤ John C. Bergstrom and B. L. Dillman et al., "Public Environmental Amenity Benefits of Private Land: The Case of Prime Agricultural Land", *Southern Journal of Agricultural Economics*, No. 7, 1985.

⑥ J. Duke and R. Aull – Hyde, "Identifying public preferences for land preservation using the analytic hierarchy process", *Ecological Economics*, No. 42, 2002.

济、原生地和地下水等的生态价值。[①] 由于各国国情不同，国内外学者在研究农地保护时的关注点不同，在美国地多人少的情形下，政府对市地利用的关注不及对农地保护价值的关注。尽管如此，就世界范围内支持农地保护的呼声还是更高一些，联合国粮食及农业组织于 2000 年指出，农地保护的主要价值在于生态效益价值、粮食安全价值、缓解贫困和危机价值以及丰富农村文化价值等方面。

（四）进行农地资源保护的目的

邦斯（1998）认为，将农地保护的目的归结为：保护环境和保护农业。其中，环境保护论又进一步分为保护资源环境和保护生态环境，前者认为保证粮食生产才是农地资源保护需要关注的重点，后者则强调保护生态环境才是重中之重。农业保护论，一派认为，应该支持农业的发展以保护国家利益；另一派认为，应注重农业文化的发展，如农业景观、生态农业以及美学价值等。尽管各种观点有所差别，但有其共同点，就是要保持土地的可持续利用以及环境的友好发展。[②] Duke 和 Aull – Hyde（2002）认为，农地保护的目的是要保护农地的同时也要保护地下水，使城市蔓延的速度放慢，保护生态价值和保证环境效益。[③] 以北美和欧洲为研究对象的学者研究集中于探索农地资源的数量和质量在宏观上受经济政策与微观上受土地利用行为变化的影响。哈里斯（1956）举例说明了美国进行耕地保护不需要完全为了保障粮食安全，而应关注城市土地利用所产生的外部不经济以及耕地非农化过程中的土地利用规划问题。[④]

（五）进行农地资源保护的措施和政策评价

为了控制城市规模的无序扩大，防止城市盲目扩张对农业用地和生态用地的侵蚀，因此设置城市增长边界。这个措施是由美国俄勒冈州首创，通过预测规划期限内的建设用地需求总量，然后划定城市增长区，规定所有城市用地的增长都必须在界限以内，界限以外的只能用来发展农业、林

---

① 郝寿义、王家庭、张换照：《工业化、城市化与农村土地制度演进的国际考察》，《上海经济研究》2007 年第 1 期。

② M. Bunce，"Thirty years of farmland preservation in North America：Discourses and ideologies of a movement"，*Journal of Rural Studies*，Vol. 14，No. 2，1998.

③ J. Duke and R. Aull – Hyde，"Identifying public preferences for land preservation using the analytic hierarchy process"，*Ecological Economics*，No. 42，2002.

④ 王炳春：《论中国农地资源安全》，博士学位论文，东北农业大学，2007 年，第 5 页。

业和非城建用途。① 汤姆·丹尼尔斯和德博拉·鲍尔斯（Tom Daniels and Deborah Bowers）在 *Holding our ground: protecting America's farms and Farmland* 一书中提出，城市增长边界是为了控制城市在规划城区范围内发展，规划区内的基础服务的提供，例如给排水设施、更加经济地提供警察和消防，城市增长边界，城市服务区，乡村增长边界作为一些工具，对实现城市发展定位一个希望。这些边界可以有效控制基础设施的位置，限制城市扩张，并帮助保护城市周围的农田绿地和开放空间。城市增长边界方法将区域土地利用规划，资本改善计划，经济发展，阶段性增长联系在一起以遏制城市蔓延。② 韩国政府为减缓城市扩张与开发对农地的无限制占用，及滥用农地对其形成的破坏，实行严格的管理和保护，不仅通过制定相关法律法规来促进土地的合理利用，还采取了相应的经济措施，如提高农地占用的成本，促使占用土地者少占耕地、不占耕地。③ 杜克等认为，美国的农地保护可以分为四种类型：政府参与型（规定农业区域）、激励型（增强公众的环境保护意识）、调控型（税收优惠方案）和组合型（政府主导、公众参与）。④ 斯金纳（2001）分析了中国在制定保护政策、实施政策与实施效果之间的关系，指出虽然中国目前拥有了严格的农地保护政策和相对完整的法律体系，但地方政府却仍然以农用地转用流失为代价获得经济的增长。所以在农地保护这一举措中政府需要重新认识自己所起的作用。⑤ Dae - Sik Kim（2003）指出，朝鲜绿化带的建立，使得建设用地对农用地的占用滥用显著减少，农地非农化的趋势有所减缓。Erik Lichtenberg（2008）对中国的农地保护政策进行了系统评价，他指出，尽管中国有完善的农地保护政策，但每年建设用地占用农地的比率仍然很大，政策效率低下，因此制定农地保护政策不是中国实现粮食安全的必然

---

① 彭宜佳：《多方规划与智慧发展：美国农地保护政策的考察与启示》，《社会主义研究》2012 年第 3 期。

② Tom Daniels and Deborah Bowers, *Holding Our Ground: Protecting America's Farms and Farmland*, Washington D. C. : Island Press, 1997, pp. 136 - 139, 144.

③ 刘绯：《城市化与农地保护的均衡发展研究》，硕士学位论文，东北财经大学，2010 年，第 6—7 页。

④ 王炳春：《论中国农地资源安全》，博士学位论文，东北农业大学，2007 年，第 6 页。

⑤ Skinner, M. W. , Kuhn, R. G. and Joseph, A. E. , "Agricultural land Protection in China: A case study of Local government in Zhejiang Province", *Land Use Policy*, No. 2, 2001.

选择。① Fursueth 和 Pierce 针对农地保护政策的实施效果，提出了两个衡量标准：一是能否实现农地保护的目标以及对农地产生积极的作用；二是能否得到利益主体的支持，包括农地所有者。这两个标准能准确地反映政策效果的大小以及有效性，从而有益于决定是否改变策略。

二　国内文献综述

（一）我国农地保护现状研究

贾娅玲（2009）指出，目前学术界集中关注农地的现象是：土地抛荒、农民厌耕和"圈地运动"导致的农民土地权利侵犯。又对农地抛荒现象的原因从经济、自然、社会、政策、制度等方面进行分析。② 要解决这个现象，许多学者强调应加强农地资源保护，保证农民的权利不受侵犯。张锐（2011）指出，目前我国农地资源的现状为农地保护主体错位甚至缺失，农地保护重数量、轻质量。③ 农地保护的衡量标准既是数量的管控，也是质量的保护。王炳春（2008）在《我国农地资源利用管理初探》中指出我国当前的关键问题是人均耕地不足，而且减少过快，文中描述了我国农地数量方面的现状表现为：林地面积增多、耕地面积减少、草地、园地和水产养殖地有较快发展。对于质量方面，我国农地资源受自然因素制约，如热量、植被、地形、水分等，整体水平不高，耕地质量比较平稳，其他资源质量差，利用率较低。④《论中国农地资源安全》具体描述了当前我国农地资源所面临的现状。数量方面：我国土地总面积占世界土地总面积的 1/15，耕地面积排名全世界第四，但因为我国人口基数大，人均占有量远远不及其他国家。农地资源质量方面：农地布局不均衡，生产力低下、差异大；耕地总体质量差，生产利用率低，其他农地资源质量差利用率低；后备资源质量位差质低。农地资源生态状况：耕地生态环境恶化；森林生态效益低；草地生态问题严重；生物多样性锐减；湿地萎缩。⑤

---

① Erik Lichtenberg and Chengri Ding, "Assessing farmland Protection Policy in China", *Land Use Policy*, No. 25, 2008.

② 贾娅玲：《我国农地保护的法治化研究》，博士学位论文，中央民族大学，2009 年，第 4—5 页。

③ 张锐：《我国农地流转中的资源保护研究》，硕士学位论文，南京师范大学，2011 年，第 3—5 页。

④ 王炳春：《我国农地资源利用管理初探》，《农机化研究》2008 年第 9 期。

⑤ 王炳春：《论中国农地资源安全》，博士学位论文，东北农业大学，2007 年，第 29 页。

（二）关于农地资源保护的理念与动因研究

中国一直是人口大国，按照可持续发展的要求，保证资源安全是一项艰巨的任务。正是由于农地资源作为农业生产的基本因素，为人类生存发展提供所需要的农产品，影响着人们的生存和发展方式，具有无可替代的作用。因此，对于农地资源保护的理念由来已久，最早的研究着重于粮食安全方面，近几年学者们的视角转向了生态安全以及农业的可持续发展，由此提出了农地保护的动因。蔡运龙（2001）认为，我国"三农问题"面临三大挑战：资源利用的可持续性、食品安全、农地的经济价值，这三大问题不仅是影响农地保护的重要因素，更是促使农地保护顺利进行的主要动力，它们相互影响、相互制约。[①] 王雅鹏（2002）认为，由于自然条件的变化，城市化、工业化中的农地流失，生产发展过程中的过度开垦、过度放牧与资源的过度开采形成的农地损失，一定程度导致生态环境的失衡和农地资源供给的边缘性，使得农地资源的数量和质量十分稀缺，引发农地价格的增长，导致农地资源加速非农化。因此保护农地是当前发展的迫切需要。[②] 高魏（2004）提出，耕地保护应有的理念：实现温饱、达到小康、生态和谐。农地保护的目标方面应该由促进生态的环境保护、实现经济社会的可持续发展逐渐取代实现粮食安全，保护对象应是所有具备生产能力的土地资源而非仅仅是耕地。[③] 姜文来（2008）提出，我国应将保证食物安全作为农地保护的动力，而非仅仅保证粮食的安全。[④] 朱晓华（2005）在《中国耕地资源动态变化剖析》中认为，造成农地质量下降的关键原因是农地重利用、忽视养护、环境污染、管理不当等，直接形成了农地保护的迫切需求。[⑤] 在经济发展过程中，人们往往只关注农地资源的生产价值的存在和使用，而容易忽视其作为具有承载、养育和生态服务的功能，忽视了其作为完成生态系统的生态服务功能，从而造成了环境的恶化以及资源的浪费，导致了不可逆转的社会、环境和经济问题，在极力构建两型社会的今天，为了资源环境的可持续发展，更要注意农地资源的

---

① 蔡运龙：《中国农村转型与耕地保护机制》，《地理科学》2001 年第 1 期。

② 王雅鹏、杨涛：《试论农地资源的稀缺性与保护的必要性》，《调研世界》2002 年第 9 期。

③ 高魏、胡永进：《耕地保护理论研究》，《农村经济》2004 年第 6 期。

④ 姜文来：《粮食安全与耕地资源保障》，《世界环境》2008 年第 4 期。

⑤ 朱晓华、张金善：《中国耕地资源动态变化剖析》，《国土资源管理》2005 年第 4 期。

保护。

（三）影响农地资源保护的因素

彭开丽（2008）认为，影响农地保护的主要因素有三个：非农业用地、农业内部结构调整、灾害毁地和撂荒。随着城市化的不断推进，在这三个因素中，非农用业地影响渐增，城市建设用地的开发对农地的占用比例极大，对土壤造成不可逆转的伤害，无法再继续用作农用地，不仅对粮食安全造成极大的威胁，对生态环境也形成无法修复的毁坏。[①] 肖屹（2009）认为，造成农地保护中影响农民权益的制度因素主要有：征地制度和农地产权。这也是农地保护中需要注意的因素。[②] 张锐（2011）将影响农地资源保护的因素归结为城乡二元经济结构、产权制度、法律保障力度这三点。[③] 李凤梅（2010）从我国农地保护基本制度出发，归纳出各个制度对农地保护的影响：农地保护的前提是集体所有制度，基础是承包经营制度，重点为耕地保护制度，核心是用途管制制度，关键是土地征收制度。[④] 王炳春（2008）将影响农地资源保护的因素归结为两类：自然因素和人为因素。一般情况下农资资源包括农地资源的质量和数量，其数量越大、质量越好表明保护的效果越好，因此自然因素就包括影响其数量的天然禀赋及自然灾害和影响其质量的土壤肥力、无限制因素和限制程度。而人为因素包括人口、需求、观念、政策、法律、行为等。在农地保护方面的人为因素可以概括为：影响农地资源的生态环境和质量的农地资源经营方式的选择；非农建设用地的扩张规模和管理水平；农地资源利用效率、结构比例和布局；农地资源产权稳定性和政策连续性等；工业"三废"和其他污染源对农地资源的影响。[⑤] 曲福田、陈江龙、陈雯等（2005）研究了影响土地资源部门配置的社会经济因素，根据1995—2001年各省市相关数据，构建了农地非农化经济驱动和利益驱动机制的理论分析框架，并进行了实证分析。结果认为，农地非农化的主要推动因素为人口增长、

① 彭开丽：《农地城市流转的社会福利效应——基于效率与公平理论的实证分析》，博士学位论文，华中农业大学，2008年，第100页。
② 肖屹：《农民土地产权认知与征地制度改革研究》，《经济体制改革》2009年第1期。
③ 张锐：《我国农地流转中的资源保护研究》，硕士学位论文，南京师范大学，2011年，第7—10页。
④ 李凤梅：《中国城市化进程中农地保护法律制度研究》，博士学位论文，中央民族大学，2010年，第2页。
⑤ 王炳春：《我国农地资源利用管理初探》，《农机化研究》2008年第9期。

固定资产投资。并且农地非农化的基础因素为农地利用的比较效益以及农地资源禀赋。通过进一步研究表明：农地非农化与地方政府的收益和管制应对行为呈正相关关系，而与土地的市场化配置程度呈负相关关系。[1] 自20世纪70年代引入城市化概念以来，我国学者也对城市化的含义及其对农地保护影响进行了广泛而深入的研究，城市化是社会经济变化的一个过程，包括经济结构演变、地域景观变化、社会文化变迁、人口流动等多方面的内涵。侯力（2008）通过研究城市化对农地保护影响的静态分析和动态分析，认为虽然静态分析时城市化有利于土地集约利用，这可以从不同城市规模人均占地面积、城乡人均建设用地面积和人均居住面积等指标的对比上反映出来，能够释放出更多的耕地，从而有利于农地保护，但城市化本身是一国必经的社会发展过程，随着经济发展和城市化进程的加快，城市规模扩张，造成城市对建设用地需求的大量增加。城市化过程中存在着土地资源浪费、土地资源利用效率低下等较为严重的问题。随着经济发展以及生活水平的不断提高，除了满足基本的生存要求，也对生活质量提出了更高标准。人们开始追求更便利的交通、更舒适的住房和更美好的生活环境，从而人们对城市用地的需求便随之增加。随着城市化和工业化的发展，不仅大量的耕地资源转变为建设用地，耕地资源的质量也有了明显的下降，另外耕地的区域分布也出现了重大变化。由此来看，推进城市化过程中，不能仅从城市化对土地利用影响的静态效应分析，过于乐观地分析城市化对耕地资源的影响，还必须结合其动态影响，有效地保护耕地。[2] 刘绯（2010）指出，农民进城的阻力仍然存在，城市本身的扩张以及由此带来的大规模路网修建是土地消耗大户。这种现象导致中国城市化过程中集约利用土地的目的无法实现，农村宅基地和城市建设用地的同步增加，使得建设用地增多，但却无法筹得的困境，建设用地的扩张与农地保护之间的矛盾日益激化。[3] 总体而言，对农地保护的影响因素可以归结为推动因素和制约因素，征地制度不规范、农地产权主体缺失、产权限制

---

① 曲福田、陈江龙、陈雯：《农地非农化经济驱动机制的理论分析与实证研究》，《自然资源学报》2005年第2期。

② 侯力：《中国城市化过程中的耕地资源保护研究》，博士学位论文，吉林大学，2008年，第62—67页。

③ 刘绯：《城市化与农地保护的均衡发展研究》，硕士学位论文，东北财经大学，2010年，第13—14页。

不当等制度安排不合理属于制约农地保护的一些因素，而完整的农地保护的法律体系以及适当的城市扩张，则属于推动农地保护的因素。

（四）进行农地资源保护的价值及经济补偿研究

张宏斌、贾生华（2001）在《土地非农化调整机制分析》中提到农地作为一种重要自然资源，不仅具有经济价值，而且具有社会价值和生态价值。农地本身不仅是重要的生产要素，能为其使用者带来直接的经济效益，而且还具有环境维护、粮食安全、社会保障等生态效益和社会效益。[①] 张安录（1999）认为，农地保护首先要维持现有农地数量，比较而言，保护型农地的非市场价值较高，经济价值较小，其经济价值远没有譬如环境舒适价值、生物多样性维护以及公众健康等这样的非市场价值高。经济价值较高的有工业用地、商业用地及娱乐用地，而农业用地的机会成本较高、经济报酬较低、风险较大。无论是从数量还是质量的角度出发保护农地，最根本的目标还是要保护农地的权利人——农民的利益。[②] 王荧（2011）在《我国农地非农化效率研究中》提到，在经济学中，农地是一个典型的生态环境系统，不仅具有经济价值，还有社会价值和丰富的生态价值，而且这两种价值大部分表现为非市场价值，属于外部性效益，无法在市场中体现。因此，从市场角度而言，农地价值包括市场价值和非市场价值。[③] 周建春（2007）、臧俊梅（2010）等在总结前人研究的基础上创新思路，构建评估地区征地价格的理论体系，从农地的产权角度分析农地的价值，包括农地的生产收益价值、农地的农民生存保障价值、农地的发展价值、农地的国家粮食安全价值和农地的国家生态安全价值。[④] 党国英（2011）在其《农地保护之忧》中举例说明进行农地保护，不仅是维持其生产农产品的功能，还有保护其"敞地"功能，比如城市民众在钢筋混凝土建筑物的森林里生活，需要大面积的敞地来调节心理感受，这是一种公共需求。城市化水平越高，公众的这种需求越大，这就形成了保护农地

---

① 张宏斌、贾生华：《土地非农化调控机制分析》，《经济研究》2001 年第 12 期。

② 张安录：《城乡生态经济交错区农地城市流转机制与制度创新》，《中国农村经济》1999 年第 7 期。

③ 王荧：《我国农地非农化配置效率研究》，博士学位论文，福建师范大学，2011 年，第 9 页。

④ 周建春：《中国耕地产权与价值研究——兼论征地补偿》，《中国土地科学》2007 年第 1 期。

的价值所在。[①] 彭开丽（2012）认为，农地资源的功能主要有产出经济、服务生态和保障社会，包括国家层次上的提供食物安全和农民层次上提供社会保障功能，这就使得农地保护具有了维护农地经济产出价值、农地社会保障价值和农地生态服务价值。[②]

目前，我国学者对于农地保护经济补偿的机制、理论以及方法有了一定研究，但是就如何补偿，补偿的标准及效率等还仍属于初步研究阶段。对于农地保护的经济补偿机制的研究，吴晓青（2003）较为系统地提出了不同区域的生态补偿机制、补偿实施的主体和补偿标数计算方法。[③] 马驰、秦明周（2008）建议我国建立耕地保护补偿机制，基于对区域间耕地保护补偿机制的分析，提出其对社会经济可持续发展的促进作用的理论依据。[④] 朱新华、曲福田（2007）从农地保护的外部性出发，通过 GDP 增长提成、机会成本税、市场调节等途径，分析农地保护的经济补偿方法，把粮食主销区对主产区的经济补偿作为农地保护的外部性补偿，从而实现保证粮食安全前提下的农地保护外部性的有效补偿。[⑤] 胡靖（1998）认为，政府想要确保粮食安全，需要借助对机会成本的补偿来促进农户种植粮食的主动性。[⑥] 黄广宇、蔡运龙（2002）提出，建立"基本农田保护补偿基金"，作为控制城市边缘地带农地非农化和保护耕地的核心策略，使得基本农田的"非市场"生态服务功能和社会保障功能得到经济上的补偿。[⑦] 贾若祥（2007）通过对限制开发区域利益补偿特点的研究，指出了其利益补偿机制建立的重点，认为需要结合经济发展水平和收入水平制定相应的补偿年限和补偿标准。[⑧] 唐健（2012）认为，我国农地保护的经

---

① 党国英：《农地保护之忧》，《中国新闻周刊》2011 年第 1 期。

② 彭开丽、彭可茂、席利卿：《中国各省份农地资源价值量估算——基于对农地功能和价值分类的分析》，《资源科学》2012 年第 8 期。

③ 吴晓青、洪尚群、段昌群等：《区际生态补偿机制是区域间协调发展的关键》，《长江流域资源与环境》2003 年第 1 期。

④ 马驰、秦明周：《构建我国区域间耕地保护补偿机制探讨》，《安徽农业科学》2008 年第 27 期。

⑤ 朱新华、曲福田：《基于粮食安全的耕地保护外部性补偿途径与机制设计》，《南京农业大学学报》（社会科学版）2007 年第 4 期。

⑥ 胡靖：《粮食非对称核算与机会成本补偿》，《中国农村观察》1998 年第 5 期。

⑦ 黄广宇、蔡运龙：《城市边缘带农地流转驱动因素及耕地保护对策》，《福建地理》2002 年第 1 期。

⑧ 贾若祥：《建立限制开发区域利益补偿机制》，《中国发展观察》2007 年第 10 期。

济补偿行为虽然使土地财产权利逐渐扩大，但仍存在一定的问题，补偿标准仍然偏低，并且依然采取政府定价的方式进行补偿。[①] 李武艳（2013）通过分析加拿大基于统筹考虑农户、农业和农村，逐步建立适应国内外市场的补偿机制。指出我国可以借鉴加拿大农地保护补偿机制，但还需要结合中国制度环境，转变国人的补偿理念，健全现有的补偿机制，提高补偿方式的专业化、多样化、梯度化与动态化，完善补偿法律法规，为完善农村经济的可持续发展奠定基础。[②]

（五）农地资源保护中存在的问题

张凤荣（1998）在《中国耕地的数量与质量变化分析》中提出我国后备耕地资源有限，耕地数量不断变化的同时，耕地资源的质量有所下降，新增耕地质量比不上占用耕地的质量，而且适宜耕种的土地大部分位于自然条件恶劣、经济不发达、交通不便利地区，生态适宜性相对比较差。[③] 李秀彬（1999）根据统计信息和普查数据，分析了我国1979年以来农地面积空间特征、其变化的总体趋势和影响因子，结论表明质量较差的边际土地增加了较多耕地，东部地区质量较好的耕地，其面积的减少的反而较多。[④] 刘友兆（2001）认为，目前我国耕地被大量占用，这是耕地保护体制的问题，其不能保护农地的全局发展，难以满足土地的合理利用和农业经济的长远利益要求，市场机制在配置土地资源的过程中发挥了很大的作用。我国耕地占用严重，关键是地方利益部门的利益作怪。[⑤] 王炳春（2007）在《论中国农地资源安全》中总结了国内外农地资源保护中存在的问题，首先是在对世界大国的资源保护战略进行研究时忽视农地资源，仅仅把石油当作战略性资源来分析，视野较为狭窄；其次较少涉及多种资源集中研究，主要集中在耕地、水资源等具体一项资源的研究；再次就研究方法而言，应用与实践较少，理论较多，却没与实践很好地结合；最后研究涉及人口、资源、环境与社会经济发展之间关系及其对人类生活

---

① 唐健：《征地制度改革的历程回顾和路线设计》，《国土资源导刊》2012年第8期。

② 李武艳、徐保根、赵建强等：《加拿大农地保护补偿机制及其启示》，《中国土地科学》2013年第7期。

③ 张凤荣、薛永森：《中国耕地的数量与质量变化分析》，《资源科学》1998年第5期。

④ 李秀彬：《中国近20年来耕地面积的变化及其政策启示》，《自然资源学》1999年第4期。

⑤ 刘友兆：《农业结构调整与耕地保护的协调研究》，《南京农业大学学报》（社会科学版）2001年第1期。

空间的影响的研究较少，大多是侧重单项资源保证能力方面及农地资源系统方面。① 汪子一（2008）在《城乡结合部的农地保护初探》中提到我国目前土地管理法制欠缺，更没有一部农地保护法，对破坏农地保护区、乱占基本农田行为不能给予应有制裁，造成农地保护与规划无法可依、无章可循，使农地保护脆弱、落实困难。② 贾娅玲（2009）认为，我国还没有单独的农地保护的法律法规，也没有为农地单独立法；没有单独的农地纠纷解决机构来解决农地纠纷问题；农地行政执法过程中，执法者自身的素质低下，执法力度及执法规范等严重影响了农民农地权利的正常行使，严重损害了农民的农地权益。③ 钱忠好（2003）指出，我国虽然在农地保护中取得了一些成绩，但由于长期以来宏观管理失控，微观管理不严，使得我国人地矛盾更加突出，形势依然严峻。具体表现在以下五个方面：农地保护状况日趋严峻；农地供需矛盾更加突出；农地总体质量日趋下降；水土流失形势严峻；违规用地问题仍然突出。在有限耕地资源中，优质耕地资源更是匮乏，根据《全国土地利用总体规划纲要（2006—2020 年）》，2005 年我国人均耕地 1.4 亩，不到世界平均水平的 40%，我国中产田、低产田占耕地总面积的比例达 2/3 左右，而可耕农地面积占全国土地总面积却仅有 10% 左右。④

（六）农地资源保护目标

沈佳音（2010）在《加拿大农地保护机制以及对我国的借鉴意义》中通过中国与加拿大农地保护相比认为，农地保护的目标需要综合考虑农业产业与城市扩张等与农地密切相关的问题，而不能只是为了食物安全保护，我国这方面比较薄弱。应主要从两方面综合考虑，一方面，将城市发展模式与农地保护结合起来，在鼓励城市内部实施集约化经营模式的同时，减少优质农地被城市扩建侵占的面积，如采取理性增长模式，使城市不要横向扩张，而是不断纵向发展。另一方面，将农村经济的发展与农地保护结合起来，探索生态效益、经济发展以及新型农村建设与农地保护的平衡点。如转变城郊农业结构和优化农业功能等，以保证在农地保护的环

① 王炳春：《论中国农地资源安全》，博士学位论文，东北农业大学，2007 年，第 11 页。
② 汪子一、毛德华：《城乡结合部的农地保护初探》，《科技创新导报》2008 年第 4 期。
③ 贾娅玲：《我国农地保护的法治化研究》，博士学位论文，中央民族大学，2009 年，第 3 页。
④ 钱忠好：《中国农地保护：理论与政策分析》，《管理世界》2003 年第 10 期。

境下农业经济能够稳步健康发展。[1] 肖国安（2005）认为，粮食安全是农地保护重要目标之一，不仅包括国家和家庭两种粮食数量安全，还包括食品与营养两种粮食质量安全。[2] 钱忠好（2003）认为，政府政策目标具有多元化，包括充分就业、促进经济增长、稳定物价、社会安全等。并且就某一时期而言，政府政策目标的重点会有所不同。[3] 郭新力（2007）在《中国农地产权制度研究》中提到进行农地保护主要是能够促进农地资源的合理配置，有利于农民的土地财产权利保护，适应不同区域的自然经济社会发展状况和实现宏观和微观层面的协调。[4] 赵光南（2011）在《中国农地制度改革研究》中提出，改革农地制度，进行农地资源保护重要的是实现六个方面的目标：一是推进工业化，加快城镇化；二是培育农地流转市场，引导适度规模经营；三是大力发展农业合作化组织；四是合理制定财政支持农业政策；五是实现城乡经济社会三位一体集中发展；六是建立农民社会保障制度。[5] 贺晓英（2008）提出，在设计农地保护目标时，应以农业生产能力、农业经济发展等综合指标为参考，而不单单重视耕地数量的维持，并且逐渐将环境与社会价值这两个指标考虑进去，有效缓解城市蔓延过快和城中村现象。[6] 王家梁（1998）认为，农地中质量最高的农业用地就是耕地，因此保护农地的核心应是保护耕地，保障食物安全持续供给、改善生态环境、保护农民的经济利益应是农地保护的重要目标。[7] 闫广超、胡动刚（2012）从农地资源安全方面提出进行农地保护，能够促进土地安全的建立，有利于国家的政治安全和社会稳定，保障全球的生态环境安全和实现人类文明的传承和延续。[8] 总体而言，就利益主体而言，主要是保护农民的利益；其直接目标主要是实现农地数量的管控和质量的保证；就长远目标来看，则是保证农业的发展与城市化协调发展，

---

[1] 沈佳音：《加拿大农地保护机制以及对我国的借鉴意义》，《中国国土资源经济》2010年第12期。

[2] 肖国安：《中国粮食安全研究》，中国经济出版社2005年版，第224—231页。

[3] 钱忠好：《中国农地保护：理论与政策分析》，《管理世界》2003年第10期。

[4] 郭新力：《中国农地产权制度研究》，博士学位论文，华中农业大学，2007年，第31—32页。

[5] 赵光南：《中国农地制度改革研究》，博士学位论文，武汉大学，2011年，第166—172页。

[6] 贺晓英：《美国城市扩张中的农地保护方法及启示》，《中南大学学报》2008年第6期。

[7] 王家梁：《农地保护利用与土地使用管制》，《中国土地科学》1998年第6期。

[8] 闫广超、胡动刚：《农地资源安全问题及政策分析》，《科技创业》2012年第6期。

优化环境以及促进经济增长。

（七）农地资源保护体制机制

钱忠好（2013）指出，1978 年以来，中国逐渐由原来的计划经济转变为市场经济体制，以适应中国社会主义市场经济体制改革目标的建立，经济活动中资源配置方式由主要利用计划机制转向市场机制占主导。土地资源作为经济发展的重要资源之一，正在加快市场化，在土地资源的配置中市场机制发挥着基础和核心作用，减少其他非市场因素的影响，市场的力量不断指引土地资源的利用和发展，充分发挥价格机制、竞争机制和供求机制在土地资源配置中的主导作用。[①] 沈佳音（2010）通过对加拿大的农地保护的发展机制，包括政府调控机制和市场调解机制进行研究，并分析了加拿大与我国在农地产权性质以及主体的差别、资金保障能力的差别和民间力量的差别，从而得到结论，我国需要学习加拿大农地保护机制，但不能全盘吸收，提出我国机制的规划应当遵循个体与整体相统一，既要着眼于农地保护的具体实施效果，又要与农业发展、农村非农业规划和城市发展相协调。[②] 李武艳（2013）在其《加拿大农地保护补偿机制及其启示》一文中通过对加拿大农地保护补偿机制的补偿目标、补偿主体、补偿形式等方面的研究，及对逐渐发展成与农户经营、市场变化相协调的运行机制的过程进行分析，得出我国农地保护补偿机制的经验教训就是进一步转变补偿理念和完善农地保护补偿机制——健全补偿组织，实现社会化管理；提高补偿方式的多样化、专业化、动态化与梯度化；完善补偿法规、规范补偿机制。[③] 此外，有的学者还提出了农地混合所有制，股份所有租赁使用制度，农地资产经营模式等不同观点。田春、李世平（2008）从农地生态价值出发指出，我国农地保护机制在构建和不断完善过程中，我们应完善公众参与保护机制、形成生态价值观；建立农地生态补偿机制、显化生态价值内容；健全农地利益约束机制、政府管理与市场调节相

---

① 钱忠好、牟燕：《中国土地市场化改革：制度变迁及其特征分析》，《农业经济问题》2013 年第 5 期。

② 沈佳音：《加拿大农地保护机制以及对我国的借鉴意义》，《中国国土资源经济》2010 年第 12 期。

③ 李武艳、徐保根、赵建强等：《加拿大农地保护补偿机制及其启示》，《中国土地科学》2013 年第 7 期。

结合。① 赵光南（2011）则认为，农地制度机制改革的选择必须把经济效率放在重要的位置，以我国社会主义市场经济体制为背景，体现制度的经济效率。② 赵捷、唐健等（2011）认为，我国的农用地特别是耕地具有显著的外部性，单靠市场机制调节农地行为会导致市场失灵，需要政府采取行政、法律或经济手段进行公共干预，由此提出农地转用机制来消除外部性。③

（八）进行农地资源保护的政策和效果评价

1. 耕地总量动态平衡效果评价

钱忠好（2003）在《中国农地保护：理论与政策分析》一文中通过对耕地总量动态平衡进行分析认为，尽管政策强调数量和质量的统一，面积平衡和生产能力平衡的统一，但由于土地质量难以界定、生产能力难以量化，因此质量保护和生产能力平衡很难维持。④ 张凤荣（2003）提出耕地总量动态平衡的实施，需要确定合理的评价依据与标准，需要从经济合理性及农业发展可持续性出发，对耕地的数量、质量与区域差异等方面加以综合考虑，而不能只关注数量平衡，必须真正实现耕地总量动态平衡目标。⑤ 侯力（2008）从耕地资源占补平衡政策运行指出，近年来在全国范围内已经基本实现了耕地资源数量占补平衡目标，但是耕地资源总体规模缩小的幅度和速度并没有得到有效遏制。⑥

2. 土地用途管制效果评价

土地用途管制是通过将农地划分为基本农田保护区和一般农田保护区，实施差别管制。基本农田主要是生产条件较好、产量较高的耕地，城镇规划区外的耕地和交通沿线的耕地；一般农田是指除了基本农田的耕地和确定为农业所用的耕地后备资源。钱忠好（2003）认为，由于各地实际情况差异比较大，农田划分的标准难以一致，进而影响了土地用途管制

---

① 田春、李世平：《基于生态价值认知的农地保护机制初探》，《2008 年中国土地学会学术年会论文集》，2008 年 11 月 1 日，第 1580 页。

② 赵光南：《中国农地制度改革研究》，博士学位论文，武汉大学，2011 年，第 147 页。

③ 赵捷、金晓斌、唐健等：《耕地占用税设置的功能定位与调控机制分析》，《国土资源科技管理》2011 年第 2 期。

④ 钱忠好：《中国农地保护：理论与政策分析》，《管理世界》2003 年第 10 期。

⑤ 张凤荣：《重在保持耕地生产能力——对新形势下耕地总量动态平衡的理解》，《中国土地》2003 年第 7 期。

⑥ 侯力：《中国城市化过程中的耕地资源保护研究》，博士学位论文，吉林大学，2008 年，第 81 页。

的实施。① 王万茂（1999）认为，我国目前以土地规划为依据的土地用途管制在实施过程中存在很多问题，在实施土地用途管制时应该通过土地功能分区进行，重视在耕地保护中土地规划和立法的作用，强化土地利用规划的法律效力，严格建设用地审批制度，实现基本农田保护。② 侯力（2008）认为，在保护农地的过程中，往往以农地分区进行用途管制，加强对耕地资源整体规模的控制。然而由于意识偏差等因素，无法得到有效执行，难以达到预期效果，从而导致耕地资源供求区域不平衡问题日益突出。③

3. 农地征用制度效果评价

钱忠好（2003）认为，土地征用管制明确规定必须符合公共目的的要求，但公共目的的界定十分困难，这就造成土地征用管制的执行的不完全。另外土地征用目标泛化，这就一定程度上削减了农地保护力度，使人们利用土地征用政策的漏洞、减少农地非农化的转换成本。蔡继明、陈钊、党国英等（2013）认为，现有的农地征用制度对公共利益界定不明确，应列举土地征收征用的土地用途，以限制征地范围。④ 韩俊（2009）指出，当前的土地征用管制中，公共利益与非公共利益区分不明确，国家为了公共利益征地与企业或者个人为了私人利益征地不分，这就造成非公益性用地占主要地位，管制效果不佳。⑤ 肖屹、钱忠好、曲福田（2009）对现行的征地制度进行了总体评价，认为人们不愿意土地被征收，由于被征后失去生活保障和补偿标准较低；另外征地补偿的分配操作方法不一致，操作缺乏规范；由于缺乏知情权，农民对土地征用大多采用不合作行动，征地方则认为农民不支持、不理解政府征地行为，由此征地矛盾日益突出。⑥

---

① 钱忠好：《中国农地保护：理论与政策分析》，《管理世界》2003 年第 10 期。

② 王万茂：《土地用途管制的实施及其效益的理性分析》，《中国土地科学》1999 年第 3 期。

③ 侯力：《中国城市化过程中的耕地资源保护研究》，博士学位论文，吉林大学，2008 年，第 83 页。

④ 蔡继明、陈钊、党国英等：《关于土地制度改革的三点共识》，《科学发展》2013 年第 5 期。

⑤ 韩俊、张云华：《土地征用过程中的利益分配——苏州市吴中区的实证分析》，《中国经济时报》2009 年 5 月 13 日。

⑥ 肖屹、钱忠好、曲福田：《农民土地产权认知与征地制度改革研究——基于江苏、江西两省 401 户农民的调查研究》，《经济体制改革》2009 年第 1 期。

由上述可见，我国现行农地资源保护制度并没有得到很好落实，虽然实施以来取得一定的效果，但仍然没有解决根源性的问题，实施效果并不理想。

三 文献评价

（一）国外研究系统值得借鉴

国外市场经济国家是以土地私人所有的理论为基础，有的将农地保护看作公共物品，普遍关注农地所造成的环境影响，保护措施以市场机制的经济手段为主，而且土地利用系统相对稳定，具有完善的法律法规保护。农地保护偏重于农业用地的存在形态和质量的保护，以及注重农地资源的生态价值，所涉及的政策措施也主要从减少农地环境损害出发，保证其经济价值，提升其生态价值和社会价值，从而提出改进农地保护现状的一些公共政策。国外学者在研究农地保护的影响因素方面，有着相对完善和比较成熟的理论基础和实证计量模型，这些对研究我国的农地保护由计划机制向市场机制的转型具有重要的理论依据和方法上的借鉴意义。不过，他们研究的目标主要集中于数据建模方面，关注土地的自身演化规律，对于农地资源保护的经济学动机没有形成基本的分析框架。因此，在借鉴国外研究理论的同时，要结合我国的国情，形成具有中国特色的农地保护模式。

（二）国内研究理论基础比较薄弱

国内的农地保护理论研究较少，即使有也是引自国外，更多的是就事论事，缺乏相应的理论根基和整体性的体制机制完善和创新框架设计。国内学者对农地保护影响因素以及动因或理念研究关注不多，而这些影响因素在经济发展过程不同阶段中的动态变化规律的理论和实证研究更少。对于各个利益主题在农地保护中的行为影响也主要以案例为主，还缺乏更为有说服力的依据，比如大样本的实证计量研究。这些就影响了对于改进农地保护政策时的可行性和有效性问题。对于我国，甚至亚洲，人多地少的现状又面临着农地数量减少、质量恶化和粮食安全问题，对这些农地保护问题的研究，国内学者还处于初步探索改进阶段，尤其是在农地处于不同社会经济发展阶段的规律方面的总体把握的研究更少。另外，由于我国以土地公有制为基础，地方政府主导，形成的结论大多集中在农地将如何影响到国家粮食安全，农民生活以及生态环境等方面，然而，在对农地保护的研究中不仅要求对农地的存在形态加以保护，而且对农地的特殊利用方式等也要予以特别保护。

（三）综合评价与启示

总体来看，本书的国外理论文献比较充分，有可供借鉴的机制与经验。国内已有研究有重要意义和参考价值，但呈现出三个特点：一是缺乏相应的理论基础和合适的分析框架；二是农地保护现象和技术层面的研究较多，而经济和制度层面的研究欠缺；三是一般仅限于就事论事，体制改革、机制完善和制度创新框架的整体设计不多。在我国土地资源供求矛盾日益突出、耕地保护红线必须坚守和"我国发展进入新时期、改革进入攻坚期和深水区"① 的大背景下，急需对农地资源保护问题进行深入系统全面的研究，给出我国农地保护整体性的机制完善、体制改革和制度创新框架设计，而这正是破解当前我国农地资源保护问题的实质和本项目研究的努力方向所在。所以，本项研究在国内同类研究中仍然具有很大的探索性和相当的研究空间。

第五节　主要创新与不足

本书以党的十七届三中全、党的十八大及其三中全会精神为指导，在前人研究的基础上，通过深入系统的调查研究和攻关，完成预期研究成果，其主要创新如下：

（1）本书对世界典型国家和地区的农地资源保护机制及经验进行了全面、深入、系统的研究，总结出农地资源保护的一般规律、模式、经验及科学合理实用的处理方法手段，特别是对美国的农地资源保护机制及经验进行了重点研究，取得了原创性的研究成果，不仅为本项目的研究提供了国际思维和难得的可靠经验及借鉴与启示，对类似研究和实际工作也具有重要意义。

（2）通过对我国农地资源保护政策制度演化，农地保护参与主体及其行为，农地保护不同的市场化程度、不同市场机制发育程度环境下的农地保护绩效、农地保护基本状况及存在问题与原因的规范研究、博弈分析

---

① 《中共中央关于全面深化改革若干重大问题的决定》（2013 年 11 月 12 日中国共产党第十八届中央委员会第三次全体会议通过），人民出版社 2013 年版。

及实地问卷调查研究分析，得出结论认为：在国家科学宏观调控下农地资源的市场机制保护是有效保护农地资源的必然要求及改革与完善的方向。这不仅对我国现行以行政手段为主的农地保护制度引发的突出经济社会问题有很强的针对性，也是对党的十八大及其三中全会关于全面深化改革战略部署的积极响应。

（3）基于建立农地市场机制保护理论，借鉴国外发达国家和地区农地保护的机制与经验，针对我国农地保护突出问题及其约束条件，重点构建了在国家宏观调控下的以市场机制为主的农地保护长效机制。该机制有很强的针对性，强调依据各种所有制经济公开公平公正参与市场竞争以及要素平等交换、利益合理分享等市场规则、定价原则、内在机制对我国农地资源进行有效保护，强调国家宏观调控政策对以市场机制为主的农地保护机制的调控与保障，使市场在农地资源配置与保护中起决定性作用和更好地发挥政府作用，实现了市场机制与政府调节的有机结合；其核心是在完善现有农地保护制度、法规、规划及其保障的基础上，构建及实施以相应科学合理的农地市场机制保护的利益约束机制、经济补偿机制、激励机制和利益调节机制体系，协调各农地保护主体行为的一致性，进而实现农地资源有效保护和可持续利用。

（4）本书通过设计"社会主义市场经济改革方向"的"五位一体"的整体性体制改革与制度创新的整体性方案，建立由现行以行政计划为主的农地保护机制转到新的以市场机制为主的农地保护长效机制的发展路径，打通农地资源保护机制转换通道。同时给出既有战略高度又便于实际操作的我国农地资源市场机制保护的配套措施与政策建议组合，包括市场机制保护框架下多重农地保护政策体系以及相关的管理服务和政府宏观调控政策措施保障，有利于促进和保障我国农地资源有效保护的实践活动。

本书存在的不足：一是农地资源保护机制的实证分析有待进一步完善。由于掌握的信息有限，同时考虑到数据收集的难度，在评价不同市场化程度下的农地保护综合效率时多采用了统计年鉴上的数据。各省市农地资源保护的一些详细数据可得性较低，因此所得数据并不是严格意义上的理想数据。如果能够建立更完善的农地保护综合效率指标评价体系并加以分析，将更能够丰富本书的实证研究结论。二是以市场机制为主的农地保护长效机制的构建是一项复杂的系统工程，难度较大，对本书已取得的成果需要在以后研究中进一步深化和细化等。

第二章　农地资源保护基础理论研究

第一节　农地产权理论

产权经济学认为产权是人们拥有的对稀缺资源的占有，用途选择，收益及转让的权利。[①] 产权理论产生于 20 世纪 30 年代，最早源于科斯等学者对于标准福利经济学和正统微观经济学理论存在的不足进行的探索和批评。一方面它是一种经济关系，因此各种经济模式都是独立的产权模式；另一方面认为产权也是一种准法权，即其经国家法律上升为国家意志，成为法律意义上的权利义务关系，但是事实上的法权关系要有事实上的产权关系存在为前提。钟秉盛认为，产权是人们之间的一系列因为物的使用产生的被认可的行为关系，它是一系列经济和社会权利的组合，产权制度则是指经济和社会关系的组合，体现在使用稀缺资源地位的不同。[②] 阿尔钦则认为，产权是指使用一种经济品的权利是由社会强制性选择的结果。[③] 对产权这一概念不同的学者有不同的理解，总体而言，对其认识有一定的共同点：第一，产权是人们之间的关系的反映；第二，产权包括所有权、使用权、处分权、转让权，是所谓的"权利束"。[④]

所谓农地产权是所有关于农地财产权利的集中，包括农地的使用权、

---

① 任小宁：《农地发展权价格评估研究》，硕士学位论文，长安大学，2008 年，第 12 页。

② 钟秉盛：《国农地产权制度对农业生态环境的影响分析》，《广东财经职业学院学报》2006 年第 6 期。

③ 阿尔钦：《产权：一个经典注释》，载 R. 科斯、A. 阿尔钦、D. 诺斯《财产权利与制度变迁——产权学派与新制度学派论文集》，上海三联书店、上海人民出版社 1994 年版，第 166 页。

④ 赵杭莉：《农地产权对农地利用绩效影响研究》，博士学位论文，西北大学，2012 年，第 15 页。

转让权、出租权、所有权、抵押权等多种权利，其中农地产权的基础是农地所有权，核心是农地使用权。[1] 西方现代产权理论以个体理性主义的分析方法，基于资源的稀缺性研究产权，以达到资源有效配置的目标，而不是从整个社会经济关系来考察产权问题。在人类生产力没有达到高水平时，经济社会的发展是适合私有产权的，其具有较高的经济效益，西方产权理论主要针对的是私有产权。[2] 赵杭莉（2012）指出，按照马克思对生产力与生产关系之间关系的观点（生产力决定着生产关系，生产关系又影响生产力），生产力的不断发展会带动产权结构的变化，产权结构决定于一定时期生产力的发展水平，生产力的状况就成了影响产权结构的最重要的因素。[3] 王炳春（2007）提到农地的产权包括农地资源的所有权以及承包权，但是随着市场环境的变化和农村经济的进一步发展，以小农经济为特征的产权制度逐渐暴露了弊端，出现了产权主体不清、集体所有权不完整、承包权不稳定等问题。具体表现在：《宪法》、《土地管理法》等重要法律都明确规定中国农村土地归集体所有，即全体集体成员共同所有，但大多数农民对农地资源所有权主体认识模糊，缺乏主人翁意识，漠视乡村干部肆意分配、浪费农地资源的行为。另外集体所有权中的处分权和收益权得不到保障，这使得农地被征用时没有处分权，仅有的补偿也只是"象征性"的补贴。以及中央政府将农地资源的承包期从 3 年、15 年延长至 30 年甚至更长，就是为了进一步稳定现存的农地资源承包关系。[4]

第二节　农地资源价值理论

土地是否有价值，在我国学术界分歧甚大，段正梁、张维然（2004）进行总结，认为就大体上有三种观点：土地全价值论，包括替换论和全覆

---

① 菲吕博腾、配杰威齐：《产权与经济理论：近期文献的一个综述》，载 R. 科斯、A. 阿尔钦、D. 诺斯《财产权利与制度变迁——产权学派与新制度学派论文集》，上海三联书店、上海人民出版社 1994 年版，第 204 页。

② 高广飞：《我国农民土地权益保护制度研究》，硕士学位论文，华中农业大学，2012 年，第 16—17 页。

③ 赵杭莉：《农地产权对农地利用绩效影响研究》，博士学位论文，西北大学，2012 年，第 103 页。

④ 王炳春：《论中国农地资源安全》，博士学位论文，东北农业大学，2007 年，第 60—61 页。

盖论，"替换论"认为，就土地的自然生产力是等量劳动的替换，土地创造价值等同于劳动创造价值，而"全覆盖论"认为，就土地整体而言，都是有价值的，因为它凝结了人类的长期劳动；土地无价值论认为，土地不是劳动产物，而是自然产物，因此没有价值；土地价值二元论认为，土地由有价值的土地资本和无价值的土地物质构成。①

农地价值一般包括农地直接经济价值、生态价值和社会保障价值。②农地除了能够依靠其生产功能而具有经济产出价值外，在空气和水的净化、生物多样性的维持、景观的提供及社会保障与安全稳定等方面也发挥着重要的作用。但由于市场机制的自身缺陷，人们对农地价值缺乏充分认识，导致农地资源得不到应有的保护。③ 一直以来，农民都忽视农地的生态价值和社会价值，正是由于其被当成农地的外部价值，无法在农地所有者身上得以展现，这也是造成农地利用率不高的关键因素。④ 经济价值、社会价值和生态价值之间存在着对立统一的互动关系，统一性表现在三重价值的协同，在保证某一价值的同时也提升了其他价值；对立性表现为以下两方面：只重视在开发利用资源中获取直接的经济价值，而忽视社会价值以及与人们长远利益息息相关的生态价值；只重视经济建设，而忽视对生活设施和生态环境的保护，从而出现了一系列影响社会和生态环境长期发展的因素。⑤

在土地价值学说史中，主要有两种价值理论，即劳动价值理论和效用价值理论。前者认为商品的价值是由物化在其中的社会必要劳动量决定的。它的基本思想最早在《赋税论》中由威廉·配第第一次明确提出，后经亚当·斯密和大卫·李嘉图在此基础上进行深化得以初步完成，马克思在此基础上创立了马克思主义劳动价值论，为解释土地的价值奠定了理论基础。⑥ 强调劳动创造价值是劳动价值理论的核心，一般来说，衡量农

① 段正梁、张维然：《论土地价值的内涵及其特殊性》，《同济大学学报》（社会科学版）2004 年第 1 期。
② 诸培新、曲福田：《从资源环境经济学角度考察土地征收补偿价格构成》，《中国土地科学》2003 年第 3 期。
③ 彭开丽、彭可茂、席利卿：《中国各省份农地资源价值量估算——基于对农地功能和价值分类的分析》，《资源科学》2012 年第 8 期。
④ 蔡运龙：《中国农村转型与耕地保护机制》，《地理科学》2001 年第 1 期。
⑤ 周宝同：《土地资源可持续利用评价研究》，博士学位论文，西南农业大学，2001 年，第 43 页。
⑥ 罗丽艳：《自然资源价值的理论思考》，《中国人口·资源与环境》2003 年第 6 期。

地资源的价值时，劳动价值理论考虑了具有特定使用价值的一些因素，如农地中投入的人力、物力、财力等，能够提供重要的理论根据。[1] 蓝盛芳等学者则认为，劳动价值理论中土地的价值是由人类付出的劳动衡量的，是一种成本价值论。[2] 认为这种观点仅以人类的劳动价值来衡量商品价值，忽略了资源环境本身的贡献。生态环境具有使用价值，能够满足人类的需要，人类需要通过劳动来获得这种使用价值。从这个角度，能够解释部分农地非市场价值的形成，但并不能完整地解释，需要结合效用价值理论对其进行系统的诠释。马歇尔批判继承了古典经济学中对于在经济社会的发展中重视土地要素的作用，因此将现代化发展过程中出现的城市化等加以考虑，认为短期来看，经济剩余可能会由生产要素给农民带来，但长期发展的情况下，除土地要素可能产生经济剩余外，其他生产要素都处于均衡状态即边际成本等于边际收益。[3]

对于效用价值理论，英国早期经济学家 N. 巴本最早认为一切物品的价值源于效用。19 世纪 30 年代之后，劳埃德、朗菲尔德和戈森提出了边际效用价值理论。[4] 但效用价值理论的最终形成则是阿弗里德·马歇尔在供求论的基础上，进行归纳总结，最终形成系统的理论体系，也叫"均衡价值理论"。效用价值理论解释价值的形成过程依据物品对人的欲望能力的满足和其对物品的效用评价，该理论认为效用的创造是在生产过程中产生的，但生产却不一定能够使人们得到效用，人们的主观感受可以使人们获得效用，大自然的赋予也是一种获得效用必不可少的方式。[5]

劳动价值理论所阐述的劳动创造价值，客观地说明农地资源不管是作为一种自然产物还是由劳动创造的，都可以通过劳动得到改善，进而使其价值造福于人类。这不仅可以成为人为保护农地的动力所在，也可以反映保护成果的大小。而效用价值理论由于效用本身是人们对某种事物所得到

---

① 蔡银莺：《农地生态与农地价值关系》，博士学位论文，华中农业大学，2007 年，第 14 页。

② 蓝盛芳、钦佩、陆宏芳：《生态经济系统能值分析》，化学工业出版社 2002 年版，第 165 页。

③ 阿弗里德·马歇尔：《经济学原理》，华夏出版社 2006 年版，第 322—323、295—297 页。

④ 蔡银莺：《农地生态与农地价值关系》，博士学位论文，华中农业大学，2007 年，第 15 页。

⑤ 姜文来、杨瑞珍：《资源资产论》，科学出版社 2003 年版，第 26 页。

的满意程度或者主观感受，蔡剑辉（2004）指出，效用价值理论本质上反映着人与自然的关系，是在人对物的效用评价过程中抽象出来的，对商品效用和人类福利的关系研究较为关注。[①]

以上关于土地或农地资源价值理论的讨论反映了学者对不同有关理论的不同理解。按照马克思主义劳动价值论，可以科学揭示土地价值的双源性及其特殊形成机理，并为加强农地资源保护提供理论依据。土地价值的形成具有双源的特性[②]，它既来源于土地所有权的经济收益，又来源于人们加工在土地之上的人类劳动的凝结。具体来说，在一定阶段土地是自然物有自然资源的属性，土地作为一般的生产要素参与使用价值的形成过程，从这个意义上说，它是使用价值形态的社会物质财富的重要载体，由于土地所有权的存在，要求其土地所有权在经济上得到实现，即获得经济收益，此时，土地的自然属性已转化为社会属性；至于现实经济活动过程中的土地由于凝结了大量的人类的一般劳动，当然是含有价值的。因此，现实经济生活中土地的价值，是由土地所有权产生的经济利益关系和在土地开发过程中人类劳动凝结而形成的。所以，必须对自然的土地资源和追加了人工劳动的土地资源都进行有效保护。

第三节　公共物品及农地保护外部性理论

农地在以行政手段为主的保护框架下具有一定的公共物品属性，因此农地也就具有相当的正外部性，科斯通过对英国灯塔运行制度进行考察，分析庇古、穆勒等人的研究理论，于 1974 年发表的《经济学中的灯塔》一文提出了由非政府主体提供公共物品的可能性，从而打破了传统认为公共物品必须由政府负责供给的局限。1980 年兴起的新制度经济学派对于提供公共物品的多元主体进行了跨学科研究，并提出公共物品民营化、使用者支付成本、内部市场等手段提高公共物品效率，从而在很大程度上丰

---

① 蔡剑辉：《论森林资源定价的理论基础》，《北京林业大学学报》（社会科学版）2004 年第 3 期。

② 《房地产经济基础理论》，2013 年 1 月 4 日，http://www.docin.com/p - 256691932.html，2013 年 11 月 20 日。

富了当代经济学对于公共物品的认识。[①]

外部性是指经济当事人进行一种经济活动时，自身没有承担成本或者获得利益，却对别的成员产生影响的情况，包括外部经济和外部不经济两类。外部经济是指经济当事人的经济行为活动给他人带来收益，自身却没得到补偿；外部不经济则是经济当事人给他人带来危害，并不为此支付成本来抵消这种危害。[②] 外部性概念最早是由剑桥大学的马歇尔提出，他认为外部性是经济主体之间的利益关系中，一个人对别的一个人或者多个人提供利益或者形成损害，市场难以进行衡量，也无法通过市场价格对其进行相应的支付或补偿。马歇尔在说明土地价值如何产生时认为，是经济社会的发展形成的，也充分论述了对经济活动的外部性。马歇尔的学生庇古在 1924 年出版的经济学名著《福利经济学》运用边际分析方法对社会资源配置效率进行研究，如引入边际社会成本、边际社会净产值、边际私人成本和边际私人净产值等概念，提出对内部不经济和外部不经济的理解，进一步发展并完善了外部性理论，形成相对完整的分析架构。[③] 土地利用的外部性是指土地是自然生态系统的基础因子，它们是联结在一起的，不能移动和分割，每块土地的利用后果既影响本区域内的自然生态环境和经济效益，又影响邻近地区甚至整个国家和社会的生态环境和经济效益，产生巨大的社会后果。土地利用的外部性包括外部不经济性和外部经济性两种，其中土地资源不安全的关键因素即是外部不经济性。[④] 外部性使土地资源配置私人决策与社会决策之间存在矛盾，要达到土地资源配置的帕累托最优，私人的土地利用行为必须被限制，这也是普遍采用的干预政策进行农地保护的重要原因。[⑤] 从整个社会福利角度看，农地保护产生的社会、生态效益等外部经济性，使农地保护的巨大效益为全社会所共享，而保护者则很难从经济上获得保护农地所带来的效益，这是农地资源保护不足的重要原因。农地资源的外部性产生的影响主要有以下三个方面：外部

---

① 雷纳、科尔曼：《农业经济学前沿问题》，中国税务出版社 2000 年版，第 67—72 页。

② 王雨濛：《土地用途管制与耕地保护补偿及机制研究》，博士学位论文，华中农业大学，2010 年，第 31 页。

③ 任旭峰：《中国耕地资源保护的政治经济学分析》，博士学位论文，山东大学，2012 年，第 51 页。

④ 王炳春：《论中国农地资源安全》，博士学位论文，东北农业大学，2007 年，第 60—61 页。

⑤ 钱忠好：《中国农地保护：理论与政策分析》，《管理世界》2003 年第 10 期。

经济性使得保护农地资源的机会成本偏高；导致市场失灵；导致政府失灵。外部经济性的存在使得市场机制难以有效配置和保护农地资源，因此需要借助政府调控来实现农地资源的最佳配置。① 但是，这种政府调控不要理解为单纯的行政干预，而恰恰需要按照市场经济法则和等价交换的原则通过相关利益的调节来有效实现。

新制度经济学派提出交易费用理论、合约理论等，用以分析经济活动的外部性，以张五常、科斯等为代表，鲍莫尔和奥茨（Baumol and Oates，1988）将经济活动中可能存在的外部性总结为私人外部性和公共外部性，并从经济活动中的外部性概念、内容和内涵方面进行了界定，他们认为以下两种活动可能存在外部性：一是来自自身资源以外因素的经济主体的社会福利决定变量，由于开始时并未考虑这些因素对于经济主体的影响效果，因此产生了外部性。二是虽然不存在外部刺激，但由于经济主体并不会主动进行帕累托改进，以提高社会福利，从而在这种情况下也会产生外部性。② 萨缪尔森（Samuelson，1969）对经济活动中存在的外部性做了更为细致的定义；他认为，外部性是经济主体所采取的行为其成本与后果并不完全由该行为人所承担。农地作为公共物品所具有的外部性对于农地保护制度的实行具有重要影响，因此分析农地这一公共物品背后所涉及的利益机制和驱动机制具有重要的理论和实际意义。③

第四节　农地发展权理论

土地发展权是指改变土地用途，对土地在利用上进行再发展的一种权利，它由农地的地役权衍生而来，具有抽象性、潜在性、政策性和工具性。大约 20 世纪 50 年代，美国学者开始将土地发展权作为农地和开放空间的重要保护手段，土地发展权的运用使得土地用途管制得以顺利实施，

---

① 侯力：《中国城市化过程中的耕地资源保护研究》，博士学位论文，吉林大学，2008 年，第 23 页。

② William J. Baumol and Wallace E. Oates, *The Theory of Environmental Policy*, Oxford ：Cambridge University Press, 1988, pp. 101—102.

③ P. Samuelson, "Theoretical Problems on Trade Problems", *The Review of Economics and Statistics*, No. 9, 1969.

这些学者在此基础上提出了发展权购买（PDR）和发展权转让（TDR）操作思路，从土地权利的法理、产权和外部性角度解释了该手段的可行性，从而使土地发展权在土地权利体系中具有独立地位。

一 土地发展权购买

土地发展权购买主要解决控制建设用地的过度开发导致农地减少的负面效应，通过购买土地发展权使这种影响尽可能缩小。从社会整体福利角度来看，土地的开发如果不考虑其外部影响则势必会影响到其他所有者的权利。因此为了保障所有者的正当权利，就需要限制对于土地用途变更的权利，购买土地发展权就是最佳方式。怀特（Whyte，1959）率先建议采用土地发展权购买的方法来解决土地用途变更带来的影响，他认为：相对于土地用途的完全购买，购买土地发展权对于土地所有者以及整个社会都是有益的。对于土地所有者来说：其土地所有得到了法律上的保证并保留了土地农用的完整性，而且其土地的发展权价值得到保护，从更深层次来讲，该土地周围的农地价值也得到了保护。对于整体社会而言发展权购买也具有重要意义：首先，通过土地发展权对于农地进行保护的成本要比完全购买农地的成本要少得多，另外规范化农地保护，将其限制在税收范围之内。其次，从产权角度来看，农地所有者仍然对其农地拥有所有权，因此公众保护的成本也大大降低，更重要的是，经过这种发展权的购买，农地仍然保留用于农业生产等用途，并未转化为建设用地。这样，即使通过不同手段获取的土地发展权最终都能完整体现对私有土地使用控制的公共意愿。

二 土地发展权转让

土地发展权转让是指发展权的转让以市场为基础的交易方式，土地发展权转让的主要优点是：它的发展权补偿是由开发商支付而不是由政府财政支付。现阶段国际上通常对土地发展权转让规划的基本框架体系如下：两个区域被设计为项目的组成部分。这种发展权转让体系设计为两部分：第一部分是土地保护部分，也将其称为土地发展权的发送部分，这些部分的农地开发被闲置，但将剥离了农地的发展权从土地使用权利中分开，将该土地发展权置于市场公开出售，而不是政府购买该权利。第二个部分，也被称为土地发展权的接受部分，进入该部分的土地，开发者必须将其保护部分的发展权与接受部分的土地相结合，才能允许对土地进行开发。这种规划手段有两大优势：一是将土地开发从保护部分转向需对其进行集约利用的部分；二是保护部分的土地所有者可以出让土地发展权，从而获得收入，这种收入可以补偿所有者因为土地使用权转让而损失的收入，从而这种方法实际上是由市场来进行农地保护，而不是由政府财政补贴来进行农地保护。[①]

目前，中国对土地发展权的理论研究相对比较分散，没有集中的概括，对其相关概念的界定还没被正式引入中国相关法律法规中，对土地发展权和农地发展权的研究仍处于初级阶段，但土地发展权以及农地发展权的存在还是被大部分学者所接受的。刘国臻（2005）认为，土地发展权就是为了对农地、自然资源和生态环境进行保护，因此土地发展权就是农地发展权。[②] 周建春（2005）指出，土地发展权是为了把农地转变为能够被利用以得到最大效益的权利。[③] 王小映（2002）认为，土地发展权是一种将农地转为建设用地进行开发的一种权利。[④] 高国力（2008）阐述了我国限制开发区和禁止开发区域的利益补偿的基本思路是，以中央和省级政府为主，通过生态补偿、财政转移支付等政策手段，对土地被非农占用的区域，所给予的一种加强生态建设保护、维持地方政权基本运转、促进基本公共服务均等化、扶持和培育特色产业发展等方面的投入。[⑤] 一般地说，与某一资源相联系的产权构成一个权利束，可以分配给许多主体，土地产权即是一束权利的集合，土地发展权即是一种经济学意义上的产权，是对土地空间资源进行分配和利用的一系列权利。[⑥⑦] 农地发展权从属于土地发展权体系，其价值在于国家对于农业用地的管理，为了便于国家统筹土地整体规划，统一管理土地的开发利用，提高土地利用效率，需要使土地所有权者将一部分权利让渡给国家。当然，按照美国等发达市场经济国家的理念和实际运作，也同时通过市场机制实现农地资源的有效保护及其所有者或持有者的土地财产权益。

---

① Tom Daniels and Deborah Bowers, *Holding our ground*: *Protecting America's farms and Farmland*, Washington D. C. : Island Press, 1997, pp. 171—173.

② 刘国臻：《中国土地发展权论纲》，《学术研究》2005 年第 10 期。

③ 周建春：《农地发展权的设定与评估》，《中国土地》2005 年第 4 期。

④ 王小映：《按照物权法和债权合同法规范土地流转》，《经济研究参考》2002 年第 39 期。

⑤ 高国力：《再论我国限制开发和禁止开发区域的利益补偿》，《今日中国论坛》2008 年第 6 期。

⑥ 任小宁：《农地发展权价格评估研究》，硕士学位论文，长安大学，2008 年，第 12 页。

⑦ 施思：《中国土地发展权转移与交易的浙江模式与美国比较研究》，《世界农业》2012 年第 10 期。

第五节 农地保护补偿理论

支付赔偿理论是由布鲁姆、拉宾菲尔德和夏皮罗（Blume、Rubinfeld and Shapiro）三人共同提出的关于支付赔偿的经济论点。该理论认为，当财产所有者进行的投资马上被征用时，便没有了回报价值，政府需要对财产所有者进行补偿，所以如果土地财产权利所有者先于政府征地行为开始前得知征地开展的情况以及政府因征地行为给土地所有者造成的损失支付赔偿，此举将会使土地所有者或潜在所有者更踊跃地投资于土地，以换取更多的补偿。[1] 国际上主要有完全补偿、公正补偿和适当补偿三种征地补偿方式，大部分国家采用公正补偿。[2] 补偿标准是根据土地被征用的市场价值，全面考虑征地时间、土地利用状况、土地构成、土地所有者的经济损失和以前征地补偿的情况等因素。[3] 一般的补偿包括对土地用途发生改变后对土地所有者的损失给予的征地补偿，强制性地把不适合耕种的土地转为生态用地后给予的退耕还林经济补偿和为了维护土地的农业用途，对于土地经营者利用土地进行农业生产而给予的农业补贴这三类。[4] 周诚（2004）认为，对征地的补偿应该包括为保证失地农民原来的生活条件，对重新用于生产的费用补偿，以及对土地本身的农地经济产出价值的补偿。[5] 朱道林（2004）指出，我国现行征地补偿标准制度设计十分不合理，因为它是根据被征用耕地的具有较大不确定性的前三年平均年产值进行，致使农用地的补偿标准随意性过大，法律法规中要求的补偿倍数根本没有意义。[6] 王利敏（2011）则认为，目前国内关于耕地保护中对于农户的补偿，还未出台具体的政策，还处在初级理论研究阶段，但由于各地耕

---

① 刘野：《基于农地发展权视角的征地补偿研究》，硕士学位论文，江西财经大学，2012年，第23—24页。

② Schwarzwalder, B., "Compulsory Acquisition, in Legal Impediments to Effective Rural Land Relations in Eastern Europe and Central Asia", *World Bank Technical Paper*, No. 436, 1999.

③ 王小映、贺明玉、高永：《我国农地转用中的土地收益分配实证研究——基于昆山、桐城、新都三地的抽样调查分析》，《管理世界》2006年第5期。

④ 王雨濛：《土地用途管制与耕地保护补偿及机制研究》，博士学位论文，华中农业大学，2010年，第72页。

⑤ 周诚：《农地征用中的公正补偿》，《中国土地》2004年第1期。

⑥ 朱道林：《现行征地补偿制度的五大误区》，《国土资源》2004年第6期。

地质量和存量以及经济发展情况有所不同，已经有一些地区的地方政府颁布了关于农地保护的农户补偿政策，如广东佛山和四川成都。他们通过对两地的征地补偿政策进行比较，发现两地耕地保护补偿的补贴对象、资金来源和使用方向有较大不同，但其补偿的出发点、目的、效果等方面都是一样的，佛山依据区位因素对基本农田保护区内的基本农田进行补偿，成都依据耕地质量对一般耕地和基本农田都进行补偿；佛山的资金源于财政投入，土地出让收入则是成都的主要资金来源。[1] 而农民正是由于缺乏对理论知识的学习、对政府征地行为的预见性以及"话语权"，才使得土地被征收时束手无策。

第六节　制度变迁理论

　　制度变迁理论最早出现在 20 世纪 70 年代前后。该理论基于经济学意义上的制度，并非普通意义上的制度，认为制度是一系列被制定出来的规则、服从程序和道德、伦理的行为规范。其在新制度经济学的理论体系中占有重要地位，该理论认为任何一个制度要有特定的社会环境作为外部条件，才能充分发挥效果。[2] 舒尔茨（1968）是较早主张在经济分析模型中把制度作为"内生变量"引入经济活动的经济学家，他强调经济制度是会变迁的，事实上经济制度正在发生不断变迁，诺思（1971）特别关注两个容易被忽视却很重要的问题：一是说明制度结构的稳定性及变化，二是将制度结构理论化。[3] 汤姆·丹尼尔斯和德博拉·鲍尔斯认为，制度变迁的过程是把原有制度被某种效益更好制度替代的过程，这一过程既是一种更有效益的制度的生产，也是规则的改变或重新界定权利的初始界限，制度的替代成本是实际制度需求的约束条件。[4] 钱忠好（2005）认为，在

　　[1]　王利敏：《基于农田保护的农户经济补偿研究》，博士学位论文，南京农业大学，2011年，第 53 页。

　　[2]　高广飞：《我国农民土地权益保护制度研究》，硕士学位论文，华中农业大学，2012 年，第 15—16 页。

　　[3]　臧俊梅：《农地发展权的创设及其在农地保护中的运用研究》，博士学位论文，南京农业大学，2007 年，第 47 页。

　　[4]　Tom Daniels and Deborah Bowers, *Holding our ground: Protecting America's farms and Farmland*, Washington D. C. : Island Press, 1997, p. 150.

制度变迁的过程中费用和收益决定了制度变迁动力的大小、发生的时间和持续性。[①] 他还指出，中国土地市场化改革具有路径依赖性，一旦制度变迁选择了一种路径，在以后的发展中就会不断得以强化，在土地资源配置的过程中市场机制会发挥越来越大的作用。[②] 在土地市场化改革中农民逐步获得农地农用土地交易权，不断完善土地征地制度，逐步开放农地非农化市场，这是效率更高的市场体制替代计划体制的过程，也是深刻而有重大意义的制度变迁过程，市场机制在土地资源配置中发挥作用，制度变迁理论就起到了不可或缺的作用。制度变迁理论为我国土地征用制度，土地收购储备制度及土地市场公开交易制度的变迁及如何进行制度创新，提供了一个新的分析思路和有力的分析工具。

第七节　农地可持续利用理论

可持续发展最初是由挪威前首相布伦特夫人提出来的，当时由于人类生产力水平不断提高和改造自然能力增强，大自然自我修复的能力远远赶不上人类对自然的破坏。[③] 所谓农地的可持续利用，是指利用农地资源要以合适的方式，使农地的生产力得以持续发展，在满足当代人需求的同时，不会危害后代人对农地生产力的需求，促进社会、经济的可持续发展，从而实现人与社会、人与自然的和谐发展。[④] 经济问题的根源及经济学研究的开端来自资源的稀缺性，由于人口不断增加和社会经济的发展，土地的需求不断膨胀，而人类可利用的土地又是有限且无法再生的，土地供给的稀缺性就由此产生了。人类的发展要善待自然环境，珍惜和尊重土地资源，以环境道德确认人与自然的伦理关系，在实现经济效益的基础上，关注社会公平和生态平衡，实现人地和谐共生的土地资源可持续利

[①] 钱忠好：《中国农村土地制度变迁和创新研究》，中国农业出版社 2005 年版，第 239—240 页。

[②] 钱忠好、牟燕：《中国土地市场化改革：制度变迁及其特征分析》，《农业经济问题》2013 年第 5 期。

[③] 高广飞：《我国农民土地权益保护制度研究》，硕士学位论文，华中农业大学，2012 年，第 14 页。

[④] 林卿：《农地制度——农业可持续发展》，中国环境科学出版社 2000 年版，第 71 页。

用，进而保障土地资源安全，因此要树立"人是自然之友"的新观念。[1]
张丁发（2005）指出了可持续发展理论的核心是可持续发展系统观，认
为当代人们生存的环境是一个复合的系统，由自然、社会、经济、文化等
多因素组成，这些因素在这个复合的系统里不仅互相联系，而且互相制
约。这种系统论观点为人与资源问题分析提供了整体框架。[2] 农业可持续
发展的持续性主要包括土地利用方式的持续性、农业生产的投入产出活动
的持续性、农业生态系统的持续性和农业资源利用的持续性这四个方面的
内容。其发展本质是生态持续、经济持续和社会持续的和谐统一，三者协
调基础上的永续发展以及发展的有效性、持续性、层次性和公平性。[3] 可
持续发展理论表现在农地资源保护方面，要达到供给与需求的持续均衡，
不仅包括代内保护均衡、代际保护均衡，还包括农用地与非农用地均衡。
总体而言，除了保证现代人的福利增加，还要保证后代的福利。[4] 我国学
者普遍认为，土地可持续利用是指在利用土地时尽量减少对土地的破坏，
保证人类生存质量的长期改善，维持一个增强的资本储量，改善土地的生
产条件和环境基础，实现可持续利用。[5] 依据可持续发展理论，把农地的
社会、生态价值和可持续发展价值纳入更低的市场收益中，将占用耕地造
成的社会、生态机会成本及后代生存、发展危害的成本纳入更低的市场成
本中，从而可以建立耕地的全价值评价体系。中国人口增长速度和经济社
会发展都处于非常阶段，经济建设需要占用大量的耕地用于各项建设，所
以，如果不全面考虑农地保护、经济建设与保护生态环境的关系问题，必
定会出现经济发展不可持续、社会不和谐的现象，激化矛盾，严重的甚至
会引发社会冲突。在这种情况下以全面、协调、可持续的科学发展观为统
领，开展全国农地保护研究就显得十分迫切和必要。

通过对以上基础理论的研究和总结发现，国外有关农地保护的理论比
较丰富和成型，特别是农地的价值、农地产权及其交易的理论对于通过市

---

① 王炳春：《论中国农地资源安全》，博士学位论文，东北农业大学，2007 年，第 60—61
页。

② 张丁发：《城市化过程中的土地市场调控的制度保障研究》，博士学位论文，复旦大学，
2005 年，第 10—11 页。

③ 王炳春：《论中国农地资源安全》，博士学位论文，东北农业大学，2007 年，第 24 页。

④ 贾娅玲：《我国农地保护的法治化研究》，博士学位论文，中央民族大学，2009 年，第
130 页。

⑤ 梁湖清：《生态城市土地可持续利用》，广东经济出版社 2003 年版，第 56—57 页。

场机制来实现农地有效保护具有借鉴意义，当然在我国的运用需要结合中国的国情。国内的有关理论还比较薄弱和缺乏系统性，定性研究的较多，定量研究的较少，原创性的农地保护理论更少，但有些理论观点实证结论也不乏一定的指导意义，我们需要不断地研究总结和理论创新，以更好指导我国的农地保护实践。

第三章 典型国家和地区农地资源
保护机制经验与借鉴

本章旨在研究借鉴国外典型国家和地区农地资源保护的机制与经验，总结农地资源保护的一般规律及科学合理实用的处理方法手段，并结合我国农地资源保护的现状和基本国情，提出可供我国农地资源保护的借鉴与启示。

第一节 北美美国和加拿大的农地资源保护

一 美国的农地资源保护①

（一）美国农地资源保护的背景和目标

1. 背景

美国处于北美洲的中部，国土面积约 962.9 万平方公里，位居世界前列；截至 2014 年 11 月，美国的人口数量为 3.193 亿人②，名列世界第三，其人口密度为 33 人/平方公里。③ 美国是一个地广人稀、土地资源丰富的国家，拥有广阔的平原，适宜耕作的面积占国土面积的 90%，并且平原面积在 70% 以上。④ 美国是私有制国家，但土地并非全部都为私人所有。其中，联邦政府所占有土地称为联邦土地，私人、地方政府和有关机构占

① 张合林：《美国农地资源保护机制及对我国的借鉴与启示》，《资源导刊》2014 年第 6 期。

② Estimated by extrapolation. According to The U. S. Census Bureau's Population Clock. http：//zh. wikipedia. org/wiki/% E7% BE% 8E% E5% 9B% BD% E4% BA% BA% E5% 8F% A3.

③ 何如海：《农村劳动力转移与农地非农化协调研究》，博士学位论文，南京农业大学，2006 年，第 35—36 页。

④ 国家计委经济研究所课题组：《中国区域经济发展战略研究》，《管理世界》1996 年第 4 期。

有的土地以及暂时接受联邦和地方政府管理的土地称为非联邦土地。总体来说，联邦土地占 20.7%，非联邦土地占 76.6%，其中农田均为非联邦土地。因此，美国农地保护政策的主要对象是私人农地。[①]

20 个世纪 30 年代特别是 60—80 年代以来，美国农地面积一直在大量减少，这主要是因为工业发展、城市化的推进以及各种自然灾害。工业化的发展就比如著名的"硅谷"城，它曾是美国加利福尼亚州的农业基地；城市化的不断推进更是不胜枚举，旧金山从一个小城镇发展成为大都市，就是城市不断蔓延扩张，虽然成就了经济的繁荣，但是一定程度上减少了农地，也进而引发了美国的一系列经济、社会和生态等方面的问题：一是农地减少影响经济发展。耕地的损失往往意味着与农业相关行业的损失，农业是美国的重要产业，美国还是世界上最大的农产品出口国，农业对于美国经济稳定和平衡其国际贸易逆差做出了巨大贡献。保证农地面积是农业发展的基础，因此农地减少的直接结果可能导致农业萎缩，这都将不利于美国经济的发展和农产品出口。二是农地减少妨碍社会稳定。二者之间的关系可以从两方面分析：从精神文化层面来讲，美国的农业并不单单是一种产业，更是一种生活方式、一种文化，在美国西部曾经有很多风景宜人的农场，而西部牛仔更是一种风靡全球的文化。从物质生活方面分析，农地的减少降低了国家的总就业率。农地的减少直接表现为农民失去土地，也就等于农民失去了工作。农地的减少间接地也致使与农业有关的服务产业失业率增高。那些因为农地减少而失去工作的农民或相关服务业失业群体，由于失业带来的强烈失落感会加剧社会治安以及贫困等问题。三是农地减少破坏生态环境。由于得天独厚的自然条件，使人们长期忽视保护资源的重要性，森林过度的砍伐，草原不加限制的开发，以及长期粗放式的滥垦，终于在 20 世纪 30 年代中期造成了严重的生态危机。过快的城市化曾使美国农地面积大量减少，仅在 1967—1975 年，其耕地流失量就高达 647.5 万公顷。而生态系统中的农地及农业生产过程也是其重要的组成部分，因此农地的减少将使生态系统的结构和功能受到直接影响，进而对生态平衡造成一定不利影响。再者，农地不仅是人类利用土地的一种方式，更是人类所需要的重要开放空间，而农地的减少直接造成了对人们

---

① 张迪、吴初国、王小菊：《发达国家农地保护政策演变及借鉴》，中国经济出版社 2007年版，第 35—38 页。

生活具有举足轻重意义的开放空间的消失，进一步影响空气质量，降低人们的生活舒适度。1981 年，美国农业部联合环境质量委员会出版了具有划时代意义的《国家农用地研究》 （*National Agricultural Lands Study*，NALS)，其中记载着非农化耕地从 60 年代的每年 110 万英亩增加到 70 年代的每年 310 万英亩，耕地非农化幅度几乎增加了三倍。[①] 这项研究使农地保护的重要性得到美国公众的认可和支持。[②]

2. 美国农地资源保护目标

1977 年，经济学家 B. D. 加德纳提出了关于衡量农地资源保护效益的概念框架：能够满足日益增长的世界人口对食物的足够需求，保持农业产业在当地经济发展的有效作用，开放空间以及给城市居民带来的其他环境美学价值，高效、合理及有序利用城市和农村发展土地[③]，将以上内容作为美国衡量农地资源保护效益的主要基础。随着学者们对于农地资源保护的不断发展和研究，农地资源保护的目标被不断改进和完善，形成了比较完整的目标体系，主要包括对农业生产基地、良好的农业特质以及农业开放空间的保护，减缓城市向农地蔓延的速度，保护城市扩张区的地下水源，以及保护野生动植物栖息地等主要目标。这些目标作为美国农地保护政策与方法的依据，保证了美国农地资源保护的正确实施。

(二) 美国农地资源保护发展历程

建国初期，美国为了加快工农业发展，促进耕地的开垦，政府通过了《土地法令》和《西北土地法令》；之后又通过了《土地法》以降低土地价格进而鼓励公众购买。20 世纪 30 年代期间，为了解决美国西部农业过度开发所造成的严重生态问题，《土壤保护法》、《水土保持和国内生产配给法》、《农业调整法》和《土地侵蚀法》等相继出台，对农地施行了限制性的保护规划。20 世纪 60 年代中后期，农地流失速度加快，特别是损失了大量优质农地，这主要是这时期的工业化、城市化进程不断深化所造成的。大量农地的损失不仅极大地冲击了世界粮食市场，并严重影响了自然生态环境；同时城市化对于农地的不受限侵占也在一定程度上导致了城

---

① 张宏斌：《土地非农化机制研究》，博士学位论文，浙江大学，2001 年，第 35—36 页。

② 车凤善、张迪：《美国农地保护政策演变及对我国的借鉴》，《国土资源情报》2003 年第 3 期。

③ B. D. Gardner, "The economics of agricultural land preservation", *American J of Agric Econ*, Vol. 59, No. 5, 1977, pp. 1027 - 1036.

市发展的无序扩张，城市化质量差；再者，土地市场的秩序也受到一定影响。从而引起世界大多数国家对于城市周边地区农地资源保护的关注，逐步形成了以防止农地盲目非农化为主要目标的比较全面的农地保护理论、技术以及政策体系。美国控制土地使用的主要措施就是分区制，并且世界上第一个评估系统就诞生在美国，即 1961 年提出的土地潜力分类系统。①

美国农业部于 20 世纪 70 年代中期恢复设立了"土地利用委员会"。②土地利用委员会的主要任务是保护优质农地以及与其相关的其他价值，主要通过综合的政策工具付诸实施，例如土地利用控制、土地获得与释放、税收政策以及其他财政等工具。③④⑤ 20 世纪 80 年代到 20 世纪末期，美国农地保护体系不断完善，现如今已形成了立法、规划、税收等多种手段相结合的农地资源保护综合体系。其间，经历如下几个大事件：1976 年，基本农田的概念和内涵被提出和界定；1977 年出台的《土壤和水资源保护法》，进一步强调了对优质农田的保护；1981 年，《农地保护政策法》被作为美国政府实施农地资源保护的法律依据，并辅以土地评价与土地分析系统，确定农地资源保护的类型和范围，因此 20 世纪 80 年代后，农地保护得到深入发展；1996 年，《联邦农业发展与改革法》的出台与实施使得农地资源保护工作全方位展开。⑥

从其发展历程来看，美国农地保护主要经历了三个阶段：促进开垦而引起生态环境破坏背景下的农地保护阶段、高速城市化带来的耕地面积锐减背景下的农地保护阶段和成熟的政府农地综合体系保护阶段。

（三）美国的农地资源保护机制及主要措施

美国主要通过调节、支出、税收和土地权益收购四个方面的影响和再

---

① 彭宜佳：《多方规划与智慧发展：美国农地保护政策的考察与启示》，《社会主义研究》2012 年第 3 期。

② 张安录：《美国为农地保护提供细致的政策工具》，《经济日报》（农村版）2004 年 11 月 15 日第 14 版。

③ Aon，M. A. and Sarena，D. E.，"Biological and physical properties of soils subjected to conventional or no till management of their quality status"，*Soil and a Tillage Research*，Vol. 60，No. 3/4，2001，pp. 173 – 186.

④ American Farmland Trust，*Saving American farmland*：*What works*，Northampton：Northampton Press，1997，pp. 3 – 5，125，223，251.

⑤ Erik Liehtenberg and Chengri Ding，"Assessing farmland protection policy in China"，*Land Use Policy*，Vol. 125，No. 1，2008，pp. 59 – 68.

⑥ J. M. Duke and L. Lynch，"Farmland retention techniques：Property rights implications and comparative evaluation"，*Land Econ*，Vol. 182，No. 2，2006，pp. 189 – 213.

次减少税负、减缓耕地损失率和财政奖励与土地用途管制相结合①来实现农地资源（主要指耕地）保护，从而形成了完善的市场经济耕地保护机制。本书把二者整合，其中"调节"主要包括分区规划、农田等级划分、全面计划，城市增长边界、农业区和法律规定的土地用途管制以及美国农业土地信托（AFT）等；"支出"主要表现在公共事业和财政奖励支出上；"税收"包括所得税、财产税和房地产税的减免；"土地益权收购"即土地发展权的购买和转让。

1. 调节机制及政策措施

（1）法律法规调节。法律是农地资源保护机制的主要措施。20 世纪 30 年代，为了改善过度开发所引起的严重的生态问题，美国政府就此制定了《水土保持和国内生产配给法》；1981 年提出的《美国农地保护政策法》，则是为了"最大限度地降低由联邦项目所引起的不必要的农地转用"；21 世纪初为了进一步保护土壤进而保证土地的生产能力，因此提出了《农业风险保护法》，限制基本农田和特殊农田的非农利用。其次，《城市规划法》旨在规划控制，具体表现在以下几个方面：对城市内不同地域的土地利用方向加以确定；规定农业用地不能被任意侵占和转用。之后出台的新农业法规定，根据市场状况，农场主有权将那些符合耕种要求的土地作为保护地，并因此得到备用地保护计划的补贴。②

与联邦政府出台的农地保护法律法规相比，各州政府的农地资源保护法律法规更加具体和详细。1973 年在俄勒冈州立法机构首次成立了州中央规划权威机构——"土地保护与发展委员会"（LCDC）。LCDC 的主要任务是立足全州并将土地保护目标付诸具体规划中。其中的每项规划都经历层层筛选，确定之后仍需要地方的强制力实施。1975—1976 年的立法会议期间，由于进一步认识到农地保护特别是优质农地的保护对于经济发展是至关重要的，因此加利福尼亚州将一些与农地资源保护相关的问题引入州议会众议院第 15 次议案（Assembly Bill No. 15）之中。在 1976—

①　Tom Daniels and Deborah Bowers, *Holding our ground: protecting America's farms and Farmland*, Washington D. C.: Island Press, 1997, pp. 87 – 88.

②　方贤雷、邓映之、杜文玲：《美国的耕地保护制度经验及对我国耕地保护的启示》，《中国商界》2010 年第 194 期。

1977 年和 1977—1978 年的议会期间又相继列入了类似的农地资源保护法案。① 因此，现今美国已经拥有较为全面系统的农地保护法律法规（详见表 3 −1）。

表 3 −1　　　　　　　　　**美国土地保护的主要法律**

时间	法律名称	主要内容
1785 年	《1785 年土地法令》	土地公开拍卖
1800 年	《土地法令》	分期付款售地
1877 年	《土地法》	进一步确定土地国有的原则
1934 年	《泰勒放牧法》	为了避免水土流失，限制在公有林地放牧区过度放牧
1936 年	《土壤保护法》	该法将农作物分为"消耗地力的"和"增强地力的"，以政策鼓励农场主多种"增强地力的"农作物，少种"消耗地力的"农作物
20 世纪 30 年代	《水土保持和国内生产配给法》	改善过度开发而引起的严重的生态问题
1956 年	《土壤储备计划》	为了实现"保护和增加农场收入，保护土壤、水、森林以及野生动物等自然资源不被浪费和破坏的目的"，以短期和长期两种休耕计划减少对过剩农产品的生产
1976 年	《联邦土地政策和管理法案》（FLPMA）	确立了美国公共土地政策，土地管理局管理联邦土地时的管理指南，土地利用规划等内容根据该法的规定，坚持促进国土多用途和可持续发展的最基本原则
1977 年	《土壤和水资源保护法》	"耕地储备计划"、"土壤保持计划"和"用地和养地结合计划"等一系列计划的法律依据，对农业进行补贴，鼓励农民休耕或退耕一部分种植粮棉的耕地，以便保护土壤免遭侵蚀
1981 年	《农地保护政策法》	该法作为农地保护的法律依据
1996 年	《联邦农业发展和改革法》	进一步完善可耕备用地计划修订，授权延长保护储备计划，使之适应市场的变化
2000 年	《农业风险保护法》	保护土壤并进而保障土地生产能力

资料来源：根据 Tom Daniels and Deborah Bowers, *Holding Our Ground：Protecting America's Farms and Farmland*, Washington D. C. ：Island Press, 1997, pp. 76 − 85；张迪、吴初国、王小菊：《发达国家农地保护政策演变及借鉴》，中国经济出版社 2007 年版，第 41—44 页整理。

---

① 张安录、杨钢桥：《美国城市化过程中农地城市流转与农地保护》，《中国农村经济》1998 年第 11 期。

（2）公众参与讨论规划制度机制。保护农地所有者的合法利益是农地资源保护机制中需要特别注意的，旨在科学地将农地资源保护与城市建设相结合，使农地所有者自愿参与农地保护计划。耕地保护的倡导者必须证明保护农场和农田将有利于纳税人和农民，例如美国的农地保护并不是政府一方的问题，公众参与制度也发挥了巨大作用。农地所有者对于农场和农田周边的环境、公共设施以及耕种习性等有直观的了解，因此公众参与规划讨论，对于规划内容的确定具有决定性的作用。自下而上的充分民主是美国土地利用规划制定的基础，并且政府采取多种多样的手段鼓励公众积极参与，而并非政府强制力作用，主要是采用沟通协商的方式来实现。但是该规划制定一旦成为法律文件，就马上拥有很高的强制性，因此在重视以人为本的前提下，注重规划的落实情况，同时使得规划在实施阶段的难度得以降低，降低了社会矛盾的发生率。另外除了公众参与之外，第三方部门也成为农地保护的主要参与者，对农地保护发挥了极其重要的作用。① 另外，联邦各级政府都按照自身职权的分工，相互协调保护农地资源，州政府和地方政府分别制定和实施了各级的农地保护规划和措施，联邦政府对于农地资源保护提出政策导向。同时，为了鼓励并扶持农业发展，使农民成为农地保护的主要受益者，各级政府还积极采取各种激励手段，增加农民收入，进而促进农地保护的经济效益、社会效益和生态效益相统一。②

公众参与土地利用规划讨论主要有两种形式：一是直接民主，是土地利用规划讨论的主要途径，并直接影响决策结果。二是法庭诉讼，其产生来源于美国地方政府严格的土地利用管理。利用法庭诉讼手段，开发商和农地所有者强烈要求地方政府赔偿由于管制过于严格所造成的成本浪费。综合来讲，公众参与规划讨论制度提高了规划以及农地政策的透明度和权威性。③

（3）农地等级划分。农地等级是依据土地评估和农场评价系统（LE-

① Tom Daniels and Deborah Bowers, *Holding Our Ground*: *Protecting America's farms and Farmland*, Washington D. C. : Island Press, 1997, pp. 21, 29, 34 – 35, 40 – 41.

② 彭宜佳：《多方规划与智慧发展：美国农地保护政策的考察与启示》，《社会主义研究》2012 年第 3 期。

③ 司马文妮：《中国城市化进程中的土地利用问题研究——以甘肃省为例》，博士学位论文，西北农林科技大学，2011 年，第 69 页。

SA）划分的。① 这一评价可能用到一两个或三个土壤评分：土地的能力，重要的农田，土壤的生产力。土地能力的评级表明土壤作物，牧草和发展的局限性和潜在能力。一般情况下，Ⅰ类和Ⅱ类土壤被评为基本农田，是最有生产力和最简单的农场；Ⅲ类土壤是在全州范围内有重要意义的土壤；Ⅳ类土壤是独特的或只在当地有重要性。第Ⅴ—Ⅷ类土壤很少被用于耕种。

因此，重要的农田由四个土壤质量层次的土地构成：最高水平的是基本农田，最适于生产粮食、饲草、纤维和油料作物的土地；次一等的土壤是被用作生产高价值作物例如果园或蔓越莓沼泽的特种农田；第三类是由州确定的在全州范围内的重要性的耕地；第四类是在地区具有重要性的农田。前两个等级的农地禁止改变农业用途，后两等级是可以有条件地改变其农业用途。②③ 1983—1994 年，美国实现了全国范围内的农地划分。④⑤从以上农田划分办法中可以看出，美国农地资源保护更关注对农地的存在形态和质量的保护。

（4）制定农业区划或规划控制。分区的公共目的是保护公众健康、安全和福利，并减少与邻居的冲突；农业区划在许多地方耕地保护进程和一些国家增长管理工作中起着关键的作用，农业区划的目的是保护生产力的土壤，使农场经营和与之冲突的非农业用途相分离，以及在限制和允许耕地开发二者之间达到平衡。⑥ 分区控制着每英亩被允许多少建筑和"居住单位"（也称为密度津贴），以及建筑物的选址、高度和覆盖面积。而对于农村地区分区即农业区划，其通过以下几点发挥作用：帮助防止住宅以无计划的发展方式进入农业领域；通过对开放空间和自然地形特征的保护，来维持一个社区的吸引力；保护私有财产主免受伤害或对相关财产

---

①　李宪文、林培：《国内外耕地利用与保护的理论基础及其进展》，《地理科学进展》2001年第 4 期。

②　王春华、梁流涛、高峰：《国外农地保护政策与措施对我国的启示》，《资源调查与评价》2007 年第 2 期。

③　Tom Daniels and Deborah Bowers, *Holding Our Ground: Protecting America's Farms and Farmland*, Washington D. C. : Island Press, 1997, pp. 78 - 79.

④　魏景明：《美国的土地管理与利用》，《中国土地》2002 年第 11 期。

⑤　车善凤、张迪：《美国农地保护政策演变及对我国的借鉴》，《国土资源情报》2004 年第 3 期。

⑥　Tom Daniels and Deborah Bowers, *Holding Our Ground: Protecting America's Farms and Farmland*, Washington D. C. : Island Press, 1997, p. 130.

的不良利用；帮助未来发展计划在"正确"的领域发挥作用；随着时间的推移，协调公共服务在发展"阶段"的定位；允许在社区内进行对经济增长和发展有重要影响的社区决定。同时，分区应实现业主使用他们土地的权利以及公众拥有健康、安全、有序生活环境之间的平衡。农业区划十分必要，一是它可以减少农民和非农民之间的冲突。农业区划限制了非农户居住在农户附近的权力，即保护了农户的利益；二是农业区划是用来保护有价值的而且供现在和未来几代人生活的土壤；三是农业区划有其公共价值，比如开放空间，保护敏感的湿地和野生动物的栖息地，保护水资源和空气质量。所以，农业区划的目的不仅在于创造农业公共利益区，同时也是保护农民的利益。①

（5）农地监测与管理。农地监测与管理是保护农地的重要环节，运用精确和及时的农地基础数据，建立可行的农地评价系统，为农地资源保护提供科学依据。自然资源保护局的劳埃德·赖特带头建立了土地评估和农场评价系统（LESA）。LESA 由两部分组成：土地评价（LE）和立地评估。土地评价是以下三个评价结果的综合：土地潜力评价、土壤潜力估价和土地生产力评价。而立地评估主要是对一定区域农业利用、农田基础设施及距城市远近等条件进行评定从而决定农业重要性。评价土地转化为非农业利用的可能性依据两部分总分的高低，也可以比较不同地块转化为非农地的先后顺序。②

灵活性是 LESA 系统的一个优点。其中的影响因素、权重、最大分值都可以根据具体情况进行调整。一个 LESA 系统需要测试和反复试验，有必要对其进行调整。例如，宾夕法尼亚州的 38 个县使用了修正的 LESA系统来评估对于农田开发权出售的申请。同时，LESA 系统具有客观、以数字为基础和灵活性等优势，但是在选择分数点和整体权重的因素时，可能出现一些反复试验的数据。LESA 系统可以作为决策者的指导，把未来改善发展低质量的耕地和保护高生产力农田的长期经济活力作为目标。③

（6）城市增长边界（The Urban Growth Boundary，UGB）。城市增长

---

① Tom Daniels and Deborah Bowers，*Holding Our Ground：Protecting America's Farms and Farmland*，Washington D. C.：Island Press，1997，pp. 42 – 57，105 – 106.

② 谢经荣：《从美国经验谈我国的农地保护》，《国土与自然资源研究》1996 年第 3 期。

③ Tom Daniels and Deborah Bowers，*Holding Our Ground：Protecting America's Farms and Farmland*，Washington D. C.：Island Press，1997，pp. 51 – 52，77 – 81.

边界是指为了区分城市发展用地和需要保护的农地，在城市周围预先确定增长界限的方法。该确定增长边界或服务区域的目的是为了控制城市在规划城区范围内发展，规划区内的基础服务诸如给排水设施、更加经济地提供警察和消防等以及为了提供一个从农村到城市土地的有序和高效的过渡。城市增长边界作为一种工具可以有效控制基础设施的位置，限制昂贵的城市扩张，并帮助保护城市周围的农田绿地和开放空间。城市增长边界最早起源于美国的俄勒冈州，并在这里发展完善，其具体实施步骤是：首先对规划的建设用地的需求进行预测，并通过该预测值划定城市增长边界，之后根据该边界限定土地用途，最后地方政府还必须定期考察对现有增长界限有无必要进行调整。①② 城市增长边界制定于 1973 年，根据俄勒冈州土地利用计划，依法需要联邦的 36 个县和 242 个城市携手合作，共创城市增长边界。③ 虽然花了 13 年的时间将所有 UGB 落实到位，但是，增长边界已经成为遏制城市扩张的重要工具，并补充了数百万英亩耕地和林地。城市增长边界、城市服务区、乡村增长边界作为一些工具，给了实现城市型发展定位一个相当大的希望。而且，城市增长边界方法将区域土地利用规划、资本改善计划、经济发展、阶段性增长联系在一起以遏制城市蔓延。④ 在美国，城乡之间或者村镇之间的联合区域规划是一种期待已久的合作。⑤

　　（7）第三方组织——美国农业土地信托（AFT）。在美国，有一个联邦农田政策以及一些联邦资金来支持农田保护工作。但是联邦政府并没有一个连贯的保护农田战略，也没有一个州和地方政府必须遵循的联邦耕地保护政策。相反，联邦政府认为土地使用事宜是由州、县、市做主的。然而，国民政府确实通过最高法院的法律裁决、税收政策、房地产规划和转让财产，以及农业贷款帮助农场融资经营和农业补贴项目等影响土地的保

　　① 蒋芳、刘盛和、袁弘：《城市增长管理的政策工具及其效果评价》，《城市规划学刊》2007 年第 1 期。

　　② 彭宜佳：《多方规划与智慧发展：美国农地保护政策的考察与启示》，《社会主义研究》2012 年第 3 期。

　　③ 魏景明：《美国的土地管理与利用》，《中国土地》2002 年第 11 期。

　　④ 张宏斌：《土地非农化机制研究》，博士学位论文，浙江大学，2001 年，第 52 页。

　　⑤ Tom Daniels and Deborah Bowers, *Holding Our Ground：Protecting America's Farms and Farmland*, Washington D. C.：Island Press, 1997, pp. 136 – 137, 139, 144.

护力度，以增加农民的收入。① 而遍布全国的非营利组织"美国农业土地信托"（AFT），实际承担着全国性农地保护的组织协调职能。

AFT 成立于 1980 年，是一个非营利农地保护组织，由一些农民和保护资源与环境学家发起成立的非营利组织，目的是直接保护自然区域、农地资源和开放空间。土地信托被视为教育和"慈善"的组织，其成员包括董事会董事，有偿或志愿工作人员。当地州或联邦政府机构能通过土地信托转售土地和保护地役权。土地信托是一个免税组织，在农地保护中发挥着非常重要的作用，同时填补了联邦政府所不能作用的空间。AFT 设有总部、农业与环境中心、农业土地信息中心、农业保护创新中心，并且在各州都设有其分支机构。目前在 48 个州有超过 1100 所当地土地信托机构积极参与保护土地资源。AFT 运营的资金来源有两个途径：一是私人捐赠，二是州政府通过发行债券所募集的资金，该资金的用途也必须通过选民投票决定，投票结果也必须公开。随着国家人口增长及对土地竞争的加剧，在全美范围内土地信托数量会一直持续上升并在土地资源管理中扮演极其重要的角色。土地信托引导有效保护土地。土地信托值得公共部门、私有土地主及公民组织的关注。②③

2. 支出机制及政策措施

（1）价格支持。农业价格支持计划主要是防止农产品价格的大幅度下跌，最初由美国政府成立的农产品信贷公司提出并实施。该支持计划主要包括两项主要内容：一是"直接收购"，指为了支持某些农产品价格，该农产品信贷公司随时准备以最低保证价格（价格支持）从市场上收购任何数量的剩余农产品。二是"无追索权贷款"，指农户可以农产品作为担保向信贷公司贷款。并且在贷款期限内，不管农产品的市场价格和贷款孰高孰低，农民都获得较高的收益④，政府通过价格支持政策，总可以让农户获得高于市场的销售价格（即长期均衡价格）从而获取利益，使经

---

① Tom Daniels and Deborah Bowers, *Holding Our Ground: Protecting America's Farms and Farmland*, Washington D. C. : Island Press, 1997, p. 76.

② 贺晓英：《城市扩张中的农地保护机制研究》，博士学位论文，西北农林科技大学，2009 年，第 43—44 页。

③ Tom Daniels and Deborah Bowers, *Holding Our Ground: Protecting America's Farms and Farmland*, Washington D. C. : Island Press, 1997, p. 215.

④ 张军：《美国农业政策对我国农业发展的启示》，论文库，http://lwcool.com/lw/news-file/2006/1/7/200617_ lwcool_ 4227. html, 2006 年 1 月 7 日。

营农业有利可图，进而有效保护了耕地。[①]

（2）联邦农场补贴。自 20 世纪 30 年代以来，美国联邦政府农业政策直接影响了种植业务。联邦农场补贴计划有两个目标：一是以确保供应充足的食物和纤维；二是为农民提供稳定的收入。现实情况是，联邦农场补贴使许多农民留在企业（农场）和一些农民成为彻头彻尾的富人。其主要方法是通过对主要农作物补贴来支持农民收入，主要作物包括玉米、大豆、小麦、棉花和水稻等。美国农业部在平价概念的基础上确立了每个商品的目标价格，这意味着每一个农产品价格将涵盖生产成本和利润给农民，使得他或她作为一个城市居民的标准生活。在 1995 年财政年度，农场计划花费联邦政府约 145 亿美元，超过 4500 万美元一天，但小于 1.68万亿美元联邦预算的 1%。1986 年，农场危机期间，联邦政府在农场项目上斥资 250 亿美元。这些数字不包括粮票和学校早餐和午餐，却也增加了农产品的需求。[②]

（3）差额补贴政策。该政策的目的是让农民和农地保护受益者共同分担农地农用的机会成本，美国威斯康星州、马里兰州及其他一些地方都实行差额补贴政策来实现这个目的。同时，在农地所有者同意放弃土地而用来为宅基地或者其他非农开发的权力，则农民可以申请数额等于土地的开发价值与农地严格农用所获收益差值的赔偿费，即一定面积的土地全部开发所得收入为 A，全部用来种地收入是 B，一般情况下 A > B，因此只用来种地的农户就可以获得赔偿金 A − B。在这种政策下，农户能够自觉事农，从而在保证粮食供应的同时，保护了乡村景观、辽阔的农场以及一系列环境价值。[③④]

3. 税收机制及政策措施

20 世纪 50 年代后期，美国开始减轻农民缴纳的土地价值开发税负。其目的是帮助农民保持合理的利润空间，使土地在面对郊区侵占时尽可能

---

① 罗维燕、罗维杰：《浅析美国的农业扶持政策》，《长春金融高等专科学校学报》2009 年第 96 期。

② Tom Daniels and Deborah Bowers, *Holding Our Ground: Protecting America's Farms and Farmland*, Washington D. C.: Island Press, 1997, p. 65.

③ 王春华、梁流涛、高峰：《国外农地保护政策与措施对我国的启示》，《资源调查与评价》2007 年第 2 期。

④ 哈维·雅各布：《国际耕地保护中发达国家对发展中国家的经验教训》，第 41 届芝加哥规划学院协会年会，芝加哥，1999 年 10 月，第 21—24 页。

多地保留。到了 70 年代，每一个州都努力帮助农民减轻财产税的负担。虽然这些减税可能或不可能实际上帮助农民抵御发展压力，但这样的计划将成为保护耕地甚至永久保存它的重要先驱。美国已经认可农田和农业产业的重要性，以及联邦在保护耕地的合理干预。

（1）差异评估。这种手段主要是利用税收优惠鼓励农民保护耕地，具体条款被列在美国加利福尼亚州著名的"威廉逊法"（即加利福尼亚土地保护法）之中。[1] 根据法律，县政府可以按照耕地现状评估的价值征收不动产税，而不是按照耕地用作城市开发的投机价值征收不动产税。比如，对于一块 200 英亩的农田，在最高及最佳用途为住宅建筑用地基础上评价财产税为每亩 5000 美元或者总计 100 万美元；而以目前农业用途为基础评价财产税为每亩 1250 美元或者总计 25 万美元，评估差异为 75 万美元。对于农场主来说，从差异化评估中减免的财产税款 = 75 万美元 × 当地税率 1% = 7500 美元。[2] 作为补偿，州政府将支付县政府由此损失的不动产税收入。[3] 农地所有者在享有低税负的权力的同时，也必须承担保持农地农用 10 年的承诺，虽然法律规定 10 年内农地所有者可以变更承诺，但与之相对应的税收优惠也必须退回，在美国大约有 1500 万英亩的农地曾经参加了这个计划。

（2）"断路器"式税收减免。美国的一些州通过州所得税退税并提供"断路器"式财产税减免。其机制和目的是，当财产税超过农地所有者收入一定比例，农民通过申报所得税信用来抵消财产税，就能得到税收减免，以保证低收入农民能获得与高收入农民或投机者不同的较低的税收评估。比如，威斯康星州自 1977 年以来，已通过国家所得税抵免向农民提供"断路器"式财产税减免。威斯康星州的农民已经把将近 800 万英亩的土地纳入了"断路器"计划。在 1995 年超过 23900 农民收到 3140 万美元的税收抵免，相当于每个农民减免了 1314 美元，这些减免税平均降低了 35% 的农业财产税。又如，在密歇根州，当地方财产税超过 7% 的农场收入净额时，通过所得税退税提供"断路器"减免税。为了加入退税计

---

① 路璐：《外国农业生态环境可持续发展经验分析》，《北方经贸》2012 年第 4 期。

② Tom Daniels and Deborah Bowers, *Holding Our Ground: Protecting America's Farms and Farmland*, Washington D. C. : Island Press, 1997, pp. 92, 97 – 98.

③ 陈茵茵、黄伟：《美国的农地保护及其对我国耕地保护的借鉴意义》，《南京农业大学学报》（社会科学版）2002 年第 2 期。

划，土地所有者必须与州政府签订一项协议，保证至少十年不开发他们的土地。土地所有者在合同到期之前退出该计划，那么他们必须支付所有退款的全部金额，还要再加上6%的利息。到目前为止，该州已加入该项目的农田有4.5万英亩，整个州每年的退税费用约50万美元。①

（3）财产税减免。为了让农民参与国家地役权购买计划，美国马里兰州的一些县提供一些财产税削减作为额外奖励。马里兰州的哈福德郡规定，那些卖出农业保护地役权的农民免除所有财产税。此外，该县对于形成农业区的农民给出了50%的财产税减免。马里兰州华盛顿县，对于进入农业区内的农场建筑物和土地提供了完全的税收减免。马里兰州环境信托是一个国家支持的信托机构，它为那些捐出保护地役权的土地所有者提供15年的财产税削减。②

4. 土地益权收购机制及政策措施

在美国，当你拥有一块土地，你拥有的其实是与土地捆绑的权利。这些权利包括水权、空中权、出让土地的权利、传给继承人的权利、土地使用权以及土地发展权。其中任何一项权利都可以从以上权利捆绑中分离并出售、捐赠，或者以其他方式处分。土地益权收购机制是指农地权利束中土地发展权的购买和转让。

（1）土地发展权购买（The Purchase of Development Right，PDR）。发展权购买，是指政府购买农民所有土地的发展权，交易达成之后农民仍然拥有农地所有权，但不拥有对农地的开发权（即发展权），并且该土地必须保持农用。③ 土地发展权购买的最主要目的是保证土地不被开发并且保持农地农用。土地发展权购买是不断发展的，早期是地方政府为了保护农地的需要，而运用其财政收入购买这些农地的发展权；之后随着发展权购买的广泛运用以及创新，出现了许多诸如美国耕地基金和成千上万的农场协会、农地基金、土地信托机构和农地保护协会等第三部门（非营利的私人机构），他们利用政府资助以及社会捐款所得的资金来购买土地发展

① Tom Daniels and Deborah Bowers, *Holding Our Ground：Protecting America's Farms and Farmland*, Washington D. C. ：Island Press, 1997, pp. 92，97 – 98.
② Tom Daniels and Deborah Bowers, *Holding Our Ground：Protecting America's Farms and Farmland*, Washington D. C. ：Island Press, 1997, pp. 92，97 – 98.
③ 彭宜佳：《多方规划与智慧发展：美国农地保护政策的考察与启示》，《社会主义研究》2012年第3期。

权，进而成为购买开发权的又一主体。土地发展权购买的价格根据农用地用作开发的价值与用作农业生产价值的差额来确定，并且该价格不因购买主体改变而发生改变，即不管是政府还是第三部门，其价格不会改变。土地发展权购买的第二个主要作用就是避免现有农地转变为非农用地，这需要从整个土地市场来分析。由于继续从农所获得的土地使用价值往往低于农用地开发成为住宅或商业用地的土地使用价值，因此，从理性人的角度来看，大多数农地所有者将放弃从农转而进行农地的非农利用。为了解决这一问题，避免农地流失，一些政府单位、私人机构或非营利组织就向地主购买土地的永久开发权，一旦协议达成和项目付诸实施，该农地就必须禁止开发且永久保留作为农业用途。[①] 购买发展权已成为越来越受州和地方政府欢迎的耕地保护方法，主要是因为它是自愿的，非强制性的，其项目的实施也在一些州、县取得了较好的效果。从所有者的角度来看，出售土地发展权是一种从土地获取现金的方式，也是一种不用放弃任何一块土地或者改变家庭生活方式而能够走出"地丰人穷"的困境的一种方法。土地所有者通常用拿到的那些报酬来清偿债务、投资农场或者设立一个退休基金。没有发展权剩余的农场可以缴纳更低的房地产税。同时，出售土地发展权减少了财产税征税目标的价值，使得土地更容易传给下一代。最后，PDR 项目可以使得土地所有者像周围那些出售了发展权的农民一样获得同等的收益[②]，使得他们拥有在未来继续耕作土地的信心。对于那些热爱他们的土地、认为土地不仅仅是一个商品、从土地所有权得到隐私和满足以及那些关心土地保护的人，出售土地发展权是一个持有这些个人财产得到回报的极好机会。[③]

（2）发展权转让。农地权利束中的土地开发权不仅可以独立出来卖给政府用于保护农地，其开发权也可以卖给私人开发商，转让（转移）这些权利在其他地方开发房地产。这种技术被称为开发权转让（转移）（The Transfer of Development Rights, TDR），是一种创新的方式，既适应保护利益，又适应发展利益。TDR 项目允许潜在的建筑空间从一个地方

---

① 彭宜佳：《多方规划与智慧发展：美国农地保护政策的考察与启示》，《社会主义研究》2012 年第 3 期。

② 汤芳：《农地发展权定价研究》，硕士学位论文，华中农业大学，2005 年，第 25 页。

③ Tom Daniels and Deborah Bowers, *Holding Our Ground: Protecting America's Farms and Farmland*, Washington D. C.: Island Press, 1997, pp. 145 – 169.

"漂移"到另一个地方。① 土地发展权转让政策允许土地所有者转让其土地的发展权，但禁止其对农地进行其他开发行为。为了鼓励该政策的发展，当发展权转移而使该地块的价值下降时，土地所有者会获得补偿。开发权转移的权力，还不是一般的伴随着土地所有权的"权利束"的一部分，一个国家政府必须制定具体的立法，使当地政府把权利从一方转移到另一方的这一行为合法化。对于一个成功的 TDR 项目来说，不仅需求其他农地保护工具的配合使用，而且政客们、公众、土地所有者和开发商的支持也是必不可少的。② 不过，市场驱动型的发展权转移则被经济学家们普遍认可，认为是保护农地的一种有效方法。

理论上，土地益权收购机制可以永久保证农地的农业用途，主要表现在两个方面：一方面，运用利益调节机制，保护农地所有者经济利益的观念，以利益调节使得越来越多的农地参与到该机制中，具体表现在开发权出售或者捐献的同时农地所有者能够取得优惠（低税、退税）；另一方面，农地保护可以使城市居民生活质量得到提高，并且实现城市建设的高效投资。同时，PDR、TDR 项目成立之后，可以使农地价值降低，从而让愿意事农的人获得农地，最终达到减少农地撂荒、土地规模经营的目的。③

（四）美国农地资源保护的特点

根据以上研究分析，发现美国农地资源保护有如下特点：

1. 法律法规与政策相互补充、配套实施

在政策引导的目标下，以法律法规为监督和依托，其调整对象和管辖范围突破了按土地所有权划分的管理权限界限，使政策目标在整体上保持统一。法律法规具体化，且根据情况随时补充或修改。

2. 公众参与程度高，并构成第三部门

农地保护并非只是政府的事，也需要农地所有者的支持合作，在美国民主社会环境下，政府官员、农地所有者、农民、专家等都自愿参与农地

① Tom Daniels and Deborah Bowers, *Holding Our Ground*: *Protecting America's Farms and Farmland*, Washington D. C. : Island Press, 1997, pp. 171, 172, 176, 190.

② Tom Daniels and Deborah Bowers, *Holding Our Ground*: *Protecting America's Farms and Farmland*, Washington D. C. : Island Press, 1997, pp. 171, 172, 176, 190.

③ 陈茵茵、黄伟：《美国的农地保护及其对我国耕地保护的借鉴意义》，《南京农业大学学报》（社会科学版）2002 年第 2 期。

保护，这是利益调节的结果。同时，大量的第三部门（非营利私人组织）成为保护农地的重要力量。

3. 利用利益调节机制实现更有效的农地保护

解决美国农民的社会保障问题，并且使土地所有者与农民同时收益，是农地保护成功之处。如果耕地得到保护，首先经营农场必须是有利可图的。耕地保护最容易被忽视的方面之一是帮助农民留在农场。农民必须有保护和扩张农场的自由，或者为了保持竞争力而改变他们的经营的权力。同时除了使社区受益，农民也受益于耕地保护。耕地保护的倡导者必须证明保护农场和农田都将有利于纳税人和农民。若没有农场主对农场的承诺和他们在土地上能够获得生存的能力，单靠政府法规和金钱是无法开展工作的。[①]

4. 美国农地保护目标多样化

将农地保护目标和提高公众的环境保护、资源危机、乡村自然景观保护及社会福利意识相结合，使公众能够从自身角度理解农地保护，从而培养公众对农地保护的热情，为农地保护创造一个良好的社会公众氛围。例如，密歇根州保护农地的目标，主要包括稳定作为该州支柱产业的农业的生产基础、维护食品安全而保护耕地质量、维护生态环境安全、防治水污染、水土保持、保持地面景观及开敞空间和生物多样性以及子孙后代的生存发展需要等多种目标。[②]

（五）评价

如前所述，美国主要通过调节、支出、税收和土地权益收购四个方面来实现耕地保护，从而形成了完善的市场经济耕地保护机制。[③] 虽然美国土地实行私有制，但这种私有制并不意味着土地归所有者拥有任意支配土地而不受限制的权利。同时在美国农地保护政策体系中，始终注重保护农民受益，利用各项政策措施降低农民的生产成本并且提高生产效率，例如减免农业税收和农地收益补贴以及土地规划等措施，最终实现农民参与农

---

① Tom Daniels and Deborah Bowers, *Holding Our Ground: Protecting America's Farms and Farmland*, Washington D. C.: Island Press, 1997, pp. 23, 30.

② 吴正红、叶剑平：《美国农地保护政策及对我国耕地保护的启示——以密歇根州为例》，《华中师范大学学报》2009 年第 4 期。

③ Tom Daniels and Deborah Bowers, *Holding Our Ground: Protecting America's Farms and Farmland*, Washington D. C.: Island Press, 1997, pp. 87 - 88.

地保护的目的。同时鼓励公众参与农地保护法律法规的制定，使制度能够更容易地建立起来，并更容易获得民众的支持。另外，建立第三部门，例如农业土地信托机构，其资金来源于私募和政府支持，受民众监督，因此更容易调动公众自主保护农地资源。

美国农地保护是从土壤保护开始的，进而由于快速推进的城市化转而关注农地保护。相对来说，美国在农地保护方面的成就高于其他国家，但是其耕地面积依然在逐年递减，农地资源保护是一个长期问题。

二　加拿大的农地资源保护

（一）背景

加拿大人口密度低，每平方公里只有2.7人。由于其大部分土地所处环境气候恶劣，因此农田面积非常小。世界粮农组织统计数据显示，2011年，加拿大的耕地仅占其土地总量的6.88%。[①] 而且农用地大部分分布在与美国接壤的狭长地带，农地分布不均匀。这一狭长地带适宜农作物生长，也是人类生存的宜居地带，因此留作农用的土地就更少了。城市化进程在20世纪五六十年代飞速推进，优质农地大量减少。同时由于土地开发商的土地投机行为，使得农地被闲置撂荒，造成了极大的资源浪费。[②]

从地理分布上看，优质农地大部分分布在魁北克省和安大略省。因此这两个省十分注重农地资源保护，其农地保护制度也相对完善。随着农地被侵占，失业农民越来越多，农民的生存不能够保证。因此，在20世纪70年代加拿大意识到并真正开始将农地资源保护提上议程。[③]

（二）加拿大的农地保护制度

1. 建立农地保护区和土地利用规划

农地保护区是由政府确定的，其目的是保护农地，重在保护并高效利用高质量农地，保障土地的生产能力。

规划立法在加拿大诸省均有设立，虽然每个省或地区的法律及规划形式各不相同，但仍存在本质上的相同。为了介绍农地资源保护计划中的一

---

① FAOSTAT, RESOURCES – LAND （2011）. http：//faostat3. fao. org/faostat – gateway/go/to/search/Canadian%20farmland/E.

② 沈佳音、张茜：《加拿大农地保护机制以及对我国的借鉴意义》，《中国国土资源经济》2010年第12期。

③ 司马文妮：《中国城市化进程中的土地利用问题研究——以甘肃省为例》，博士学位论文，西北农林科技大学，2011年，第73—74页。

些具体内容，以魁北克省为例主要分析几个重要的方面。

（1）农地保护区的划定。20世纪90年代，魁北克省对《农地保护和农业活动法》进行了修订，为了更适应时代的发展对于农地保护区的划定进行了修编。该省的各级组织及管理机构等级大致为：1000多个最基层的单个市镇；若干镇所联合的县，全省有100个左右；以及大都市地区2个。各个地方政府在确定农地保护区范围、界限等问题时，首先必须与本地区委员会达成一致意见，其次通过农地保护联合会的参与，对每个县的规划进行协商，根据协商结果确立或者修订规划。

（2）以法律作为保护区的实施依据。《农地保护和农业活动法》作为农地规划的法律依据，为实现农地保护，规定在农地保护区内优先农地农用，一般不允许进行非农产业活动，只有向委员会提出申请并获得批准之后才可以进行建筑许可证等许可文件。农地保护的另一重要法律是《土地利用规划和发展法》，其中一项重要的内容是发展规划，主要包括确定城市发展边界和土地利用规划，同时规定发展规划需要得到市镇以及都市事务部的审批批准，并且每个县都要制定。发展规划不同于农地保护区的划分虽然农业活动依然处于优先位置，但是，更鼓励土地多种利用方式共存。

（3）农地保护委员会。法律赋予农地保护委员会权力，同时其也承担保证农用地能够可持续利用的使命，简单来说，它的职责是保护保护区内的农地。①

2. 农地保护新模式

农地保护新模式即在保护农地资源的同时，密切结合农村经济、生态环境和社区文化，使农地保护与之相协调。农地保护是国家保证粮食安全、农民就业的关键，但不能因为农地保护而阻碍农村经济的发展。因此，引导农民调整农业生产方式并使农地规模化发展，逐步实现农地的市场化机制，保证农业生产的有用性。加拿大对于农业结构的转型首先从近郊开始，实现从传统的纯农村农业生产向现代化的种植、生态农业、有机农业、科技农业转变。②

---

① 陈莹：《加拿大的农地保护》，《中国土地》2003年第10期。

② Wayne Caldwell and Claire Dodds Weir, "Rural Non – Farm Development and Ontario's Agricultural Industry", in Wayne Caldwell, Stew Hilts and Bronwynne Wilton, *Farmland Preservation – land for Future Generations*, Canada: Library and Archives Canada Cataloguing in Publication, 2007, p. 229.

（三）评价

加拿大农地大部分属于私有，该国宪法对私有财产提供了强有力的法律依据。法律是加拿大农地保护的主要手段，因此其制度性较强。同时农地保护是一项巨大的系统工程，需要获得强有力的资金支持：一方面，加拿大的经济实力较强；另一方面，农地保护所需的资金来源丰富，如农地保护专项基金收入、土地税收收入等。因此，加拿大在农地保护方面具有灵活性和主动性。

加拿大的公民素质普遍较高，具体来说，公民自愿并且积极参与各项与自身利益相关的农地保护活动，并自主承担监督管理的责任。政府、社会团体、农民及其他利益相关者作为农地保护的参与主体，呈现多元化与自主性特点。高度的公众参与，使得政策或者规划执行更容易实施，其不单单只是政府的单方面倡导要求，而是形成了各参与主体之间的良性互动。同时，其他民间的农地保护组织也在农地保护中起重要作用。

第二节　欧洲英国、荷兰和法国的农地资源保护

作为西欧人口密度最高的两个国家，英国和荷兰拥有截然不同的农地规划体系结构。英国体系相对灵活，规划约束力不强，而荷兰的规划体系则更加具体，约束力也更加严格。法国对于农地保护则十分注重农户自营，对于农地没有具体的农地规划法，但仍然达到了较好的农地资源保护效果。

一　英国的农地资源保护

（一）背景

英国是一个国土面积狭小的岛国，耕地面积所占比重在西欧各国中最小，而且人均耕地只有 0.095 公顷。目前，英国农业已实现高度现代化，农业份额在 GDP 中所占并不多，但是却拥有很高的农业劳动生产率和土地产出率。[1]

（二）英国的农地制度

1. 英国的土地利用规划制度

英国的土地利用规划依据法律确定，因此其管理体系具有法律效力，

---

[1]　马晓珍：《西部地区土地资源保护的法律问题研究》，硕士学位论文，西北民族大学，2011 年，第 25 页。

由下及上分四级构成：市规划、郡规划、大区规划和中央规划。各级规划除规模不同外，其侧重点也是不一样的，下级规划受上级规划的控制和指引，同时下级规划又在上级指引下对于规划做更详细具体的内容编写。在土地利用规划中，由于各种相关的法律、法令和条例均由政府制定，政府是土地利用规划的最大控制者，例如减免税收政策和实施无偿或有偿资助政策、建立国有化开发机构和公共组织机构等。并且，中央政府从总体上制定指导性规划，给各地方政府提供规划依据和导向；地方政府则通过编制土地利用规划、审批"规划许可"以及强制征购土地来干预土地市场。在英国，私人可以购买土地，但是土地所有者在进行土地开发之前必须获得"规划许可"，否则不能实施土地开发等活动。

强制性、权威性和公众参与是英国土地利用规划制度的三个鲜明的特点，并且其上诉制度也有其特别之处。[1]《城市、农村规划法》是英国的土地利用规划的依据，必须严格遵照执行，而规划法中包含农地保护的内容，即在规划中不仅保护农地，同时高效利用农地。

20世纪80年代以后，为了恢复中心城市的功能、减轻城市边缘地带土地开发的压力，大城市和中心城市成为英国的土地利用规划的主要目标，以此控制城市无序蔓延，使农业用地、土地开发和绿带保护三者协调发展。[2]

2. 英国的土地用途管制制度

英国土地在法律上是国家所有，但是就实际而言，英国大部分土地归私人所有，并且土地所有者享有永久业权。土地发展权制度首先在英国诞生，同时限制土地开发也最早发生在英国。英国制定了严格的土地开发许可批准制，以防止开发所造成的环境污染和破坏，充分利用土地资源。如果开发活动获得批准，规定土地开发者在获得许可之后的一年内必须着手开发，并保证规划的成功实施。

英国的土地用途管制是通过限制开发者的发展来实现的。英国农业部部长只有陈述权，没有实权，不能进行任何指示。英国土地用途管制对农地流转进行限制，主要从两方面出发：程序和权力。虽然开发可以获批，

---

① 司马文妮：《中国城市化进程中的土地利用问题研究——以甘肃省为例》，博士学位论文，西北农林科技大学，2011年，第71页。

② 孟祥舟：《英、美、法协调城市发展与农地保护政策的措施对比》，《国土资源》2005年第8期。

但是，如果开发导致大量土地的损失，环境大臣有权收回地方规划机关的申请批准权，以防止过度开发。①②

3. 绿带政策

绿带政策是英国控制城市增长的规划的主要工具，其目的是控制城市的过度外扩，减少乡村土地占用量和保护环境。早在 1938 年，英国就制定了《绿带法》，是世界上最早实行的绿地政策的国家。绿带内的土地利用类型多样，包括农业用途、娱乐设施和公共设施，以及必要的非城市建筑。③

虽然绿带政策在保护农地和控制城市过度外延方面做出了巨大贡献，但是也存在一定缺陷，主要是"绿带刚性"成为阻碍城市发展的主要障碍。例如在剑桥，绿带安排过于紧凑，再加上十分有限的存量土地，这就造成了地价的被迅速抬高和房地产价格虚高的现象，进而导致可就业人口与居住人口的失衡，最终对经济发展产生一定的不利影响。因此有专家认为，绿带政策已不适合某些城市的发展，应该根据各自城市的特点对其做出相应的调整。④

(三) 评价

从法律上讲，英国的所有土地都属于国家，而实际上英国90%左右的土地为私人所有，土地所有者对土地享有永久业权。因此英国属于典型的私有制国家。同时英国是最早通过规划立法限制土地开发的国家，自1947 年《城乡规划法》制定以来⑤，经过多次补充和修改，形成了较为完善的规划立法体系。⑥

总体来看，英国的耕地保护主要通过灵活的规划制度来进行。英国是以中央政府为权力核心，对农地规划的制定和执行方面拥有最高权力，地方政府的作用相对较弱。同时，英国中央政府对于所有开发项目都进行审核，经过审查之后才获得土地开发许可，这种严格的审批制度能更加有效

---

① 唐顺彦、杨忠学：《英国与日本的土地管制制度比较》，《世界农业》2001 年第 5 期。

② 刘毅：《法经济学视野中的集体土地非法入市》，硕士学位论文，东北财经大学，2005年，第48页。

③ 赵学涛：《发达国家的农地保护》，《河南国土资源》2004 年第 8 期。

④ 马毅：《英国土地管理制度介绍与借鉴》，《中国土地》2003 年第 12 期。

⑤ 席雯、雅玲：《外国土地制度对中国农村土地利用的借鉴》，《内蒙古农业科技》2010 年第 3 期。

⑥ 王健梅：《英国的土地管制和耕地保护》，《中国农业信息》2007 年第 11 期。

地利用土地资源，并使得开发活动对于环境以及农地的影响程度降到最低。绿带政策是英国控制城市增长的主要措施，原因在于绿带规划拥有较高的法律效力，并且拥有强有力的制度保障规划的实施。[①] 因此，严格的规划体系使城市、地区和国家规划相互协调并结合，鼓励城市和农村共存发展。[②]

二　荷兰的农地资源保护

（一）背景

荷兰的国土面积为 41864 平方公里，人口密度为 407.5 人/平方公里，是一个地少人多的西欧国家，而且其"围海造田"工程享有盛誉。荷兰的农业劳动力约占总就业人口的 3%。但是，在 20 世纪末，荷兰农产品净出口超过美国而高居世界第一。农业用地占国土面积的 70%，但是农场规模较小，其中 60% 是 2—30 公顷的小农场。从 1960 年起，城市扩张导致大量农地变成建设用地，政府意识到问题的严重性之后，采取多种措施控制农地非农化的速度，至今维持了一半的国土作为农业利用，并实现农业的高产量及高出口，使荷兰农业成为欧盟国家中最工业化也最集约模式。[③]

荷兰是农地私有制的土地所有制，国家征用农地，不仅需要支付农地本身的价值，同时还必须支付给农地所有者土地的增值收益，政府的强制征用也是有条件的。

（二）荷兰农地资源保护主要措施

1. 通过规划法保护农地

荷兰农地保护的主要力量源于规划，没有专门的农地保护法。荷兰规划历史比其他西欧国家长，第一部《住宅法》在 20 世纪初颁布，之后 20 世纪 60 年代初又出台了《实体规划法》，其中明确规定市一级城乡非建设用地都必须制定土地利用规划，规划有两种类型即结构规划和规划设计。其规划设计详细具体，与加拿大的分区加上地块设计类似，从而实现控制土地过度开发的严格规划。

---

① 王裙：《英国耕地保护及对我国城市边缘区耕地保护的启示》，《今日南国》2009 年第 6 期。

② 王晓颖：《英国土地管制经验对完善我国土地制度的启示》，《西部论坛》2011 年第 2 期。

③ 王文婷：《荷兰农地管理成功经验一览》，《资源与人居环境》2007 年第 7 期。

在城市化发展的压力下，荷兰农业被分为三类：第一类是露天农业，在中心城市周围，并在该区域创造出"绿色心脏"保存政策；第二类是工厂化农业，分布在大城市附近，主要是指大鹿特丹地区；第三类是大片经济可行性农业，主要在北部新围垦的低田。其中，前两类是农地保护的主要对象。①②

2. 强势的荷兰政府力量

由于荷兰政策对市场调节和生态环境效益的关注，荷兰政府对农地保护采取强势的控制。第二次世界大战之后欧洲国家住房普遍短缺，而且市场投机严重，时代背景以及市场现状都决定了荷兰政府必须强势。当时政府为了使得对住房市场的调控成功，不得不运用住房补贴和直接限价等手段来控制农地的非农流转过程。

20世纪90年代，由于荷兰政府对农地减少所造成生态环境压力的担忧，依然不愿意放开农地非农化的市场。为了防止农地非农化可能造成的城市无序扩张、郊区环境恶化等，荷兰政府不仅尝试以空间规划作为土地利用和配置的引导，防止市场上的投机、垄断和短视行为造成对生态环境的破坏，还实行政府购买，参与农地非农化来对其进行直接调控，使国土资源能够可持续高效利用。

3. 土地市场的作用

成熟的农地和城市土地市场在荷兰已经形成。成熟的土地市场，是指除公用地之外所有的土地交易都遵循市场原则，其土地价格依据国内公有或者私有的土地评估机构来确定，实现土地市场自由竞争，市场机制配置发挥作用，不仅降低土地管理成本，更达到市场健康有序发展的目的。③

（三）评价

在农地保护的早期，荷兰政府起决定性作用，以详尽的规划法对农地进行保护，同时荷兰政府强制控制农地非农化，以防止市场投机、垄断等现象的发生，而且也有保护环境的目的。但是，荷兰政府的强制干涉并不依赖于其强制性权利，而是作为一个土地购买者并遵循市场配置原则。

在农地保护的成熟期，土地市场逐渐实现自由竞争。其独立的司法体

---

① 王文婷：《荷兰农地管理成功经验一览》，《资源与人居环境》2007年第7期。

② 罗明、鞠正山、张清春：《发达国家农地保护政策比较研究》，《农业工程学报》2001年第6期。

③ 谭荣：《荷兰农地非农化中政府的强势角色及启示》，《中国土地科学》2009年第12期。

系，不仅使得政府的强制征用有限度，也保护了农民的利益。

三　法国的农地资源保护

（一）背景

法国国土面积约 55.16 万平方公里，但是人口稀少，属于欧洲人口密度最低的国家之一，但其人均农地超过荷兰人均农地的 3 倍以上。过去的年间，由于城市快速扩张，使得法国的农地流转压力较大，并导致法国农地面积达到 5% 的减少量。[①] 法国 80% 的地带是平原和丘陵，因此法国是一个平原国家，农地资源丰富：农用地共有 3000 万公顷，占法国国土面积的 56%；其中国土面积的 31.6% 可用于耕种，面积约为 1800 万公顷。另外森林覆盖率为 27%，林地面积达 1500 万公顷。法国拥有 5800 多万人口，人均耕地面积 0.31 公顷。同时，法国生产的农产品占欧盟农产品生产总量的 22%，是欧盟的第一农业生产大国。[②]

虽然法国的农业发达，但它在农业规模化、产业化、社会化、现代化的道路上曾远远落后于欧美其他发达国家。[③] 法国资产阶级在 1789 年爆发大革命之后取得了政权，资产阶级通过采取一系列的措施，广泛建立以小块私有土地为基础的小农经济。一直到大革命之后的 100 多年里，小农经济依旧是主流，但是随着科技的发展，小农经济不利于农业的规模化生产。为了解决这些问题，20 世纪 20 年代法国政府制定了促进农场合并的土地改组政策。[④]

（二）法国的农地资源保护制度

1. 法国的农地经营制度

由于传统小农经济是法国农业结构的主体，导致法国农地分散、人地矛盾突出等问题，不利于农地的高效利用。在农地所有权的经营上，土地所有者直接经营自己的土地和租佃。租佃普遍存在于法国北部农场，而且佃农的权利也变得越来越大。法国通过市场或继承来实现土地流转。法国政府主要采取了两种方案来解决人地矛盾：一是为保证土地不再继续细碎

---

①　贾娅玲：《我国农地保护的法治化研究》，博士学位论文，中央民族大学，2009 年，第 71 页。

②　张明亮：《法国农业的特点》，《世界农业》1997 年第 223 期。

③　黄延廷：《从法国摆脱小农式发展的实践谈我国农地规模化经营的对策》，《湖南师范大学社会科学学报》2012 年第 5 期。

④　赵光南：《中国农地制度改革研究》，博士学位论文，武汉大学，2011 年，第 70—71 页。

化而对土地继承制度进行改革。例如规定农场主的土地只能一人继承或出让给一人，实现小块土地合并，同时限制农用地进一步分割细碎。二是中等规模的农场发展得到政府支持，促进小规模农场转移，并达到稳定大农场的目的。

政府对农地流转市场的监管方式有：一是法律监管方式。例如为了促进农场合并，1960 年颁布了《农业指导法》，最终使得小农占优势的状况发生得到改进。该法具体规定私有土地必须用于农业，不得弃耕、劣耕或者改变耕地用途。为了征购弃耕和劣耕者的土地，政府可以采取强制手段。同时为了限制农地继续细碎化，规定土地不能够被分割转让，只可以整体继承或出让。[①] 二是国家设立监管调控土地市场的专门机构，为土地流转营造良好的市场条件。在土地市场中，交易必须得到管理机构批准，否则流转被视为无效。"土地整治与农村安置公司"是由国家代表实行监督的股份有限公司，其不以营利为目的并由政府设立，其主要任务是购买土地，该公司经过整治后再转让给需要土地的农民，以支持发展中等类型的家庭农场。[②]

总之，法国政府在农地流转中发挥了重要作用，不仅是农地重组政策的发起者和制定者，还作为土地中介直接干预土地市场流转。

2. 法国的土地优先购买制度

与其他国家相比，法国土地制度有其独特之处，即"土地优先购买制度"，指的是当土地所有者在出卖土地时，政府或者政府指定机构有权优先购买该土地；但是该优先购买权必须经土地所有者同意出卖土地时才能生效。1968 年，法国政府开始实行优先购买权制度，规定市政府须定期对因优先购买权所得的利益或其他土地所有者在其他地方自由出售的利益予以公布。[③]

在不违背其他法令规定基础上，法国鼓励农用地可以向其他能够获得高额利润的土地利用方式转移。而且，法国政府规定，应按照土地的农业用途征收税。这种做法保护了农民的利益，具体来讲就是避免了因为按照

---

① 李刘艳：《农地流转国外经验借鉴与启示》，《土地开发》2012 年第 12 期。

② 华彦玲、施国庆、刘爱文：《国外农地流转与实践研究综述》，《世界农业》2006 年第 9 期。

③ 郭益凤：《国外农地保护的政策措施探析》，《东北农业大学学报》（社会科学版）2009 年第 2 期。

其他用途征税而造成的农民税负过高，丧失耕种的信心进而转让土地的问题。

（三）评价

在上述政策措施和制度引导下，法国农地规模趋小的问题得到了解决，不仅农场规模不断扩大，且农户数量也不断减少。法国两种农地经营制度因地理位置而异，自有自营在法国南部普遍存在；而北方则盛行租佃制，大型乃至巨型农场占主导地位，出租现象也相当普遍。这种经营制度使得佃农的权力和自由越来越大，佃农可以自由安排劳务和经营项目。[①]

因此，虽然法国农地保护起步较晚，但是十分重视农户的自主经营权，从多方面保证农户的利益，使其能够主动务农，不仅保护了农地不受破坏，也使农业经济得到了发展。

第三节　亚洲日本、以色列和韩国的农地资源保护

一　日本的农地资源保护

日本位于亚洲东部，是太平洋西北部的一个岛国，由 4 个大岛（北海道、本州、四国、九州）以及其他 3900 多个小岛组成，国土总面积 37.784 万平方公里。

日本农地资源极其贫乏，人均耕地面积只占我国的 1/3，由于这一基本国情形成与我国经营模式相类似的模式：以小规模农户家庭经营为主。如何在保证城市化推进的同时保障农地不受威胁，并且提高农地的使用效率，日本提供了农地保护的成功经验。

（一）背景

日本的农地资源十分匮乏：日本国土中耕地面积为 461 万公顷，人均耕地面积仅为 0.09 公顷。而且日本 65% 的土地为私人所有，公有土地只占 35%，且多为不能用于建设的森林地和原野。日本的城市大多是由城下町发展而来的。所谓城下町是日本封建时期武士和从事工商业者的聚居

---

① 赵光南：《中国农地制度改革研究》，博士学位论文，武汉大学，2011 年，第 72 页。

地，大多位于封建领主所辖城区的周边地区。[①]

"二战"以后，高速推进的工业化、城市化进程使得大量农地被城市侵占，最终造成耕地的大量减少。[②③] 国际粮农组织（FAO）的数据库显示，1961—2011 年的 51 年间，日本耕地总量的变化如表 3-2 及图 3-1 所示。

表 3-2　　　　　　　日本 1961—2011 年耕地面积变化　　　单位：万公顷

年度	耕地面积	年度	耕地面积	年度	耕地面积
1961	566	1978	490	1995	463
1962	562	1979	488	1996	460
1963	557	1980	487	1997	457
1964	553	1981	486	1998	454
1965	548	1982	485	1999	450
1966	545	1983	484	2000	447
1967	538	1984	484	2001	444
1968	532	1985	483	2002	442
1969	516	1986	482	2003	440
1970	520	1987	481	2004	437
1971	513	1988	480	2005	436
1972	506	1989	479	2006	434
1973	502	1990	477	2007	433
1974	499	1991	474	2008	431
1975	495	1992	471	2009	429
1976	492	1993	468	2010	452
1977	491	1994	466	2011	449

资料来源：FAO 数据库 Agri -- Environmentai Indcators – Land（农业环境指标——土地）http：//faostat3. fao. org/faostat – gateway/go/to/search/Canadian%20farmland/E。

① 吴晓佳：《日本农地管理制度及启示》，《农村经营管理》2011 年第 97 期。

② 陈静彬：《粮食安全与耕地保护研究》，博士学位论文，中南大学，2010 年，第 16—17 页。

③ 周立军：《城市化进程中耕地多功能保护的价值研究——以宁波市为例》，博士学位论文，浙江大学，2010 年，第 155—156 页。

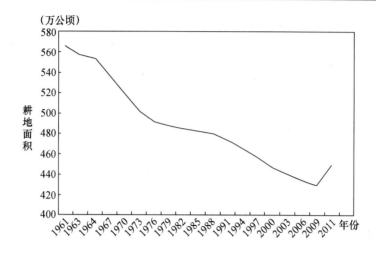

（万公顷）

图 3 - 1　1961—2011 年日本耕地面积变化趋势

日本农地所有制主要有三种形式：一是国家所有（即日本中央政府所有）；二是公共团体所有，即地方政府或地方团体所有；三是个人与法人所有，也可称为私人所有，因为法人所有指以法人名义持有土地所有权，由于法人的财产所有权最终属于私人，故个人与法人所有都是私有制。日本大多数农地属于个人私有。

（二）日本农地制度发展历程

第二次世界大战后，日本农地政策制度发展大概经历两个阶段：第一阶段，从 1946 年"农地改革"到 1970 年第二次修改农地法为止。[1] 实现"耕者有其田"是这一阶段农地政策法律的目标。[2] 保护耕作者的利益和土地农民所有是本阶段农地政策的重点。第二阶段是《农地法》第二次修改至今。《农地法》第二次修改使得农业政策发生了根本性的变化：取消对取得农地上限（约 3 公顷）的限制，废除了地租最高限额的规定，即农田地租不能超过 25%、旱地不能超过 15% 的限制，同时确定放宽农业法人资格，并增设了农协经营受托项目。从另一角度来看，高速发展使得经济在非农产业制造了大量就业机会，致使农民兼业，且兼业收入占到

---

　　① 胡明辉：《我国农村土地流转模式研究》，硕士学位论文，燕山大学，2008 年，第 29—30 页。

　　② 张术环：《当代日本农地制度及其对中国新农村建设的启发》，《世界农业》2007 年第 338 期。

农户收入的50%以上。兼业收入的丰厚使得离农人口激增，仅有老年人愿意继续从事农事，农业经营缺乏壮劳力，出现了严重的农地抛荒现象。为了解决农民不愿继续从农的问题，农地法律和国家政策为了实现土地适当集中，使得农地所有者真正自主从事农业生产，并且向有能力的农民集中，进而扩大农户规模，在现高效、稳定的农业经营的同时，改善农地规模结构和经营结构，并达到农地的高效利用。①

综上所述，日本农地政策的演变过程可概括为：由严格限制到放开，之后又侧重于农地利用效率的控制，通过农地农用和控制农地转用的具体措施，促进农地规模经营，提高农地产出。②

（三）日本的农地资源保护政策

1. 农地保有合理化制度

20世纪60年代，随着快速发展的日本农业的机械化，零碎化的农地不利于农业机械化的实现。但是对于实行土地私有制的日本，且伴随着经济发展而飙升的土地价格，使得大部分个体农户不愿出卖土地。再者，日本的一些传统观念影响也很强：个体农户为了保证土地所有权或者利用权转移过程中的信任和稳定感，只将土地借给或卖给亲戚朋友。因此，农业机械化的实现面临重重阻挠。

政府用两种方法解决这个难题：首先，将原来《农地法》中的"自耕农主义"修改为新《农地法》中的"耕作者主义"，即农民不再注重土地所有权的归属，只要拥有土地使用权就行；其次，逐步建立并完善农地保有合理化制度。随着该制度的成立和发展，诞生了农地保有合理化法人。该法人从离农者手中借入或买入土地，然后借给或卖给那些有能力有意愿从事农业的农户，使得农地得以聚集，并摆脱小农户家庭经营模式，从而走向农业机械化的高效发展道路。合理化法人是一种依靠政府的中介组织，其本质是"中间保有，再分配机能"。1993年制定的《农业经营基盘强化促进法》又使得该制度得到进一步完善和细化。

农地保有合理化法人由下而上分为三个级别：市、町、村级，都、道、府、县级及全国级，并且这三个层次的工作范围都是确定的。其中，设立于1971年9月11日的全国农地保有合理化协会是国家一级的社团法

① 王华巍：《世界主要发达国家农业政策的比较研究》，博士学位论文，吉林大学，2005年，第81—83页。

② 张迪：《日本农地政策特点及对我国的借鉴意义》，《国土资源情报》2006年第1期。

人，但并非国家机关。①

2. 认定农业者制度

所谓认定农业者，即指那些由市町村进行选择和认定的，积极改善农业经营效率和扩大规模的农业经营者。截至 2005 年，日本全国的认定农业者达到 13 万多人。认定农业者制度的根本目的是实现农地保护和农地的高效利用，主要通过提高农业经营者的收入水平来吸引认定农业者，同时也能够培养掌握现代技术的农业经营接班人。制定农业经营改善计划是成为认定农业者所必需的，而五年之后若计划没有达到预期的目标，即取消其授权认定农业者资格。各级政府通过计划的评估，确认其为认定农业者，并同时拥有获得农地方面政策支持的权力。这些优惠政策包括：①重点支持集中农地的农户；②在可享受融资上的优惠条件；③可参加有关经营管理方面的培训；④税收上给予一定优惠。②③

3. 日本土地信托模式

日本土地信托项目基本流程是：土地所有者将土地交给受托人（信托银行）保管，并从受托人处获得信托红利。土地信托有两种类型，一种是在土地所有者信托期结束之后，领取土地出售所得价款，而另一类租赁型则是收回土地所有权。土地信托自 1984 年在日本开展以来，对土地的有效利用做出了一定的贡献；经过 1986 年《国有财产法》《地方自治法》的修改以及同年《税法》的实施，使得土地信托的发展得到极大加速。④

归纳该模型的几个特点：（1）替代性，即土地信托方式为那些有积极性搞土地开发却没有能力开发的人提供便利；（2）高效性，即民间土地信托制度能够实现土地利用的高效配置；（3）多样性，土地信托模式对于土地的管理手段多样；（4）稳定性，即土地所有者将土地信托给信托银行，在信托期内可获取稳定的信托红利。⑤⑥⑦

---

① 王华巍：《世界主要发达国家农业政策的比较研究》，博士学位论文，吉林大学，2005 年，第 84—85 页。

② 王华巍：《世界主要发达国家农业政策的比较研究》，博士学位论文，吉林大学，2005 年，第 85 页。

③ 熊红芳、邓小红：《美日农地流转制度比较分析》，《生产力研究》2005 年第 5 期。

④ 邬晓波、王秀兰：《我国农村集体土地信托模式初探》，《理论月刊》2004 年第 4 期。

⑤ 王秀兰：《土地信托模式的国际借鉴与思考》，《商业时代》2007 年第 16 期。

⑥ 刘志仁：《农村土地保护的信托机制研究》，博士学位论文，中南大学，2007 年，第 169 页。

⑦ 王秀兰、杨兴权：《日本土地信托的特点与借鉴》，《当代经济》2007 年第 2 期。

（四）日本农地保护的特点

在人均国土资源极为有限的情况下，日本对于农地保护花费的代价及成本远小于美国和其他西欧发达国家，但在短时间内实现了农地保护与美国相当的水平。日本农地保护的特点如下：

1. 通过法律和规划实行严格的农地保护

相关法律作为日本农地保护和土地规划的依据和保证，并对农地进行详细具体的规划设计，从而造就了日本极其严格的农地保护政策。《城市规划法》作为日本对于城市内部土地利用的依据导向而存在；而其他法律法规，比如《农业振兴地域法》和《农业法》等则具体规定土地利用的各种限制，进而保证农用地不得被随意侵占和任意转用，因此日本实行的是严格的农地保护。

2. 城市化与农地保护协调发展

一般来说，城市化的扩张对农地保护不利，使得大量农地流失，造成环境破坏、粮食安全以及社会治安等问题。日本却利用城市化发展来实现农地保护，二者实现和谐发展。因为从短期发展来看，城市化发展必然伴随着扩张占地；而从长期发展来看，城市化可以聚集人口，发挥集聚效应并减少农村占地，达到耕地占用量减低的目的。其关键在于城市化的发展方式和速度，其必须与国情以及国土资源条件相适应。因此应保持工业化与城市化同步发展，城市化滞后或超前对耕地利用都是不集约的。日本的农地保护事实证明，只要选择了合适的城市化发展道路和速度，城市化发展与农地保护可以并存，并且能够实现城市化集约发展的优势。[1]

二　以色列的农地资源保护

以色列是一个创造了"农业奇迹"的国家。在这片"荒凉、贫瘠和没有希望的土地"上，水资源匮乏，很难想象其农业能够发达：除了自给自足的粮食生产之外，其出口的瓜果、蔬菜占据了40%的欧洲市场；棉花产量世界第一，其花卉供应仅次于荷兰。这样显著的农业成就发生在以色列恶劣的土地条件下，其中必然有其制度经验能够为我所用。[2]

---

① 贾绍凤、张军岩：《日本城市化中的耕地变动与经验》，《中国人口·资源与环境》2003年第1期。

② 降蕴彰、梁栋：《以色列农业奇迹——专访以色列驻华国际合作、科技和农业参赞 Dr. Ezra Shoshani》，《农经》2009年第226期。

（一）背景

1948 年建国初期，以色列面临两大制约其农业发展的自然环境问题：第一，土地资源稀缺。国土面积狭小的以色列，其地形也十分狭长：北起山峦起伏的戈兰高地，向南到达红海之滨埃拉特港，南北全长约 470 公里，其中最宽处也仅有约 135 公里。以色列面积为 27800 平方公里（边界线和停火线以内的面积，包括巴勒斯坦自治政府控制的地区），其中近一半是荒凉的沙漠，占国土面积的 45%，仅有 25% 的平原和峡谷。第二，稀缺的水资源。以色列将近一半的沙漠地带，国家降水很少。而且地中海气候是以色列大部分地区的主要气候，其干旱的夏季，即 4 月到 10 月；湿润气候温暖的冬季，即 12 月到次年 3 月，是多降雨的季节，全年 70% 左右的降水量都发生在冬季。[1]

建国初期，以色列面临三个影响其国家发展和与农业密切相关的问题：一是国家安全问题。战后以色列虽然划分了确定的国界，但仍然担心巴勒斯坦难民重返，以色列人民的永久性居住问题受到威胁，因此国家必须重点控制这些有争议的地区。二是粮食安全问题。虽然战后以色列得以独立，但是新增了超过 100 万的移民。在外患严重的情况下，如果不能保证粮食供应必定会带来国家的祸患。三是新移民的安置问题。由于住所缺乏以及各种资源的匮乏，1951 年底有 25 万新移民缺少永久性住宅，甚至一半居住在帐篷里。与之伴随的是不良的医疗卫生状况、失业等新问题。而发展农业不仅能解决粮食安全问题，同时也能解决大量失业的问题。[2]

（二）以色列的农地资源保护模式

以色列农地保护主要经历了 20 世纪 60 年代的农地保护"热"、七八十年代的"退热"以及 90 年代旧有观念的消失和新观念的形成这几个阶段。每个阶段都与其社会经济的发展和社会意识形态密切相关。[3] 以色列的土地所有权基本属于公有制，农场主以租赁土地的方式从事农业生产。[4]

---

① 李丹：《以色列农业发展初探》，《西安社会科学》2010 年第 3 期。

② 吕萍：《农业奇迹的背后——透视以色列农地保护观念变化》，《域外土地》2001 年第 10 期。

③ 吕萍：《不动产管理制度研究》，中国大地出版社 2003 年版，第 264 页。

④ 窦祥铭：《中国农地产权制度改革的国际经验借鉴——以美国、日本、以色列为考察对象》，《世界农业》2012 年第 401 期。

以色列农地保护模式为：第一，通过立法确立法定目标。自《规划和建筑法》在 1965 年被政府通过之后，农地保护正式成为国家、各区和各级地方政府的法定目标。[①] 第二，政府强制力保证实施。以色列是中央集权的国家，任何地方规划的许可及修订都必须经过中央批准之后才能实施。中央政府负责编制分区规划，且下级规划需要严格遵照上级规划。土地资源的缺乏使得任何有关道路、建筑物甚至栅栏的建筑活动都必须经过许可才能实施。第三，专门成立农地保护委员会保证农地保护政策严格实施。委员会专门用来对设计农业用地的事项进行监管，委员会对农地拥有直接的权力：只有经委员会同意农地才可以转移，否则任何规划都不许可。第四，根据国情的变化，增添并修改制度内容。20 世纪 80 年代晚期，交通堵塞需要扩建公路，频繁地申请批准不仅成本较高，也浪费许多时间。为了解决这一问题，1988 年补充和修改了相关法律，规定国家公路规划不再需要经过委员会的批准。之后基于国家现状又进行了多次修改，并将保护乡村景观的内容加入到委员会的职责中。[②]

（三）以色列的土地所有制以及农业组织

以色列的农业组织有三种形式，即个体农户——莫沙瓦、合作社——莫沙夫、公有制集体农庄——基布兹。[③] 这些组织的各自特点是：基布兹这种公有制集体农庄形式在全国范围内很普遍，在当时的情况下它是适应社会发展和农业发展的；莫沙夫的土地则是政府租给农户的，他们互相协助耕作，互相为对方担保银行的贷款；莫沙瓦的土地是农户私人所有的，主要是较为富裕的移民。[④]

在以色列存在这样一种观念：土地国有化对维护国家安全和促进经济发展是有利的，具体表现在以下几个方面：有利于控制土地开发的进度；有利于政府提供公共产品；有利于防止土地被外国人购买。[⑤]

①　高向军：《搞好土地整理建设社会主义新农村》，中国大地出版社 2006 年版，第 329 页。

②　吴天君：《耕地保护新论》，人民出版社 2009 年版，第 122—124 页。

③　马俊驹、杨春禧：《论集体土地所有权制度改革的目标》，《吉林大学社会科学学报》2007 年第 3 期。

④　降蕴彰、梁栋：《以色列农业奇迹——专访以色列驻华国际合作、科技和农业参赞 Dr. Ezra Shoshani》，《农经》2009 年第 226 期。

⑤　樊正伟、赵准：《以色列城市公有土地租赁制度》，载蔡继明、邝梅《论中国土地制度改革：中国土地制度改革国际研讨会论文集》，中国财政经济出版社 2009 年版，第 668 页。

以色列的绝大部分土地虽然实行国有制,[①] 农民却拥有稳定的土地使用权,因为农户可以永久租佃的方式获得土地长期稳定的使用权,极大地鼓励了农户从农的热情和动力,使农户自愿并积极地对待农业,不是以色列得以成就沙漠中的"农业奇迹"的主要制度因素。

三 韩国的农地资源保护

(一) 背景

韩国国土面积 993.7 万平方公里,其中农地 (以耕地为代表) 约占总面积的 22%,大约 195 万平方公里。人口约 4900 万,是世界上人口最稠密的国家之一,人均耕地不足 0.04 平方公里,有限的土地资源,密集的人口以及快速发展的经济,保护农地资源成为韩国政府必须面对的严峻问题。[②]

韩国的土地所有制以私有制为主,而且其土地私人占有还是一种垄断式的。韩国的土地管理体制完善且有其独特的地方,宏观上政府对土地的规划利用以及管理实行强有力的国家调控,在实际操作中运用行政、经济以及法律等多种手段有效管理土地。[③]

最近几年,韩国的城市化程度不断加深,伴随其产业结构的调整,农地资源被过度占用也是必然。但是,基于韩国地少人多的基本国情,耕地保护是实现国家可持续发展的关键,为了保护农地,韩国政府制定了一系列符合国情的政策措施。[④]

(二) 韩国农地保护的主要政策措施

1. 与时俱进的农地权属法律制度

(1) 农地权属法律制度的初步形成。1949 年 2 月,韩国政府制定了《农地改革案》,旨在消灭封建地主所有制,确立自耕农的农地权属制度。到 20 世纪 50 年代后期,韩国建立了自耕农经营体制,基本消除了寄生地主制度,从此明确了土地的产权关系,虽然赋予广大农户所有的土地所有权,但是仍然以法律来管制农用地的规模和流转。

---

① 贾生华、张宏斌:《中国土地非农化过程与机制实证研究》,上海交通大学出版社 2002年版,第 43 页。

② 周建春:《小城镇土地制度与政策研究》,中国社会科学出版社 2007 年版,第 364 页。

③ 殷园:《浅议韩国耕地保护及利用》,《辽宁经济管理干部学院学报》2008 年第 2 期。

④ 张锐:《我国农地流转中的资源保护研究》,硕士学位论文,南京师范大学,2011 年,第 11 页。

（2）随着时代发展，不断改进农地权属法律制度。随着韩国由农业国向工业国的转变，农户数量减少，大量农户离开农田务工或是经商，此时分散的农田同国民经济发展不协调，韩国农业发展规模小、效率低，妨碍了现代化农业的推进，并造成农业生产无法实现规划目标。

为了解决这一困境，韩国政府采取了新的农地制度。新的农地制度的建立主要经历了以下过程：修改宪法，使农地的租借和委托经营得以放开；出台《农地租借管理法》和新的《农地基本法》，提出将以保护租地人为主的农地租借政策制度化，并放宽土地买卖和租赁限制力度。这些政策使得土地的流转得以进一步发展，并且扩大了土地经营规模。[1][2]

2. 完善的土地规划管理和严格的土地用途管制

韩国的土地规划管理是依法进行的。韩国目前主要通过《国土利用管理法》、《国土建设综合规划法》和《城市规划法》来实现对土地的规划管理。其中《国土利用管理法》用于全面规划管理土地的开发和利用。《国土建设综合规划法》是用来引导开发有计划地进行的，并根据该法制定"国土建设综合规划"。而《城市规划法》是为了有效地利用、开发和管理城市土地，从而实现城市居民生活质量上升的目标。因此形成了一套由国土建设综合规划、土地利用基本规划、国土利用规划、城市规划和土地利用施行规划组成的完善的土地规划体系。[3]

在土地规划管理制度的基础上，韩国实行了严格的农地用途管制制度：（1）依照法律严格划分农地的类型。依照《国土利用管理法》，将土地严格分为城市用地、准城市用地、绝对农地、准农地和自然资源保护地5类，用来限制农地转用。（2）农业振兴地域制度。韩国政府根据《农地法》实行了"农业振兴地域"保护制度，以划定的农业振兴地域作为最基本的农地而对其进行保护，即按地域而不是按地片保护农地。农业振兴地域又包括"农业保护区域"和"农业振兴区域"两类，其中保护区域是指为确保农业振兴区域的水源和水质等所必需的地域；而振兴区域是指农业基础条件得以改善之后，建成具有一定规模的适于机械化作业的优

---

① 单胜道、陈强、尤建新：《农村集体土地产权及其制度创新研究》，中国建筑工业出版社2005年版，第140—153页。

② 朱新方、贾开芳：《对日本、韩国、俄罗斯农用土地制度改革的点评与思考》，《调研世界》2005年第1期。

③ 汪秀莲：《韩国土地管理法律制度》，《中国土地科学》2003年第3期。

良农用地域。因此，保护区域是振兴区域的外部环境保证，振兴区域是发生农地振兴的主要生产地。① 农业振兴地域一旦划定，原则上只允许与农业生产和农地改良直接有关的行为。（3）农地转用的许可制度。根据《农地保护利用法》规定，应合理限制农地的转用。严禁绝对农地用于农业以外。准农地的转用，除了法律有特别规定之外，还必须经农林部许可。为了简化工作程序，提高办事效率，农林部长官又按农地转用面积授权市道知事或市长、郡长、区厅长批准。②

第四节　其他国家和地区的农地资源保护

一　新加坡的农地资源保护

（一）背景

新加坡是东南亚土地面积最小、人口密度最大的岛国，自然资源贫乏。从 1819 年进入殖民地时代起，以种植出口用的经济作物为主的新加坡岛农业，由于气候条件不适宜，没有种植过稻米或小麦，居民食粮大多依赖邻国进口。现如今，新加坡的不同经济作物在世界市场上相继取得重要地位，种植品类也随时代的变化而做出相应的变换。虽然现在农业生产在国民经济中的比例逐步下降，但是原产品的产量和产值仍在逐年提高，特别是其中为出口而生产的项目占越来越大的比重。1977 年新加坡的GDP 为 1609130 万元，平均每人 6930 元，约合 3100 多美元，在亚洲仅次于日本，位居第二。但它的几项农业指标却很低：农业用地占土地面积的16.6%（1977），农民占就业人口的 2.2%（1977），农产值仅提供国民生产总值的 1.4（1978），后两个指标之低，在亚洲国家中也是很少见的。另外，国有和私有的混合制度是新加坡的土地所有制，且大部分土地国有。③

（二）新加坡的郊区农业

作为港口城市国家的新加坡，人口向城市聚集，且城镇面积占到了国

---

① 刘黎明、RimSangKyu：《韩国的土地利用规划体系和农村综合开发规划》，《经济地理》2004 年第 3 期。

② 杨兴权、杨忠学：《韩国的农地保护与开发》，《世界农业》2004 年第 11 期。

③ 徐成龙：《新加坡农业》，《世界农业》1981 年第 7 期。

土面积的 42.8%。港口码头是其经济命脉,其经济发展的最大动力是出口。由于人口少和土地稀缺,新加坡发展经济讲求节约劳动力和高质量的生产技术。其农业发展也离不开这些基本要求,所以形成了大城市的郊区农业。郊区农业主要为本城市消费服务,同时利用地理优势,例如国际航空与世界贸易的优势地位,发展出口。

1. 农业类型和结构

1965 年独立之后,新加坡国民经济面向海外,多年来农业在国民经济中所占比例不断降低。随着农业部门结构明显的改变,各项农产品的产量与产值,也表现出逐年提高的态势,特别是那些为出口而生产的部分占据持续上升的比重。1980 年农产值为 6.05 亿新元,占国民生产总值222167 亿新元的 2.7% 又回升到 10 年前的水平。新加坡的农业部门结构在东南亚地区是独特的。畜禽业居首位,占农产值比重的 75% 以上;渔业次之,占 15% 左右;种植业比重最低,不足 10% (1980 年)。

2. 农地布局

新加坡南岸面临新加坡海峡,海洋航线辐辏之地,港口、码头、炼油厂、船坞、城市,高速公路等建筑集中于此,土地完全被征用,过去一些河口湾(如裕廊河等)红树林辟作虾池,现已荡然无存。原农业用地绝大部分分布在岛的北半部,新加坡城市的外缘,除橡胶和椰子园有较大面积的绵延分布外,多沿河流两岸断续分布,菜园、果园与花圃相互间杂,鱼塘、虾池与猪场夹于其中。现在农业用地逐步收缩,向岛的北岸三巴旺、蔡厝港、实笼岗、榜鹅等地集中,计划在这些地区建成集约农场;为避免畜禽场污染水源,限定在榜鹅等河口湾建场,远离城镇。从 1985 年开始,新加坡当局决定在国内关闭一切养猪场,要求居民吃进口猪肉,并拟与印度尼西亚和马来西亚在当地的邻近地方合办猪场。新加坡岛上公路交通发达,农场与城镇或机场之间的交通运输畅通无阻,远郊区土地价格较低,短期间被国家征用的机会不太大,也有一定的专业劳动力,在今后一定时间可能作为新加坡的农业基地维持下来。

(三)评价

新加坡人口少,粮食需求量有限,土地资源贫乏,但国民经济充裕,粮食可全部进口,这是一种独特的途径。

新加坡农业生产采取了迂回战略,以发展出口种植带动经济发展,进而以经济的繁荣为基础,进口粮食、蔬菜。从农业的全局去看,只要整个农业创造了又多又广的收益，有了充足的购买力，依然能够从海外市场进口粮食等物资，间接解决粮食供应问题。

当然，新加坡的做法有它困难的原因，即自然条件的限制；同时也有其经济基础的因素，即航运、贸易与工业等部门产值丰厚，别的国家和城市并不能一概而论。因此，农地政策并不是千篇一律，使得有限的农地资源得到充分利用，同时搞好生产布局，逐渐积累经验和财富，创造出相当重要的经济价值。

二　中国台湾的农地资源保护

（一）背景

中国台湾是一个海岛，土地面积只有 3.6 万平方公里，其中仅有 26.6% 为农业用地，其余为城市、工业用地、森林用地以及河川。在经济高速发展的同时，中国台湾农地利用也出现了一些问题：第一，耕地快速减少。工业化的快速推进以及不断增加的人口使得大量农地转化为非农地。台湾农业统计年报显示，其耕地面积已由 1977 年的 92 万公顷左右，减至 1994 年的 87 万公顷左右；平均每年减少 0.3 万公顷，1994 年中国台湾的人均耕地面积已经从 1977 年的 0.825 亩减少至 0.619 亩，成为全世界人均占有耕地面积最少的地区之一。第二，农地面积小。由于经济发展的需要，台湾地区将土地划分为农用和非农用地，长期可作为农用地的面积只有 69 万公顷。第三，农业生态环境恶劣。工业化带来繁荣的同时也造成了生态环境的恶化。例如水、土地和空气污染，以及景观的破坏；甚至出现地层下陷等问题，这不仅严重影响对农业的发展，更威胁到人们生活环境。第四，较低的农地利用率。土改所形成的"耕者有其田"的思想，逐步形成了过小的小农经营形态。而土地经营规模的趋小必然导致大批兼业农户的出现。1960 年兼业农户还只有 50.7%，到 1990 年已上升到 87.0%。其中，以农业为主的农户从原来的 30.9% 下降到 1990 年的 17.2%，而以兼业为主的农户则从原来的 19.8% 猛增到 69.8%。1967 年中国台湾的作物复种指数为 188.0%，1980 年下降到 154.4%，1994 年再度下降到 118.7%。土地利用效率直接关系中国台湾农产品的产量，进而影响其农产品自给率。①②

---

① 周建春：《小城镇土地制度与政策研究》，中国社会科学出版社 2007 年版，第 361—362 页。

② 李晓明：《台湾的农地保护政策》，《世界农业》1997 年第 1 期。

（二）中国台湾农地保护政策演变

中国台湾的农地保护政策演变分为以下几个阶段：第一阶段是 20 世纪五六十年代，主要是还权于农民，以适应经济的发展。由于当时农地大多集中在少数地主手里，农民与地主是高额租佃的关系，这就导致了农民的极端贫困与消极务农，为了促进农业生产并改善农民生活水平，台湾当局出台了系列政策，形成"耕者有其田"的局面。第二阶段是从 1972 年到 2007 年，主要实现经济结构由"二元经济"向"一元经济"的转变。由于工业化的快速推进，越来越多的农民开始离农就工，致使农村壮劳力的大量减少，城乡差距进一步扩大。这使得中国台湾当局不得不调整农地策略，增加农民收入，提供农业优惠等以促进农业发展，其中"放款农地农有，确保农地农用"政策最具代表性。第三阶段就是 2008 年至今，主要改革目标是建立成熟的农地使用权流转市场，旨在增强农地的自由竞争，同时实现农业现代化、规模化。[①]

（三）中国台湾农地保护的政策措施

1. 限制农地转移、变更用途的措施

为了防止农地落入非农户手中，避免非农户运用农地进行土地投机活动，中国台湾当局提出限制农地转移、变更用途的政策措施，具体表现在中国台湾"土地法"的规定中，"私有农地所有权之转移，其承受人以能自耕者为限，违反此项规定者，其所有权之转移无效。"之后，为进一步实行严格的农地转移、变更用途限制，1974 年公布"区域计划法"，并规定每五年通盘审定一次，以确保农地农用政策的落实。[②]

2. 强化农业主管机关在农地变更使用时的决策地位

台湾由农业社会向工商社会转化，给农业造成很大的冲击。为了确保农地政策能够被严格有效施行，加强农业主管机关在农地变更使用时的决策力度，即在制定农业发展条例时，特别规定耕地及其他依法供农业使用的土地，在划定或变更为非农业使用时，应先征得农业主管机关同意。[③]

3. 限制农地继续分割

由于中国台湾传统的耕地后代均分继承制度和农地资源稀缺，导致农

---

① 周江梅、林卿、曾玉荣：《台湾地区农地政策与城乡共同发展》，《现代经济探讨》2011年第 8 期。

② 周建春：《小城镇土地制度与政策研究》，中国社会科学出版社 2007 年版，第 363 页。

③ 许坚、杨峰：《台湾的农地政策及启示》，《中国国土资源经济》2004 年第 11 期。

场规模不断变小，耕地细化程度严重。为此，中国台湾做出了以下政策调整：限定最小分割单位并鼓励农地适度兼并，避免农地细碎化发展。并对于私有耕地分割时的最小面积做出明文规定，要求最小面积分别为：水田0.05 公顷，旱地0.1 公顷。对于农民或合作农场场员提出最高限度与最低限度，即人均开发或承受的土地面积最少不低于3 公顷，但最多不超过20 公顷，促进农地规模化发展，提高农地利用率。[①]

第五节　总结分析及对我国农地资源保护的借鉴

一　典型国家农地资源保护机制经验的比较和总结

根据上文比较和总结了各国和地区农地资源保护的基本情况，具体如见表3 - 3。

表3 - 3　　　　　　　国外典型国家和地区农地基本情况对比

典型国家和地区	主导农地所有制	农地资源状况	农地资源保护特点
美国	私有制	丰富	注重利益调节和市场的作用，公众参与度高，成立第三方组织
加拿大	私有制	适中	土地利用规划严格，制度性较高，公众参与度高
英国	土地属国家所有，但土地所有者对土地享有永久业权	较少	中央政府的作用较为重要，居核心地位；地方政府在规划制定和实行方面的作用较弱；绿带法
荷兰	私有制	较少	强势的政府，自由竞争的土地交易市场
法国	私有制和租佃	丰富	国家监督和调控、利益调节
日本	私有制	匮乏	完善的法律体系，农地规模经营，规范城市化
以色列	公有制（实质上是土地永久租佃制度）	匮乏	专门成立农地保护委员会，保证农地保护政策严格实施

[①] 曾令秋、胡健敏：《新中国农地制度研究》，人民出版社2011 年版，第180 页。

续表

典型国家和地区	主导农地所有制	农地资源状况	农地资源保护特点
韩国	私有制	匮乏	完善的土地规划和严格的土地用途管制
中国台湾	私有制	匮乏	农地政策随国情迅速做＝出反应，农地农有与农地农用
新加坡	公有制和私有制	匮乏	把创造农业经济收益和城市建设结合起来

根据典型国家和地区农地资源保护机制经验的研究与分析，从以下几个角度进行比较和总结：

（一）农地所有制

表3-3从农地所有制、农地状况和各国农地保护的主要特征进行比较，可以得出以下两点：第一，农地私有制是国外大多数国家现行的农地所有制形式。即使以色列是农地公有制的国家，但实际上赋予农户的权力相当于高程度的农地私有化。因此，农地私有并非需要严格的农地私有制度，而是需要赋予农地使用者更多的权益，使农地能够在市场中交易，从而以利益调节机制保护农地资源。第二，为了使农地资源保护顺利实现，首先需要政府的支持、引导和监督。例如美国、日本严格的农地保护法，或者加拿大、英国的完备的土地利用规划，这都依赖政府的强制力保证。

农地私有程度并不影响农地资源保护的实施效果，而真正地赋予农户对于农地更多更自由的权益才是促进现代化农地保护的主要动力。

（二）农地资源保护机制

农地保护机制分为两种：市场机制和计划机制。美国农地资源保护是典型的市场机制，只有很小一部分计划因素。荷兰和法国则是在国家宏观调控前提下的市场机制。而加拿大、以色列、日本等国家的农地保护是以规划为主，以中央政府为核心，实行严格的法律或规划来控制农地流失。各个国家和地区农地保护机制的不同，与其国情有密切的关系。美国拥有丰富的农地资源，州政府相对独立，完善的保障机构，这使得市场调控的农地保护成为可能。相对于美国，荷兰和法国国土面积较小，其农地资源并不丰富，以中央调控为主的农地保护并不吃力。加拿大的农地保护主要是通过法律和经济手段进行，制度化较强。以色列则依靠严格的规划法来实现农地资源保护。

综上所述，利用市场机制还是计划机制实现农地保护，需考察其国情。而市场机制下的农地保护能够成功实现，必须是有以下条件：完善的农地保护法律法规体系、完善的社会保障制度以及土地制度。

（三）农地资源保护的利益调节机制

市场机制下的农地资源保护主要是指其平等、自主的利益调节机制，具体表现为：中央政府、地方政府、土地所有者和农民这些行为主体，在实现各自利益的前提下，依然能够实现农地保护的一种调节机制。主要表现在以下几个方面：

第一，第三方农地保护组织。在以上典型国家中，美国强调私人农地保护协会在农地保护过程中发挥作用，农地保护协会在农地保护过程中与政府机构相比拥有某些独特的优势。在英国，开发项目需要提交中央政府审核。以色列对耕地的开发必须得到国家农业土地保护委员会（CAPL）的批准。[1] 美国建立了联邦、州和地方政府及各种私人团体各种层次的耕地保护体系。在国外，农户自愿对耕地进行保护，主要是因为农户对其所在地的乡村景观保护十分重视。[2]

第二，税收和经济补偿。为了鼓励农民继续务农，并防止农地非农化，给予农民经济激励，例如农业退税减税和农业经济补偿补贴。

第三，保护农地与保护农民权益的双保护。保护农场和农田，没有简单或单一的解决方案。但是，如果没有农场主对农场的承诺和他们在土地上能够获得生存的能力，单靠政府法规和资金是无法开展工作的。[3]

（四）农地规划

各国农地规划利用政策各不相同，但并不影响其农地保护的最终效果。例如英国与荷兰都非常成功地保护了农地，但它们拥有完全不同的规划体系。因为两国在现有的自然、经济和社会背景下，都将传统的农田保护的概念扩展到对整个乡村景观生态环境功能进行保护。其次，两国利用

---

[1]　赵学涛：《发达国家农地保护的经验和启示》，《国土资源情报》2004 年第 6 期。

[2]　郑纪芳、史建民：《国内外耕地保护问题研究综述》，《生产力研究》2009 年第 5 期。

[3]　Tom Daniels and Deborah Bowers, *Holding Our Ground：PrFotecting America's Farms and Farmland*, Washington D. C.：Island Press, 1997, p. 23.

相对严格的规划手段和政策来控制农地的转用。[①] 法国甚至并没有专门的农地保护规划，但是依靠政府力量，配合农地保护专门机构进行监督，并且保全农户的基本权益，农地资源保护依然是有效的。

农地规划，是以合理的土地利用规划作为农地资源保护的导向，同时政府以监督者的身份施行适当的强制，或以法律规定或以规章管制。另外，引入第三方机构，调动农户保护农地的积极性。

二　对我国农地资源保护的借鉴与启示

（一）我国农地资源保护的紧迫性

我国经济在保持平稳较快发展的同时，城市化的急剧推进也导致严峻的农地流失问题，这主要是因为土地扩张的速度过快，如"房地产热"、"园区热"、"开发区热"等现象相继出现，同时伴随着城市化的过度外延出现严重的土地粗放利用和浪费现象。另外，城市扩张导致农村劳动力外流，致使农地荒置、闲置，农业生产率低，农地利用率低等问题。再者，由于对于被征农户的补偿措施完善，导致大量农户不满。

快速推进的城市化造成优质农地的减少农地保护已经受到我国的关注，但是农地减少依然没得到控制，并且伴随着生态环境的恶化农地生产能力进一步。

（二）借鉴与启示

1. 农地资源保护目标的多样化与合理性

在美国，农地保护是一个包含农地数量、质量和生态环境等内容的有机整体。美国经济学家加德纳早在1977年就提出了包括保证粮食安全、良好的环境、当地农业产业生存和发展、城市和农村土地的高效有序合理利用等综合多样化的农地保护目标，至今仍被广泛应用于衡量农地保护目标的概念框架。英国、法国和荷兰的农地保护与自然景观保护密切相关，新加坡更把农业作为一种旅游资源，因此发达国家的农地资源保护在保证粮食安全方面之外，追求农地资源的环境价值与景观价值。

2. 充分发挥市场机制作用，高度注重经济利益调节

农地保护机制可以分为计划机制和市场机制，美国是市场经济国家，拥有丰富的农地资源和完善的保障机构，州政府相对独立，这使得市场机

---

① 罗明、鞠正山、张清春：《发达国家农地保护政策比较研究》，《农业工程学报》2001年第6期。

制的农地保护成为可能。如前所述，美国主要通过调节、支出、税收和土地权益收购四个方面来实现耕地保护，从而形成了完善的市场经济耕地保护机制。一旦形成成熟的市场保护机制，利益调节和市场配置原则很好发挥作用，实现农地资源保护的低成本、高效率和对于不同状况迅速作出反应的能力。在美国农地保护成熟时期出版的一本很有影响的著作 *Holding our ground: Protecting America's farms and Farmland* 的作者汤姆·丹尼尔斯和德博拉·鲍尔斯，在该书的结尾处写道："美国的耕地保护不再是一个实验，而是为了维护农业产业化和整体的生活质量，并且公认是行之有效的方法"，[①] 而市场机制下的农地保护能够成功实现，必须拥有以下条件：完整的农地产权制度、完善的农地保护法律法规体系、完善的社会保障制度以及与时俱进的土地制度安排。荷兰、加拿大、英国等也注重土地市场的发展和发挥其在土地资源配置及农地保护中的作用。

　　市场机制下农地资源保护的重要方面是合理的经济利益调节机制，即通过合理的经济利益调节调整农地利益主体的经济行为以实现农地有效保护目标。在美国表现为：联邦政府、地方政府、土地所有者和农民在实现各自利益的前提下，依然能够实现农地保护一致性目标。美国农地保护市场机制的一个显著特点是联邦政府、地方政府等是农地保护的推动者，而土地所有者和农民是农地保护的参与者，关键是在实现各自利益前提下能够成功实现农地保护一致性目标。美国在保护农地过程中，不断推出各种农地保护计划和项目，积极采取各种调节手段和技术方法鼓励和扶持农业发展，吸引农地所有者以及农民的参与，同时增加农民收入，使耕地保护有利可图、经营农场有利可图，解决农民的均等经济利益和社会保障问题，使农地所有者、农民成为农地保护的主要受益者，农场主自觉地保护农用地，并注重农地保护的经济效益与生态效益和社会效益的统一。[②] 同时注重各方利益的协调，使农民、地方政府和社区能够发挥主体性作用，因此农地保护中最关键的就是协调好各方在土地保护和开发中的利益。

　　3. 法律法规与政策相互补充、配套实施

　　美国是典型的市场经济法治国家，美国从 20 世纪 30 年代制定实施《土壤保护法》，到 80 年代的《美国农地保护政策法》，再到 90 年代的

---

　　① Tom Daniels and Deborah Bowers, *Holding Our Ground: Protecting America's Farms and Farmland*, Washington D. C.: Island Press, 1997, p. 258.

　　② 张玲蓉：《美国农地资源保护的经验及启示》，《浙江经济》2006 年第 10 期。

《联邦农业发展和改革法》，历时半个多世纪的发展完善，形成了全面系统的农地保护法律法规体系，对有效保护农地资源起到了保障和监督作用。这些法律法规不仅含有国土规划的相关内容，并且通过制定相关的政策、计划、项目及技术手段等来引导、约束和影响地方的土地使用、资源规划管理和农地保护，从而法律法规与政策相互补充、配套实施，并收到良好的效果。比如美国把农地保护与城市理性增长管理有机结合起来，实现了对农场主、社区与地方政府、开发商相关利益主体行为调节的统一。这些相关法律法规、政策的核心与实质，在于宏观控制、科学开发、土地资源的集约利用，确保全美经济社会的发展和国家粮食安全。加拿大、英国、荷兰、法国、日本、韩国、以色列和新加坡等国都无一例外地注重法律对农地资源保护规划和政策实施的保障作用。

4. 注重农地保护制度创新，形成公众参与农地保护制度环境氛围

美国农地保护历经三个阶段，不断进行制度创新，逐渐建立起包括调节、支出、税收和土地权益收购等手段在内的完善的市场经济农地保护体制机制。保护农民受益是美国农地保护制度和法律及政策体系中贯穿始终的思想，主要通过减免农业税收、土地整理和农地收益补贴等相关政策措施，降低农民的农业生产成本，提高农民保护农地的积极性，从而使得农业生产效益得到提高。美国的农地保护法律制度和政策规划是通过多方协商、自下而上制定的，立法机构、政府鼓励和保障公众参与农地保护法律法规的制定，使制度能够更容易建立，并更容易获得民众的支持。在美国社会经济制度环境下，农地资源保护的主要参与者并非只有政府，农地所有者、农民、专家、志愿者以及大量的非营利组织（第三部门）都是保护农地的参与者，其中第三方部门发挥了重要的作用，因此形成了公众参与程度很高的农地保护制度。而以色列作为一个土地资源匮乏的国家，其农地保护能够成功就在于其制度创新，在本国国情的基础上，形成了存在三种形式的农业组织，打破单一农业制度，并实行永久租佃，放权于农民，提高其事农积极性。在加拿大，政府、社会团体、农民和其他利益相关者作为农地保护的参与主体，呈现多元化与自主性特点，高度的公众参与，使得政策或者规划的执行更容易实施，其不单单只是政府的单方面倡导要求，而是形成了各参与主体之间的良性互动。

5. 重视城市发展方式的选择，控制城市过度外延

随着城市化进程不断加快，城市过度外延必定成为农地资源保护的最

大威胁，因此转变城市化发展方式，控制城市过度外延必将成为农地保护的主要目标和措施之一。为此，可借鉴典型国家和地区这方面的机制与经验，并结合我国实际加以合理有效利用。

（1）重视城市化进程中城市发展方式的选择。世界各国农地大量流失的过程通常都发生在经济迅速发展，城市化水平加速提升的阶段，因此，世界各国在进行城市化发展的同时都非常重视城市发展方式的选择。比如，美国等西方发达市场经济国家通过创设城市增长边界（UGB），选择城市精明增长发展模式或方法，划定建设用地和农用地之间的界限，充分调剂城市的存量土地，减少建设用地的盲目扩张。同时节约基础设施和公共服务的成本使得城市空间紧凑，混合城市功能，这样的做法不仅充分利用了城市建设用地，同时也缓和了城市扩张对于周边农地的需求，从而间接对农地资源进行保护。

（2）实现都市圈的紧凑型发展，提高土地集约利用水平。城市化进程不断推进必然伴随一定程度的农地非农化，而紧凑型的城市化能够使得农地使用达到最低，城市闲置地得到有效利用，从而实现城内土地利用率的提高。而城市建设用地的高效利用实际上就是对农地的间接保护。同时，为了提高土地集约利用水平，零散的远郊建设是禁止开发的。应形成完善的城市集聚区，使得道路、排水、商店等基础设施能够高效利用，节约开发成本。

（3）强有力的绿带保护政策。英国控制城市无序扩张的主要政策措施是其绿带政策，绿带政策在控制城市过度扩散的同时，可以保护城市周边的环境。绿带政策除去其创新性之外，所以获得农地资源保护的效益，是因为绿带规划的法律效力很高，使得其在实施上有强有力的制度保障。而我国一直提倡实施最严格的耕地保护制度，但是我国土地利用总体规划的实施有效性不高、城市建设用地与农用地之间的矛盾日益严重，因此英国的绿带政策具有很好的借鉴意义。[①]

6. 支持发展农地规模经营模式，提高农地规模经营效率

随着我国大量农民工外出务工，导致大量农地被撂荒，农地利用率降低。这种情况在日本也曾出现过，日本当时与我国一样主要是以家庭为主

---

① 王裙：《英国耕地保护及对我国城市边缘区耕地保护的启示》，《今日南国》2009年第6期。

的小农经营模式，为了适应城市化与工业化的发展，日本政府提出了一系列政策措施旨在向农业规模化经营模式转变，提出认定农业者制度和农地保有合理化制度，使大量农地集中在真正从农的农户手中，解决了农地细碎化发展的趋势，为日本发展机械化农业创造了有利条件。在这方面，法国、韩国和中国台湾等国家和地区政府或当局也长期做出了富有成效的努力。因此，可以借鉴日本等促进农地规模经营的模式和做法，农地规模经营不仅可以解决农村劳动力大量流失所造成的农民不足，造就新型职业农民，还可以节约成本和劳动力，实现农业规模经济效益。这不仅从通过提高农业经济效益的途径实现对农地资源的有效保护，还为我国发展现代化农村打下了坚实基础。

从典型国家和地区农地资源保护的历史来看，有的农地保护是从土壤保护开始的，进而由于快速推进的城市化转而关注农地资源保护。一般来说，它们在农地保护方面均取得了较高的成就，但是，其耕地面积依然在逐年递减。从其农地保护经验来看，做好农地保护不是一朝一夕可以完成的，是一个需要不断改进的长期过程，需要更加充分地运用利益调节和市场机制并同政府科学管理机制有机结合来进行农地资源的有效保护。

第四章　我国农地资源保护基本状况、问题与原因

第一节　我国农地资源保护政策制度及其演进

一　我国农地资源保护政策制度的形成与演进

（一）我国农地保护政策的萌芽期（1949—1978 年）

新中国成立初期，为恢复农业生产、提高农业生产力水平，国家提出了"以农促稳"的战略目标，同时在 1949—1952 年进行土地改革，调动了广大农民保护土地的积极性，使得战争中被荒废的土地得到了恢复。1953 年第一个五年计划启动，国家采取了优先发展重工业的经济政策，使得我国的工业化率从 1952 年的 17.6% 提高到了 1957 年的 25.4%。虽然建设钢铁、煤炭、电力等基础设施占用了大量耕地，但国家也采取了一系列措施来保护农地，如兴办国营农场和军垦农场，鼓励农民就地开荒，知识青年志愿垦荒等多种形式，来增加耕地的面积。此外，还通过加大对水利设施的投资规模，增加耕地的面积，提高农产品的供给量。因此，在1949—1957 年，全国的耕地面积从 9788.13 万公顷增加到 11183.00 万公顷，共增加 1394.87 万公顷。"大跃进"运动的实施导致大量的耕地资源被占用和浪费，耕地面积迅速减少。1958 年，国家通过了在农村建立人民公社的决议，这项在我国农村社会存在了近 20 年的制度不仅没有促进农地的保护，反而造成了农地资源配置利用的扭曲，农村出现了土地资源"均贫"的状态。"文化大革命"运动导致社会主义建设基本处于停滞状态，农地开发的速度也有所减慢。[1] 1957—1978 年，中国的农地从

---

[1]　孙陶生：《论我国农地保护的目标选择与现实途径》，《平顶山师专学报》2003 年第 4 期。

11183.00 万公顷减少到 9938.90 万公顷，减少了 1244.10 万公顷。公有制的推行并没有改变农村贫困的状态，全国仍有 2.5 亿的农村人口没有解决温饱问题。

社会主义改造的重点是建立以集体土地所有制为核心的土地改革。农地保护也只是强调土地复垦、开荒和建设用地的征用，但是，出台的相关法律文件为今后我国的农地保护奠定了一定的法律基础。例如《城市郊区土地改革条例》、《国家建设征用土地办法》等法规，以及 1956 年实行的建立以"防御风沙，保护农田"为目标的防护林体系，补充和完善了《土地改革法》。

（二）我国农地保护政策的觉醒期（1979—1985 年）

这一时期处于我国改革开放初期，我国的经济开始恢复和发展，国家大型基础设施的建设、厂房的建造使我国的农地面临着很大的威胁。为保护农地，国务院在 1981 年下发了《关于制止侵占耕地建房的通知》[1]，1982 年颁布了《国家建设用地条例》和《村镇建房用地管理条例》，紧接着又下发了《关于制止买卖、租赁土地的通知》[2]，以法律界定的形式对我国农地进行了保护。但这一时期我国对农地的保护大多是以"条例"、"通知"的形式出现，都是对某些现象进行规范，并没有专门的机构和法律对农地进行保护。但中央政府还是认识到了农地保护重要性，确定了"十分珍惜每寸土地、合理利用每寸土地"的基本国策，提出了占用耕地的补偿措施。[3]

（三）我国农地保护政策的形成期（1986—1997 年）

1986—1997 年，我国的经济快速发展。旺盛的用地需求致使农地流失加快。1986 年国家颁布了《中华人民共和国土地管理法》，明确规定了土地的所有权、征地的审批程序以及补偿标准等。《中华人民共和国土地管理法》的颁布标志着我国农地保护政策体系的建立进入了崭新的法制时代。同年 8 月国家土地管理局正式挂牌成立。1994 年颁布了《基本农田保护条例》，强调要建立健全基本农田保护制度。1997 年国家发布了

---

① 郭娇玉：《我国耕地保护法研究》，硕士学位论文，中国海洋大学，2008 年，第 8 页。
② 彭凌、丁恩俊、谢德体：《中国耕地数量变化与耕地保护政策关系的实证分析》，《西南大学学报》（自然科学版）2011 年第 11 期。
③ 黄海阳：《我国耕地保护政策的绩效分析》，硕士学位论文，四川师范大学，2012 年，第 20—26 页。

《关于进一步加强土地管理，切实保护耕地的通知》，将"破坏耕地罪"、"非法批地罪"和"非法转让土地罪"写入刑法。

这一时期，我国对农地保护发布了较多的文件。确定了我国必须长期坚持"珍惜和合理利用每一寸土地，切实保护我国耕地"的基本国策并用法律确立破坏耕地的犯罪，以及将保护耕地作为政绩考核内容，是我国进行土地管理和保护的重要文件，具有非常重要的意义。但是，这一时期的农地保护政策还不具有系统性，与其他政策的协调也不够，这一时期是我国农地保护政策的形成期。

（四）我国耕地保护政策的发展期（1998—2003年）

随着工业化、城镇化进程的不断加快，用地需求大量增加，农地保护的压力不断加大。1988年国土资源部正式成立，其主要职责是：保护全国的耕地，保证规划确定的耕地保有量和基本农田面积不减少。[①] 1998年重新修订了《土地管理法》，确定了"十分珍惜、合理利用土地和切实保护耕地"的基本国策，并将其写入法律。同年国务院又修订了《基本农田保护条例》。此后，国土资源部又发布了一系列相关文件来保护农地资源，如1999年下发的《关于切实做好耕地占补平衡工作的通知》[②]、2000年的《基本农田保护区调整划定工作验收办法》和《关于审理破坏土地资源刑事案件具体应用法律若干问题的解释》等。

这一时期，我国农地保护政策得到了很大的发展，很多政策不仅局限于文件命令、行政通知等方面，还以法律等形式同步实施，农地保护手段呈现出多样的局面。尽管这一时期国家出台了一系列政策，但由于我国农地保护政策配套制度落后加上地方政府基于本地经济发展的需要随意利用土地，我国农地保护大打折扣。

（五）我国农地保护政策完善期（2004年至今）

2004年国务院通过了《国务院关于深化改革严格土地管理的决定》，对于涉及我国圈占土地、乱占耕地等突出问题提出了相应治理方案。同年11月又制定了《关于完善征地补偿安置制度的指导意见》，对征收土地的程序、被征土地的补偿标准，以及失地农民的安置办法等作出了具体的

---

① 王永红、李东凯：《国土资源部新"三定"规定出台》，《国土资源报》2008年7月29日。

② 黄海阳：《我国耕地保护政策的绩效分析》，硕士学位论文，四川师范大学，2012年，第24页。

规定。

2007 年，温家宝总理在政府工作报告中提出，为更好地保护农地，中国要实行最严格的土地管理制度，坚守全国 18 亿亩耕地的红线。[①]随后，又颁布了《物权法》，对《土地管理法》确立的以耕地保护为核心的土地用途管制制度予以充分肯定，并将国家完善土地征用制度的一系列措施上升为法律规定。

2008 年国家设立国土资源部，下设耕地保护司，并颁布了一系列法律制度规范来保护耕地，如《中华人民共和国城乡规划法》和《耕地占用税暂行条例》等。2009 年国土资源部开展保增长、保红线的行动，简称为"双保行动"，2010 年实施的"双保工程"即"保经济发展，保耕地红线"，落实最严格的"耕地保护制度"。

2011 年 1 月，国土资源部办公厅公布《国土资源领域违法违规案件公开通报和挂牌督办办法》，标志着国土资源部对违法违规案件的公开通报挂牌督办工作步入规范化的轨道。2012 年国土资源部在严格保护耕地方面出台了《全国土地整治规划（2011—2015 年）》、《关于加快编制和实施土地整治规划大力推进高标准基本农田建设的通知》、《高标准基本农田建设标准》等政策性文件，对加强农地和基本农田保护做出了进一步严格、具体规定。2013 年 5 月，国土资源部办公厅发布《关于严格管理防止违法违规征地的紧急通知》，要求处理好"保发展、保红线、保权益"的关系，不得强行实施征地，杜绝暴力征地。10 月国务院发展研究中心发布的"383"改革方案中提出要以权利平等、放开准入、公平分享为重点，深化土地改革，建立两种所有制土地权利平等、市场统一、增值收益公平共享的土地制度改革思路，以促进土地利用方式和经济发展方式的转变。

这一时期，我国的农地保护政策在实践中不断完善和发展。国土资源部的建立进一步促进了农地保护政策的完善，政策法规的实施。开展的"双保工程"也推动了落实和监管农地保护政策的实施。

二　我国农地资源保护政策制度的内容与特点

经过发展，我国基本形成了一个较完整的农地保护政策制度体系。如

---

① 黄海阳：《我国耕地保护政策的绩效分析》，硕士学位论文，四川师范大学，2012 年，第 25 页。

图 4-1 所示。

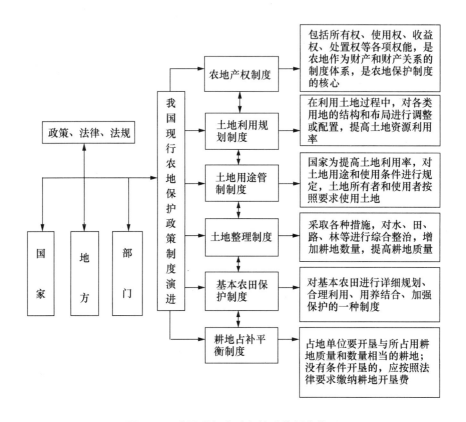

图 4-1 我国现行农地保护政策制度体系

(一) 我国农地资源保护政策制度的核心

从图 4-1 可知, 目前我国农地保护的政策和手段是比较多样的, 但其核心内容主要体现为以下两个方面:

1. 土地用途管制制度

土地用途管制是政府根据编制的土地利用总体规划确定土地的使用用途和条件, 并且要求土地所有者和使用者要按照国家规定用途来使用土地的一项制度①, 目的是合理利用土地资源, 使其与经济、社会、环境发展相协调。根据我国的土地利用总体规划, 将土地分为农用地、建设用地和

---

① 黄海阳:《我国耕地保护政策的绩效分析》, 硕士学位论文, 四川师范大学, 2012 年, 第 27 页。

未利用土地三类。要严格保护农用地，控制农用地转化为建设用地的数量和速度，无论是单位还是个人，都要按照土地利用总体规划确定的土地用途使用土地。土地用途管制制度主要包括：土地利用规划制度、农用地用途转变制度和建设用地审批制度。

（1）土地利用规划制度。土地利用规划是指在一定时期内，在一定规划区域内，根据当地的经济社会发展条件，对土地资源进行合理分配利用，并且协调土地总供给与总需求，确定或调整土地利用结构和用地布局的宏观战略措施①，主要是为了实现土地用途管制的目标和土地利用结构的优化，具有整体性、控制性、长期性和区域性特点。由各级人民政府编制土地利用总体规划，根据经济社会发展需要来确定、调整和优化土地利用结构和土地布局。②通过协调各部门、各产业、各单位的用地布局，提高土地资源使用效率，实现土地资源的长期、有效利用。我国按照坚持节约与开发并举，以节约为主，提高农地利用效率的原则，目前已基本形成了以各级土地利用总体规划为主体的覆盖全国的土地利用规划体系。

（2）农用地用途转变管制。农用地用途转变管制实质是一种土地利用约束机制，是指对改变农用地用途进行严格的条件限制，国外也将其称为"土地使用分区管制"或"土地规划许可制"等，主要实施途径是农用地用途转变许可制度，即任何涉及转换农用地用途的建设项目，都需要办理农用地用途转变审批手续，而未经批准，擅自改变农地用途以及非法批准改变农地用途必将受到经济、行政和法律的处罚。只有获得审批的建设项目才能批准立项，而那些不符合土地用途分区规划和土地利用总体规划的建设项目，则不能够立项。农地用途管制的主要特点：强制性、严肃性、权利性和直接性，其根本目的在于盘活建设用地存量，控制建设项目占用农地资源的数量，消除土地利用中不利的外部性影响，实现农地的可持续利用，实现农地总量动态平衡的目标。农用地用途转变管制主要包括限制转变管制和许可转变管制两类，限制转变管制是指根据土地利用总体规划，对于划定数量的农用地严格控制，排除其他用途使用的行为。

（3）建设用地审批制度。建设用地审批制度是指针对破产、停产和

---

① 韩勇：《市（地）级土地利用总体规划实施体系研究》，硕士学位论文，华中农业大学，2005 年，第 19 页。

② 王小映、贺明玉、高永：《我国农地转用中的土地收益分配实证研究》，《管理世界》2006 年第 5 期。

半停产的企业用地，征而未用的闲置土地，可进行调整的城镇国有土地等进行盘活，以此增加土地的收益，提高土地的利用效率，实现土地资源的优化配置。建设用地审批制度主要包括国有土地的建设用地审批和农民集体所有土地的建设用地审批，前者主要是通过加强非农业建设用地存量管理来实施的。为了加强对农用地转变用途的管制，我国建立起了系统、严格的农用地用途转变审批制度。符合土地利用总体规划的城市、农村的建设项目，在一定规模范围内如果需要将农用地转变为特定用途的建设用地，则需要由相关部门按土地利用年度计划分批次审批。已获批准的农用地用途转变具体项目建设可以由市、县人民政府审批；省级政府批准的大型基础设施建设项目，以及国务院批准的建设项目，征用超过 35 公顷的基本农田或征用超过 70 公顷的其他农用地的建设项目，均需国务院审批。

2. 农地总量动态平衡制度

1996 年国家土地管理局提出了农地总量动态平衡管理目标，1999 年颁布的新《土地管理法》中将其上升为法律规定，明确指出必须做到农地总量动态平衡。农地总量动态平衡制度主要包括农地占补平衡制度、基本农田保护制度和土地整理复垦开发制度。

（1）农地占补平衡制度。农地占补平衡制度即占用农地补偿制度，主要是对非农建设占用农地的约束，是落实农地总量动态平衡的重要措施，按照差别化管理的原则，对补充农地能力不足的或者难以落实的，相应减少新增建设用地占用农地的计划指标，通过"以补定占"的方式保证农地数量、质量和区内、区际平衡。《土地管理法》规定，国家保护农地，严格控制农地转为非农地，实行征用农地补偿制度。对已经批准的占用农地的建设用地，按照"占多少，垦多少"的原则，由所占单位开垦与所占农地质量与数量相当的农地。主要体现在以下几个方面[①]：一是严格控制新增建设用地占用农地规模，确实需要占用农地的，应当尽量先占用不太适合耕种的农地。二是建立补充农地的储备体系，实行农地整理复垦开发，实行农地的先补后占。三是建设占用农地与补充农地的项目应当对等挂钩，确实因建设占用的农地做到占一补一。

（2）基本农田保护制度。《基本农田保护条例》从 1999 年开始实行，

①　汪晖：《城乡结合部的土地征用：征用权与征地补偿》，《中国农村经济》2002 年第 2 期。

基本农田是依据土地利用总体规划确定的不得占用的农地，其依据是按照一定时期内国内人口和经济社会发展对于农产品的需求量。按照全面规划、合理利用、用养结合、严格保护方针对基本农田进行保护。各行政区划定的基本农田面积应至少占本区农地总面积的80%，并对基本农田的布局安排、数量指标和质量要求进行了明确规定。我国基本农田保护制度主要包括用途管制制度，占补审批制度，质量保护、环境保护制度以及监督检查制度等。对于基本农田的用途管制、占补等审批过程要比一般农地严格得多，2006年地方政府占用基本农田35公顷就必须上报国务院审批，这一标准还在进一步强化。根据最新的《土地管理法》法律规定，征收征用基本农田，无论面积大小都必须上报国务院审批。

（3）农地开发整理和复垦制度。我国补充农地的农地保护主要通过土地整理来实现，土地整理包括狭义的土地整理、土地复垦和土地开发。狭义的土地整理是指为改良土地，改变土地零散的状况，提高土地利用率而采取的合理组织利用土地、调整土地权属的措施，比如：对中西部地区的工矿区的土地进行复垦开发，整合的农地解决了当地部分人群的粮食问题，也提高了农地资源的总量，再如：西部地区的一些"坡耕地"，坡度较大不适宜机械化农业生产，而且水土流失严重，抵御自然风险能力很差。国家通过对这部分农地进行专项治理，整合成较为适合机械作业的农地，可以有效提高农地质量，实现农地保护目标。

（二）我国农地资源保护政策制度特点

我国现行的农地保护政策制度体系是在充分认识农地保护重要性和紧迫性基础上建立的，面对人多地少的基本国情、保障国家粮食安全的重大任务、工业化和城镇化的加速发展、维持社会稳定和国家长治久安，保护农地刻不容缓。保持耕地总量动态占补平衡是我国现行农地保护政策的核心指导思想，目前我国已经形成以农地产权制度、土地利用规划制度、土地用途管制制度等为核心，与农业、农地相关的外围法律相配套的较完整体系。我国农地保护政策制度体现出我国的土地公有制国情，土地的利用和管理都是以土地公有为前提，由政府进行统一规划、管理和保护。

通过对我国农地资源保护政策制度的形成与演进分析认识到，我国一直较重视以计划行政手段为主的农地保护政策，在经历这一系列演化过程后，行政计划保护政策调控体系相对成熟。最为明显的是以中央政府行政性政策和计划性的规划手段，其次是社会性质的规制政策措施，也有许多相关法律法规出台，而市场性、经济性、利益调节性的调控措施手段一直比较薄弱。这种特点一定程度是由我国市场经济体制起步较晚，行政指令性计划配置资源的历史状况所造成的。相对于行政计划为主的调控和保护政策而言，市场化调控保护政策的发展较晚，2000 年以后这种调控手段才受到重视并逐步得到一定的发展。由此可见，行政计划保护手段和市场经济保护手段的发展并不均衡，体现出我国目前以行政计划为主的农地保护机制的显著特征，且存在较大的政策、体制漏洞，强化以市场机制为主的农地保护成为当务之急。

（三）我国农地资源保护机制的主要缺陷与矛盾

我国对于土地资源特别是农地资源主要采取的是以行政计划为主的配置与管理制度。其他市场经济国家所采取的政府干预只是管制市场配置做不到、做不好的事情，并不排斥市场机制配置的制度框架。而中国称为"世界上最严格的"土地用途管制制度或"世界上最严格的"耕地保护制度，是世界上独一无二的、最严格的土地资源行政计划管理制度和耕地保护制度。政府主要通过综合运用政治、行政、经济、法律等手段对农地资源进行配置、管理和保护，而市场机制没有很好的建立和发挥。但是，从多年的实践经验来看，这种以行政计划为主的农地资源配置、管理和保护机制与市场经济体制以及农地保护目标日益冲突，也暴露出了许多缺陷和矛盾。（本章第四节问题部分和第五节原因部分将给予详细分析论证。）

第二节　我国农地资源的利用现状及其变动趋势

一　中国土地资源利用现状

全国第二次土地调查主要数据成果公报显示，截至 2009 年年底，全国共有农用地 69146.1 万公顷，占土地总面积的 72.73%，其中包括耕地 13538.5 万公顷，园地 1481.2 万公顷，林地 25395 万公顷，牧草地 28731.4 万公顷。建设用地 3668.1 万公顷，占总面积的 8.35%，其中居民点及独立工矿用地 2873.9 万公顷，交通运输用地 794.2 万公顷，水利设施用地 4269 万公顷。未利用土地面积 17986.1 万公顷，占总面积的 18.92%，如表 4 -1 和图 4 -2 所示。

表 4 - 1 　　　　　　　　　　2009 年全国土地利用状况

项目	面积（万公顷）	所占比重（%）
总面积	95069.31	100
耕地	13538.5	14.24
园地	1481.2	1.56
林地	25395.0	26.71
牧草地	28731.4	30.22
居民点及独立工矿用地	2873.9	3.02
交通运输用地	794.2	0.84
水利设施用地	4269.0	4.49
未利用土地	17986.1	18.92

资料来源：国土资源部、国家统计局、国务院第二次全国土地调查领导小组办公室：《关于第二次全国土地调查主要数据成果的公报》（2013 年 12 月 30 日）。

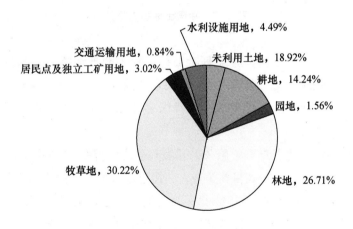

图 4 - 2　中国土地构成状况

根据图 4 - 2 可以将农用地、建设用地和未利用土地进行分类整合，得到与全国土地分类相对应的关系表 4 - 2，并用图 4 - 3 表示。

表 4 - 2 　　　　　　　　　　2008 年中国土地利用状况

项目	面积（万公顷）	所占比重（%）
农用地	69146.1	72.73
建设用地	3668.1	8.35

续表

项目	面积（万公顷）	所占比重（%）
未利用土地	17986.1	18.92
总面积	95069.31	100.00

资料来源：国土资源部、国家统计局、国务院第二次全国土地调查领导小组办公室：《关于第二次全国土地调查主要数据成果的公报》（2013 年 12 月 30 日）。

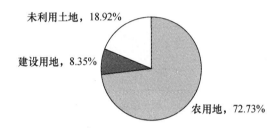

图 4－3 中国土地构成简况

我国土地资源丰富，种类复杂多样。我国的土地类型有耕地、牧草地、林地、园地、交通运输用地、居民点及独立工矿用地、水利设施用地等。土地资源面积大、类型多，为我国多种利用开发土地提供了有利的条件。

中国开发土地资源历史悠久，开发程度高，但是利用程度低，因此，具有很大的发展潜力。到目前为止，我国已经开发利用的土地占全国土地总面积的81.08%，剩余的18.92%的土地多属于比较难利用的土地，分布在中国的青藏高原和西北地区。在已经开发的土地中，耕地中高产田耕地仅占1/3，由于过度放牧，滥垦乱伐，造成草地退化和沙化，面积甚至超过已经利用的牧草地面积的一半，林地中森林覆盖率低。

在我国农用地中，林地和耕地的比重较小，分别占全国总面积的26.71%和14.24%，人均林地面积为0.19公顷，人均耕地约为0.1公顷，牧草地的比重所占比重比较大，占土地总面积的30.22%，人均牧草地面积为0.21公顷。从以上图表中我们可以看出，我国虽然牧草地、林地、耕地面积比较大，但是人均却很少，人均耕地面积相当于世界人均耕地面积的近45%，远远低于世界平均水平。在未开发利用的土地资源中，可被开垦用作耕地的仅有1亿亩，并且这些土地主要分布在西北和东北地区，开发难度比较大。这对于我国的发展来说是一个严峻的挑战。

我国土地利用具有显著差异。从土地的结构来看，东部、南部地区多以耕地、林地、非农建设用地为主，中部地区主要以耕地、林地为主；西北地区主要以草地和难利用的土地为主。从利用程度来看，东部和南部地区由于农业历史比较悠久，土地的利用程度比较高，中部地区的土地利用率相对较低，而西北地区的土地利用程度最低。从地形分布来看，平原及盆地主要以耕地、水域、建设用地为主，丘陵主要以耕地、林地为主，山地主要以林地、草地为主，高原主要以草地和难利用的土地为主。

二　中国农地资源的变化状况

中国农地资源的变化状况如表4－3和图4－4所示。

表4－3　　　　　　　　　中国农地资源变化状况　　　　　　　单位：万公顷

项目/年度	2002	2003	2004	2005	2006	2007	2008
农用地	65661	65706.14	65701.85	65704.74	65718.8	65702.14	65687.61
每年减少的农地		－45.14	4.29	－2.89	－14.06	16.66	14.53

资料来源：历年《中国国土资源公报》。

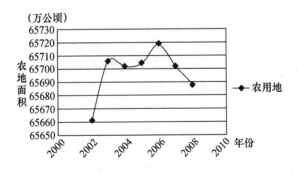

图4－4　中国农用地变化情况

从图中可以看出，农地的面积具有不断减少的趋势。由于农地资源的数据的获得相对比较困难，无法用模型对其进行较为准确的评估。下面以耕地数量为代表，对其变化趋势进行预测。

三　中国耕地数量的变化趋势

根据历年《中国国土资源公报》整理出中国历年的实际耕地面积，如表4－4和图4－5所示。

表 4 - 4   中国历年的耕地面积

年份	耕地面积（千公顷）	年份	耕地面积（千公顷）
1986	96230	2000	128243
1987	95889	2001	127616
1988	95722	2002	127616
1989	95656	2003	123392
1990	95673	2004	122444
1991	95654	2005	122083
1992	95426	2006	121800
1993	95101	2007	121733
1994	94907	2008	121716
1995	94974	2009	135385
1996	130039	2010	135268
1997	129903	2011	135239
1998	129642	2012	135159
1999	129206		

资料来源：历年《中国国土资源公报》。

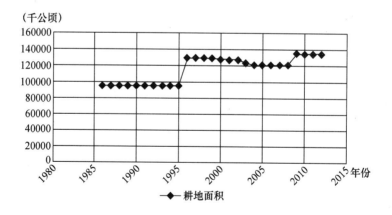

图 4 - 5   中国历年的耕地面积状况

依据以上图表，中国耕地面积在 1996 年和 2009 年出现了增长，是因为在这两次调查中采取了先进的、科学的调查手段，采取周密的组织方式，将之前没有调查出的土地进行了账面数据显现，我国人多地少、耕地后备资源不足的基本国情没有改变，并且实际上，中国的耕地资源具有不断减少的趋势。

目前，我国的学者对耕地面积预测所运用的方法主要包括回归分析、最小二乘支持向量法、BP 神经网络、灰色系统分析、马尔柯夫链模型等，这些研究方法各有特色。为能够准确把握我国耕地面积未来的变化趋势，我们利用现有数据用多种回归分析方法对耕地面积进行分析，比较各种方法的准确度，然后再对未来耕地面积进行预测。

我们将1986—2011 年的耕地面用 SPSS 软件进行回归分析，采用了线性模型、对数模型、二次模型、幂指模型进行分析，得出表4 - 5，但是可以看出，这四种模型的 R 方值并没有很好地接近于1，所以得出的四种模型的曲线的拟合度不是很好。根据上述图表可以看出，由于运用先进勘测技术等原因，基于第二次全国土地调查数据，中国的耕地面积数据在2009 年及 2011 年较之前多，鉴于此，我们尝试用 2009 年之后的耕地面积数据再进行分析，得出了表4 - 6。

表4 - 5　　　　　　　　模型汇总和参数估计值1

因变量：耕地面积（千公顷）；自变量：年份

方程	模型汇总					参数估计值		
	R^2	F	df1	df2	Sig.	常数	b1	b2
线性	0.679	50.764	1	24	0.000	- 3409525.830	1763.712	
对数	0.679	50.874	1	24	0.000	- 26682635.342	3525970.498	
二次	0.679	50.764	1	24	0.000	- 3409525.830	1763.712	0.000
幂	0.684	51.865	1	24	0.000	4.567E - 100	31.629	

表4 - 6　　　　　　　　模型汇总和参数估计值2

因变量：耕地面积（千公顷）；自变量：年份

方程	模型汇总					参数估计值		
	R^2	F	df1	df2	Sig.	常数	b1	b2
线性	0.892	8.272	1	1	0.213	282027.333	- 73.000	
对数	0.892	8.265	1	1	0.213	1251365.223	- 146737.318	
二次	0.892	8.258	1	1	0.213	282027.333	- 73.000	0.000
幂	0.892	8.270	1	1	0.213	5.169E8	- 1.084	

这次（见表 4 - 6）的拟合效果要远远优于上次（见表 4 - 5），其中线性函数模型的拟合是最好的，线性模型的函数为：

Y = 282027. 33 - 73X

将 X = 2012 代入等式中，求得 Y = 135151. 33，与 2012 年实际的耕地面积 135159 千公顷相比，准确率高达 99.99%，下面用线性模型来预测未来十年中国的耕地面积，结果见表 4 - 7。

表 4 - 7　　　　　　　　中国未来耕地面积预测　　　　　单位：千公顷

年份	预测耕地面积	年份	预测耕地面积
2013	135078	2018	134713
2014	135005	2019	134640
2015	134932	2020	134567
2016	134859	2021	134494
2017	134786	2022	134421

从表中可以清楚地看出，中国 2013—2022 年的耕地面积呈现出不断下降的态势，到 2022 年中国的耕地面积为 134421 千公顷。事实上，测算出的耕地面积并不是全部都适宜耕种，全国现有 8474 万亩耕地位于西北和东北地区的林区、草原，还有 6471 万亩耕地位于 25 度以上陡坡，这些耕地部分要退耕还林、还草，还有部分耕地受到中、重度污染，不适宜耕种[1]，所以耕地保护形势相当严峻。

当然，这些数据也仅能视为趋势的探讨，仅供参考。由于影响耕地面积的因素众多，例如国家政策的变化、城镇化的进程、自然灾害、粮食的生产能力，甚至国外的经济环境，这些都可能影响我国耕地面积的变化，而这些因素在进行预测分析时都并未考虑，所以，这也仅仅是对中国耕地面积的预测。[2]

---

① 《人多地少的基本国情没有改变》，《人民日报》2013 年 12 月 31 日第 9 版。

② 席武俊、童绍玉、罗仁波：《基于回归及灰色系统方法的中国耕地面积预测研究》，智能信息技术应用协会，武汉，2010 年 10 月 17 日，第 137—140 页。

第三节 我国农地资源保护的地方实践模式及评价

一 南阳市农地保护实践模式[①]

(一) 南阳市概况

1. 地理位置

南阳市位于河南省西南部的豫陕鄂交界处,在东经 110°58′—113°49′,北纬 32°17′—33°48′。东邻桐柏山,西靠秦岭,南接汉江,北扶伏牛山,是一个三面环山,南部开口的盆地地区。南阳的总面积为 2.66 万平方公里,其中丘陵、山区、平原各占 30.6%、21%、48.4%。南阳是典型的季风大陆半湿润气候,处于亚热带向暖温带的过渡地带。区域内河流众多,主要有唐河、白河、淮河、丹江、湍河、刁河等,分属于长江、淮河、黄河三大水系,水量充沛。

2. 经济社会发展状况

2012 年,南阳市全市生产总值达 2367.20 亿元。其中第一、第二、第三产业的增加值为 423.62 亿元、1248.59 亿元和 694.99 亿元,分别比上年同期增长了 4.5%、2.8%、9.0%。三次产业结构的比重也由 2011 年的 18.7:53.8:27.5 变为 2012 年的 17.9:52.7:29.4,第一、第二产业的比重有所下降,第三产业的比重上升了 1.9 个百分点。人均生产总值为 23348 元。

---

① 河南省作为全国第一粮食大省,农地保护对于保证国家粮食安全具有至关重要的作用。近些年来,农地资源的不断减少引起河南省委、省政府的高度重视,为此,河南省政府采取了一系列的积极措施严守河南 1.2 亿亩耕地红线,并构建相应的保障机制来保护农地,如构建耕地保护责任机制,从上到下各级领导层层签订耕地保护目标责任制,并将其保护成果纳入年度政绩考核中,以此引起各级领导的高度重视;构建基本农田保护示范机制,充分发挥已建立示范区的带头典范作用,增强对示范区的财政支持,争取在近几年实现基本农田的标准化、基本工作的规范化、保护责任的社会化和监督管理的信息化;构建抓土地整治促耕地保护机制,在全省各地开展以砖瓦窑场、工矿废弃地治理为主要内容的整治活动,有效促进耕地的保护;建立节约用地推广机制,妥善处理建设用地和耕地保护的关系,大力推广节约集约用地的先进经验,对于实施好的地方进行物质和精神的奖励。我们以河南省南阳和商丘为例,研究河南省农地保护模式及经验教训。

表 4 - 8 2012 年南阳市三次产业生产状况 单位：亿元、%

指标	2012 年	2011 年	比上年增长
生产总值	2367.20	2228.75	10.2
第一产业	423.62	415.90	4.5
第二产业	1248.59	1199.31	2.8
第三产业	694.99	613.55	9.0

资料来源：《南阳市统计公报》(2012)。

2012 年全市地方财政收入为 181.92 亿元，比上年增长了 17.5%。地方公共财政预算收入为 103.65 亿元，包含税收收入为 82.59 亿元。地方公共财政支出为 386.40 亿元，较去年增长了 24.8%。与去年相比，教育支出、社会保障与就业支出、医疗卫生支出、一般公共服务支出和农林水务支出都有所增长，农林水务支出增长幅度最大，为 57.4%。

3. 农业发展状况

2012 年，全市粮食作物种植面积为 1162.27 千公顷，与上年相比增长了 1.6%。其中，棉花和蔬菜的种植面积为 47.3 千公顷和 166.7 千公顷，比上年分别下降了 36.8%、0.3%，小麦和油料作物的种植面积为 668.8 千公顷和 319.9 千公顷，比上年增长了 0.4% 和 1.3%。

2012 年，南阳粮食总产量为 611.82 万吨，增长了 3.1%。棉花的产量为 4.48 万吨，比去年下降了 36.9%，蔬菜的产量为 992.08 万吨，增长了 2.0%，油料作物的产量为 122.8 万吨，增长了 7.1%。禽蛋产量 33.88 万吨，增长了 3.6%，肉类的总产量为 72.10 万吨，较去年增长了 4.6%，牛奶的产量为 25.70 万吨，增长了 4.0%。

4. 人口发展状况

2012 年年末，全市总人口为 1165.70 万人，常住人口为 1014.90 万人。出生人口为 12.42 万人，死亡人口为 7.35 万人，全年净增人口为 5.07 万人，自然增长率为 4.36‰。城镇化率达到 34.85%。[①]

表 4 - 9 南阳市历年人口发展状况 单位：万人

年份	2006	2007	2008	2009	2010	2011	2012
总人数	1080	1085	1091	1096	1027	1164	1166

资料来源：历年《河南省统计年鉴》。

① 南阳市统计局：《2012 年南阳市国民经济和社会发展统计公报》，http://www.ha. stats.gov.cn/hntj/tjfw/tjgb/sxsgb/webinfo/2013/03/1364348557202141.htm，2013 年 3 月 28 日。

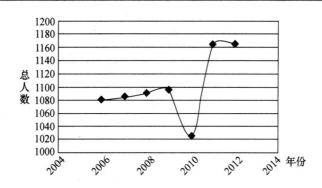

图 4-6　南阳市人口发展状况

（二）土地利用情况

根据南阳市土地总体利用规划（2006—2020 年），截至 2005 年年底，南阳市的土地总面积为 2650869.36 公顷，其中：农用地面积 2027104.82 公顷，占总面积的 76.47%；建设用地面积 273831.30 公顷，占 10.33%；未利用地面积 349933.24 公顷，占 13.20%。

从农用地的内部结构看，耕地面积为 992165.46 公顷，占农用地总面积的 49.0%，园地面积为 52859.57 公顷，占农用地面积的 2.6%，林地面积为 819760.06 公顷，占农用地总面积的 40.4%，牧草地面积为 4557.91 公顷，占农用地总面积的 0.2%，其他农用地为 157761.82 公顷，占农用地总面积的 7.8%，见表 4-10 和图 4-7（近似值）。

表 4-10　　　　　　　　　南阳市土地利用状况

种类	面积（公顷）	所占比重（%）
农用地	2027104.82	100.0
耕地	992165.46	49.0
园地	52859.57	2.6
林地	819760.06	40.4
牧草地	4557.91	0.2
其他农用地	157761.82	7.8

资料来源：《南阳市土地利用总体规划（2006—2020）》。

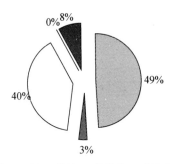

图 4 - 7　南阳市土地利用状况（公顷）

（三）南阳市保护农地采取的措施

素有"中州粮仓"美称的南阳在保护农地方面也采取了一系列措施，主要采取以下几种措施来保护农地。

1. 加大宣传力度，营造农地保护氛围

南阳市政府通过办班培训、下乡宣讲以及媒体宣传等多种方式增强各级政府以及广大市民的农地保护意识。此外，市国土资源局还编制了《耕地及基本农田保护手册》，设立了土地违法举报电话，并在广播电台开通了国土资源行风热线，市政府也开通了市长热线，拓宽了群众举报渠道，提高了群众参与农地保护的积极性，形成了政府带头、公众监督的良好氛围。在每年全国土地日，市委或县委领导通过发表电视讲话、接受媒体采访，张贴标语等多种形式宣传保护土地的相关政策法律，使群众能够深刻认识到保护农地的重要性。

2. 明确责任，严格耕地保护目标考评

为落实耕地保护责任目标管理制度，南阳市政府制定了《南阳市县级政府耕地保护责任目标考核办法》。市政府每年都与各县政府签订耕地保护目标责任书，明确各区的耕地保有量和县长为耕地保护的第一责任人，并将基本农田的保护状况、土地开发整理的专项资金、耕地占补平衡与否和土地违法案件的查处情况作为各级干部考核的主要内容。县、乡、村之间也不同层次地签订耕地保护目标责任书，在全市范围内建立起四级目标管理网络，明确各级耕地保护的责任人，保证了耕地保护目标的实现。此外，市政府每年都会组织国土、统计、监察等部门考核下级政府落实耕地保护责任的状况，强化了各级政府耕地保护的责任心。①

3. 加强监管，完善耕地保护的监管体系

与耕地保护责任目标相适应，建立"市、县、乡、村"监察网络，补充和完善以"日常监察、遥感监测和社会监管"为主的土地监管体系。各级政府从社会各界聘请国土资源监察专员，负责监督本区域耕地保护工作，还建立了巡回监察制度，对耕地保护实行分片负责，责任到人。市国土资源局还利用卫星遥感等先进的监测技术，对土地进行监察，对土地违法案件进行严厉查处，严厉打击违法用地行为。

4. 强化土地开发整理监管项目管理

在土地开发整理进程中，南阳市先后出台一系列规划方案，例如土地开发整理项目管理办法、规划设计变更程序、项目后期管理管护暂行办法等。此外，全方位监控项目的选址、审批、招投标、建设、管理、验收程序，保证项目质量。市政府建设和完善了责任机制、监管机制、激励约束机制。再者，建立多元化、多渠道的资金筹措方式，加强控制资金的使用管理。对耕地开垦费、新增建设用地有偿使用费的收取要严格按照标准进行，同时按照先报后审再批原则，对土地开发整理专项资金实行专账专户、专款专用，全程监控资金的使用情况，有效地避免项目资金出现截留、挤占、挪用的情况，确保项目资金的安全使用。最后，市政府编制了《南阳市土地整理复垦与开发规划》，结合县、乡、村土地利用总体规划，落实土地利用总体规划中的村镇规划图、基本农田规划图和土地整理规划图。市土地整理中心还派驻技术人员到项目所在地进行监督检查，发现问题并及时解决。

5. 建立和完善补充耕地项目立项制度

完善制度，加强补充耕地项目建设。首先，各县选取补充的耕地项目，然后编制规划设计报告，并呈交市政府审批，政府审批通过后便可立项实施。政府要对补充的耕地进行严格检查，达到标准后方可纳入储备库，并对其进行台账管理。加强补充耕地的质量管理，不仅要地面、土壤达到要求，而且要达到道路、渠道、林网等建设的配套要求。对于荒坡地、滩涂开发的，还应建立配套的防洪和保持水土等设施。对宛平高速公路、信南高速公路等大型耕地补充项目，按照要求严格进行招投标管理，

---

① 中国国土资源部：《逐级签约层层尽责——南阳市加强耕地保护的做法》，http://www.mlr.gov.cn/xwdt/dfdt/200808/t20080806_109084.htm，2008年8月6日。

确保补充耕地质量。[1]

二 商丘市农地保护实践模式

(一) 商丘市概况

1. 地理位置

商丘市位于河南省的东部,北纬 33°43′—34°52′、东经 114°49′—116°39′之间。东接安徽省淮北市、西邻开封、南临安徽省亳州市、北面山东省的菏泽市,地处中国华中、华北、华东三大经济区的结合处,位于东部沿海地区和中部地区的过渡带。总面积 10704 平方公里,其中大部分为平原,面积为 10623 平方公里,约占总面积的 99.24%,其余的 0.76% 为山丘面积。商丘属于暖温带半温润大陆性季风气候,四季分明。境内有涡河、黄河故道、浍河、大沙河、惠济河、沱河等河流流过,属淮河流域,分属洪泽湖、涡河、南四湖三大水系。

2. 经济社会发展状况

2012 年商丘市生产总值为 1418.30 亿元,比上年增长 11.2%。其中第一、第二、第三产业增加值为 323.22 亿元、674.23 亿元、420.85 亿元,分别比去年增长 4.7%、14.5%、11.1%。三次产业结构也由 2011 年的 24.1:49.0:26.9 变为 2012 年的 22.8:47.5:29.7,第一、第二产业的比重分别下降 1.3 个百分点和 1.5 个百分点,第三产业的比重比上年提高2.8 个百分点。

全年居民的消费价格比上年有所上涨,上升 2.4 个百分点。其中,食品类价格和衣着类价格上涨幅度较大,分别上涨了 3.8% 和 3.4%,居住类价格上涨了 2.8%,医疗用品类价格上涨了 2.6%,商品零售价格上涨幅度最低为 1.8%。

表 4-11　　　　　　　商丘市三次产业生产情况　　　　　单位:亿元、%

指标	2012 年	2011 年	比上年增长
生产总值	1418.30	1317.85	11.2
第一产业	323.22	3117.00	4.7
第二产业	674.23	646.06	14.5
第三产业	420.85	354.79	11.1

资料来源:《商丘市统计公报》(2012)。

---

[1] 王继宏、宋伟:《为了中州大地的丰收——河南省南阳市加强耕地保护工作的经验》,《国土资源通讯》2009 年第 1 期。

3. 农业发展状况

2012 年，全年粮食的种植面积为 1439.3 万亩，增长了 2.3%。其中，小麦的种植面积为 849.5 万亩，油料作物的种植面积为 135.1 万亩，分别比上年增长了 0.7%、0.9%。棉花的种植面积比去年下降了 37.6%，为 68.3 万亩。

全年的粮食产量为 629.65 万吨，油料作物的产量为 41.22 万吨，分别比上年增长了 10.5%、3.5%。棉花的产量为 4.7 万吨，比上年下降了 39.6%。

全年禽肉类总产量为 54.4 万吨，比上年增长了 4.9%，禽蛋类产量为 28.6 万吨，增长了 3.6%，奶类产量为 30.3 万吨，增长了 4.5%。

4. 人口发展状况

2012 年年末，全市的总人口为 894.95 万人，常住人口为 732.2 万人。全市全年的出生人口为 9.32 万人，死亡人口为 4.85 万人，自然变动净增人口为 4.47 万人，自然增长率为 4.99‰。[①] 近几年，商丘市人口变化情况如表 4-12 和图 4-8 所示。

表 4-12　　　　　　　　近几年商丘市人口变化状况　　　　　　　单位：万人

年份	2006	2007	2008	2009	2010	2011	2012
总人数	821	824	828	832	735	890	895

资料来源：历年《河南统计年鉴》。

（二）土地利用情况

根据商丘市土地利用总体规划（2006—2020 年），截至 2005 年年末，全市共有土地面积为 1070023.13 公顷，其中农用地为 853518.83 公顷，占总面积的 79.77%，建设用地为 179444.94 公顷，占总面积的 16.77%，未利用土地为 370.59 公顷，占总面积的 3.46%。

农用地中，耕地的面积比重较大，耕地的面积为 719910.06 公顷，占农用地面积的 84.35%，园地的面积为 27144.62 公顷，占农用地面积的 3.18%，林地面积为 48718.49 公顷，占农用地总面积的 5.71%，牧草地

---

①　商丘市统计局：《2012 年商丘市国民经济和社会发展统计公报》，http：//www.ha.stats. gov.cn/hntj/tjfw/tjgb/sxsgb/webinfo/2013/03/1364348560359197.htm，2013 年 03 月 28 日。

的面积为 6.97 公顷（占比忽略不计），其他农用地面积为 57738.69 公顷，占农用地面积的 6.76%（见表 4 - 13 和图 4 - 9）。

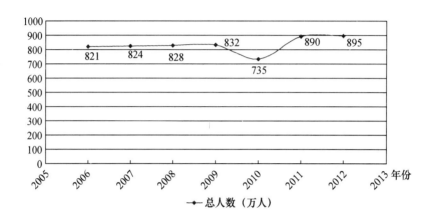

图 4 - 8　近几年商丘市人口变化情况

表 4 - 13　　　　　　　　　　商丘市土地利用状况

种类	面积（公顷）	所占比重（%）
农用地	853518.83	100.00
耕地	719910.06	84.35
园地	27144.62	3.18
林地	48718.49	5.71
牧草地	6.97	0.00
其他农用地	57738.69	6.76

资料来源：《商丘市土地总体利用规划（2006—2020）》。

（三）商丘市保护农地措施

为使"豫东粮仓"口号名副其实，耕地保护成了商丘市国土资源管理工作的重中之重。近些年来，商丘市政府采取一系列耕地保护措施，加强对耕地保护力度，在市政府与社会各界人民的共同努力下，完成了省政府与市政府签订的耕地保护责任目标，有效地实现了全市的耕地总量动态平衡。商丘市主要采取了以下措施来进行耕地保护的。

1. 重视耕地保护工作，加大宣传力度

商丘市国土资源局重视耕地保护氛围的营造，加大了对耕地保护的宣传力度。① 充分利用电视、广播、网络、期刊等媒体进行宣传，开展"6·25土地日"集中宣传活动，使人们对土地国情、国家政策和法律法规有一定了解，并且积极宣传推广保护耕地的好经验、好做法等。

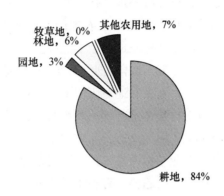

图4-9 商丘市土地利用状况（公顷）

2. 明确责任，严格落实耕地保护责任共同机制

近些年来，商丘市建立了以政府领导为主要责任人的市、县两级耕地保护机制，严格落实市、县、乡、村、组五级耕地保护责任制，明确农地保护的第一责任人，把耕地保护工作纳入到干部的政绩考核中，实行全方位的监管。迄今为止，已签订基本农田保护目标责任书二百万份。为确保耕地保护目标的实现，每年市政府都会组织各部门对下级政府耕地保护工作的情况进行考核，督促对耕地保护工作的落实。

3. 积极推行土地协管员制度

"土地协管员"制度最早是由商丘市宁陵县于2006年开始进行的。这些土地协管员对村里的情况比较了解，架起了国土资源所和村委会之间沟通的桥梁。被聘任的土地协管员不仅积极向上级汇报土地信息，还主动制止个别村民违法占地行为。宁陵县的这一做法引起了市领导的高度重视，市委领导指示有关部门做好在全市的推广工作。此后，"土地协管员"制度在全市迅速实施开来，土地协管员的主要工作是协助国土资源部发现并纠正土地违法案件，充分发挥基层组织的作用，构建覆盖全市的

---

① 郭芳：《商丘：加强耕地保护实现占补和耕地总量动态平衡》，http：//news. xinmin. cn/rollnews/2011/06/27/11236469. html，2011年6月27日。

耕地保护网络。[①]

4. 积极探索互换并地工作

2010年，为顺应农民的"小块并大块、多块变一块"的互换并地要求，商丘市积极探索并推行互换并地工作，改变了以往农地承包过度分散情况，实现了农业操作规模化，提高了农地的经营效率。截至2013年3月，商丘市共有3420个行政村完成了互换并地工作，占行政村总数的74%，涉及耕地面积821万亩，整合出近80万亩的耕地。[②] 互换并地工作在商丘市取得了明显成效，互换并地对废闲地、围村林进行了整理，增加了耕地面积，新增耕地由村集体进行统一组织管理，既为兴建农田水利设施、学校、养老院等提供了用地支持，又增加了集体经济组织的收入。此外，互换并地还推进了农业结构调整，扩大了规模经营的范围，土地呈现出向种植大户、合作社集中的趋势，有利于经营者发展特色产业，提高农业经营者的收入。最后，互换并地有利于大型农业机械作业，节约农户的劳动时间，节约生产成本，提高农户的收入。

5. 加强土地执法，落实占补平衡制度

严格控制建设用地规模，对于不符合土地利用总体规划的项目，不对其进行审批，对于符合土地利用总体规划的需要占用耕地的项目，要严格按照土地用途管制制度执行，控制占用耕地的面积，防止滥占耕地的现象发生。同时还要不断加强执法监管的力度，严厉惩处乱占耕地的行为，构筑国土资源案件审理的绿色通道。对于涉及占用耕地面积大的违法行为，联合公安、纪检、法院等部门联动查处，从根本上消除违法用地行为。按照要求严格执行耕地占补平衡制度，增强耕地补充力度，确保耕地数量。将补充耕地工作纳入干部考核体系，并进一步规范耕地占补平衡的"补、备、用、考"等各项工作，加强补充耕地的质量管理。

三 武汉市农地保护实践模式

（一）武汉市的概况

1. 地理位置

武汉处在江汉平原的东部，东经113°41′—115°05′，北纬29°58′—31°22′。东至新洲区柳河乡将军山，南邻江夏区湖泗乡刘均堡村，西到蔡

① 商丘市国土资源局：《我们是如何推行"土地协管员制度"的》，《资源导刊》2007年第11期。

② 张道明、王允才：《商丘互换并地启示》，《农村经营管理》2013年第7期。

甸区成功乡窑湾村，北接黄陂区蔡店乡下段家田村。长江及其最大的支流汉水交汇于此，武汉被分为武昌、汉口、汉阳三部分，即武汉三镇。武汉主要以平原为主，也有部分丘陵，且湖泊塘堰众多，因此武汉具有"百湖之市"美誉。在中国的地理圈中，武汉处于优越的中心位置，水、陆交通都十分发达，自古就有"九省通衢"的美称。

2. 经济社会发展状况

近些年来，全市经济社会发展取得了新成就。2012年，全市生产总值达到8003.82亿元，比上年同期增长11.4%。其中，第一、第二、第三产业增加值为301.21亿元、3869.56亿元、3833.05亿元，分别比上年增长4.5%、13.2%、10.0%。三次产业比重由2011年的3.0:48.1:48.9变为2012年的3.8:48.3:47.9。

表4-14　　2012年武汉市地区生产总值及增长速度　　单位：亿元

指标	2012年	2011年	比上年增长（%）
生产总值	8003.82	6756.20	11.40
第一产业	301.21	198.70	4.50
第二产业	3889.56	3254.02	13.20
工业	3203.66	2709.02	13.70
建筑业	665.90	545.00	10.80
第三产业	3833.05	3303.48	10.00

资料来源：《2012年武汉市统计公报》。

2012年，武汉市地方财政收入1397.74亿元，比上年增长了17.0%，有很大增长幅度。地方一般预算收入达到828.58亿元，与上年相比增长了23.1%。其中，税收收入、非税收收入也分别达到666.74亿元、161.84亿元，与上年相比，分别增长了21.7%和28.9%。

3. 农业发展状况

2012年年末，农业产业化农户覆盖率65%，增长了1.7个百分点。畜禽养殖小区比上年增加13个，达266个。水产健康养殖面积比上年增加0.92千公顷，达22.66千公顷。249家农业产业化龙头企业的销售收入比上年增长25%，为590亿元。全年实现农产品加工产值1510亿元，增长22.8%。全年粮食、棉花、油料作物的产量分别为125.89万吨、

2.46 万吨、18.02 万吨，分别比上年增长了 4.2%、4.6%、2.3%。蔬菜产量比上年增长 5.5%，达 661.62 万吨。家禽出笼比上年增长了 7.5%，为 5555.22 万只。生猪出栏增长了 7.3%，为 298.4 万头。水产品产量比上年增长 1.8%，为 46.86 万吨。牛奶产量比上年增长 12.5%，为 6.69 万吨。

表 4 - 15　　　　　　2012 年武汉市主要农产品产量及其增长速度

产品名称	计量单位	2012 年	2011 年	比上年增长（%）
粮食	万吨	125.89	120.68	4.20
棉花	万吨	2.46	2.35	4.60
油料	万吨	18.02	17.61	2.30
蔬菜	万吨	661.62	627.13	5.50
生猪出栏	万头	298.40	278.05	7.30
家禽出笼	万只	5552.20	5164.87	7.50
禽蛋	万吨	20.57	20.26	1.50
牛奶产量	万吨	6.69	5.95	12.50
水产品	万吨	46.86	46.01	1.80

资料来源：《2012 年武汉市统计公报》。

4. 人口发展状况

2012 年，武汉市人口 821.71 万（户籍人口，下同），比 2011 年减少了 5.53 万人，其中农业人口 2650051 人，占总人口的 32.3%，非农业人口为 5550181 人，占总人口的 67.5%，另有户口待定人口 16856 人，占总人口的 0.2%。从近几年人口变动的趋势图中可以看出，到 2010 年，人口一直是呈增长状态，但 2011 年开始呈现出下降趋势。

表 4 - 16　　　　　近几年武汉市人口总数的变动趋势　　　　　单位：万人

年份	2005	2006	2007	2008	2009	2010	2011
总人口	801.36	818.84	828.21	833.24	835.55	836.73	827.24

资料来源：历年《武汉市统计年鉴》。

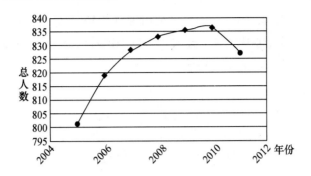

图 4 – 10 武汉市人口变化情况

（二）武汉市土地利用状况

武汉市第二次土地调查的结果显示，截至 2009 年年底，武汉市共有土地 856914.59 公顷，其中耕地占 37.44%，林地占 11.44%，园地占 0.96%，草地占 0.46%，城镇村及工矿用地占 15.16%，水域及水利设施用地占 29.48%，交通运输用地占 2.48%，其他用地占 1.86%。

表 4 – 17　　　　　　　　　　武汉市土地结构利用情况

土地类别	土地面积（公顷）	所占比重（%）
耕地	320842.28	37.44
林地	98003.58	11.44
园地	8246.91	0.96
草地	3975.82	0.46
城镇村及工矿用地	129919.46	15.16
水域及水利设施用地	255682.30	29.84
交通运输用地	24317.22	2.84
其他用地	15927.02	1.86
辖区总面积	856914.59	100.00

资料来源：《武汉市土地利用总体规划（2006—2020）》。

根据土地利用现状分类与全国土地分类对应关系表，可以将土地利用现状分类转化为全国土地分类。数据显示，武汉市农用地占市域总面积的

65.83%，建设用地占 17.95%，未利用用地占 16.22%，其中农用地中以耕地、林地、坑塘水面为主，建设用地以城镇村用地为主，未利用用地以河流水面、湖泊水面为主，耕地后备资源比较匮乏。

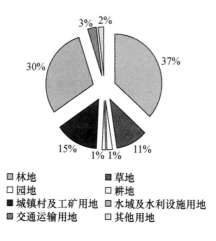

图 4 - 11　武汉市土地利用构成情况

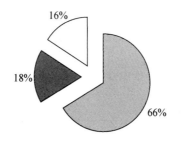

图 4 - 12　武汉市土地利用状况

（三）近几年武汉市耕地资源变化情况分析

由于耕地资源在农地资源中占有绝大多数的比重，所以以武汉市耕地资源变动趋势来研究武汉市农地资源的变动趋势，表 4 - 18 是近几年武汉市耕地资源的变动趋势。

由以上图表可以看出，近些年，武汉市的耕地资源呈现出先上升后下降的局面，自 2006 年起，武汉市年末耕地资源就不断减少，到 2011 年年末耕地资源仅剩206.52千公顷，其中水田的面积不断减少，而旱地的面积却在不断地增加。耕地减少的面积大部分用于国家基建占地和部分其他基建占地。

表4-18　　　　　　　近几年武汉市耕地资源变化情况　　　　单位：千公顷

年份 项目	2005	2006	2007	2008	2009	2010	2011
年末耕地资源	207.74	210.4	210.35	210.23	208.94	207.07	206.52
水田	128.34	126.41	125.93	124.55	124.58	122.38	121.77
旱地	78.45	80.63	82.19	83.28	83.28	82.41	83.17
年内减少的耕地面积	3.15	3.48	4.72	1.58	1.58	2.64	2.08
国家基建占地	1.18	1.78	1.79	1.03	1.03	2.1	0.91
其他基建占地	0.58	0.74	1.18	0.26	0.26	0.43	0.49

资料来源：《武汉市统计年鉴》（2012）。

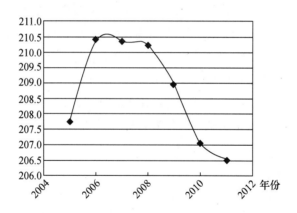

图4-13　武汉市耕地资源变化情况

（四）武汉市采取的耕地保护措施

耕地面积的减少会严重威胁我国的粮食安全以及经济社会平稳健康发展，因此，保护农地，保护耕地资源已经成为党和国家关心的头等大事。为切实有效地保护耕地，近些年来，湖北省省委省政府采取了一些措施，具体如下：

1. 建设高产农田

为切实有效地保护农田，湖北省政府开展高产农田建设的局面，探索出一条以建设促进保护的新路子。[①] 2004 年，全省启动了对粮食主产县的基本农田综合整治工作。2005 年，国土资源部又在湖北省设立 6 个国家级农田保护示范区，湖北省响应国家号召，先后建立一批省级、市级农田基本保护示范区，到 2008 年年底，全省已经建立 33.33 万公顷的标准基本农田，共计资金投入 120 亿元。这些农田保护区的建立，在提高农田保护质量，增强农田保护力度，探索农田保护长效机制，促进农业产业化经营，提高农民收入，建设新农村等方面起了重要作用。

2. 实行土地用途管制

新修订的《土地管理法》规定，中国实行土地用途管制制度，根据土地利用规划做出对土地使用的限制，进行农地保护工作。《湖北省土地利用规划》（2006—2020 年）规定，到 2020 年，确保全省耕地保有量不低于 463.13 万公顷，新增建设占用耕地规模控制在 15.13 万公顷以内。在规划期内，加强对农地的保护，保证 383.33 万公顷基本农田的数量不减少、质量有提高、用途不改变，全省农用地面积预期为 1483.96 万公顷，土地农业垦殖率为 79.83%。为实现这个目标，从以下五方面采取措施：一是优化土地利用结构，稳步扩大农用地面积；二是加强基本农田的建设与保护；三是节约集约利用建设用地；四是严控耕地流失，强化耕地质量建设；五是制定并实施土地复垦整理专项规划。

3. 重视开展土地开发复垦整理

自 1999 年起，湖北省积极贯彻落实《土地管理法》中的土地开发整理政策，通过运用财政专项资金，对农村适用农用但是未利用的废弃地等进行开垦，并对田、路、林、村等实行综合整治，以增加耕地面积，提高耕地质量。大力推进农田保护区、粮食主产区以及南水北调区的土地整理工程的实施，加强对生态脆弱地区的耕地整理工作。2008 年以来，湖北省每年从新增建设用地有偿使用费中支出 1.2 亿元，专门用于基本农田保护。经过不懈努力，到 2011 年年底，全省的耕地面积为 7952 万亩，基本农田面积 5970 万亩，均超过国家下达我省的保护目标，并且实现了连续12 年的耕地总量动态平衡。

---

① 曾进生：《对湖北省耕地保护工作的回眸和思考》，《农业经济与科技》2009 年第 5 期。

4. 建立共同责任机制

2007 年，湖北省政府出台了《湖北省市州人民政府耕地保护目标责任制考核办法》，明确耕地保护不再只是国土部门一家的事情，而是政府组织、部门合作、群众参与、全社会共同监督管理的工作。省政府主要负责人与市政府主要负责人以及市政府主要负责人与县（乡）政府主要负责人层层签订了耕地保护目标责任书，明确了省长、市长为第一负责人。2008 年，省委省政府研究制定了《湖北省县（市、区）"三农"发展综合考评办法》，将耕地保有量、基本农田保护面积纳入各级党政领导目标考核体系，作为年度综合考核的重要内容。

四　成都市农地保护新举措

为有效保护农地，提高农地劳动生产率，成都市政府建立了耕地补偿机制，并由市政府设立耕地保护基金。[1] 主要由以下内容构成，一是耕地保护基金由各级政府共同筹措，资金主要源于一定比例的土地出让收入和新增建设用地的土地有偿使用费，如果这两条途径筹措的费用较少，则由政府财政资金补足；二是每年对完成确权颁证的耕地发放耕地保护基金；三是拿出 10% 耕地保护基金用于农业保险补贴和耕地流转担保资金，剩余的发放给集体经济组织和农户，用于集体经济组织现金补贴和农户养老保险。

成都市实施耕保基金制度以来，成都市耕地保护取得了一定成效，主要表现在以下几方面：首先，提高了农民保护农地积极性，有利于形成农地保护长效机制。农民在享有耕地补贴的同时，也相应承担保护耕地的义务，提高了农民保护农地的意识，增强了农民保护农地的自觉性。农民承包地流转之后仍然享有耕地保护基金，与之相适应地履行保护耕地义务，这样就形成了耕地保护的长效机制。其次，增强了农民的产权意识，推动土地确权工作的顺利进行。长期以来，我国的农地产权不清晰，农民普遍缺乏产权意识，感觉土地不是自己的，随时都有可能失去，导致保护农地的积极性不高。对此，成都市通过设立耕地保护基金来解决。农民可以根据耕地领取耕地保护基金，保护耕地就可以给自己带来利益，增强了农民的产权意识，加强了保护耕地的自觉性。最后，加快了农村土地产权流转

---

[1] 马义华、李太后：《成都市耕地保护基金制度的实践与思考》，《改革与战略》2012 年第 8 期。

速度，促进了农业产业化进程。土地进行流转之后，能够实现规模化、集约化的经营，提高农业的生产效率，对于农地的保护也起到了一定的积极作用。

五　评价

通过以上分析我们可以看出，河南省的南阳、商丘以及湖北省的武汉的农地资源，特别是耕地资源面临着严峻的形势，为切实有效地保护农地资源，实现社会的可持续发展，各市的政府也都采取了很多措施，这些措施主要是以制度建设层面、有效监管层面、政策落实层面为出发点的，还通过现代科学技术和广泛的宣传教育来增强农地的保护，尤其是成都市设立的耕保基金制度是一个创新，是保护农地的一个十分有效的措施。这些措施的实行对于农地的保护起到了很大的积极作用，有效地发挥了政府宏观调控的作用，基本实现了耕地占补平衡，对于中国其他地方的农地保护提供了一些借鉴意义。但是应当看到，农地保护过程中还存在着不少的问题，例如，人们的农地保护意识比较淡薄，城市规模不断扩大，农地数量不断减少，而且保障粮食供给的耕地质量下降，耕地后备资源不足，法制建设比较落后，农地保护缺乏有效的法律制度保障，这些问题也会影响到农地保护的效果。长期来看，有效解决我国的农地资源保护问题，很大程度上在于土地市场制度和农地产权制度的改革，让农民真正拥有土地财产权，增强他们保护农地和从事农业经营的积极性，并获得相应的经济收益，以更好地保护自己的土地财产资源。

第四节　我国农地资源保护中存在的主要问题

我国采取了多种方式进行农地保护，也取得了一定成就。但是，目前我国在农地保护方面还仍然存在不少问题，主要包括在以下方面：

一　政府对土地一级市场的行政垄断

市场经济条件下，价格是调节资源配置的核心指标和机制。而在目前我国的一级土地市场由政府独家垄断，土地供应是通过政府行政审批进行的，土地价格扭曲，市场机制很难发挥应有作用。我国最典型的一个事实就是"最严格的耕地保护和最低的土地利用效率并存"。根本原因在于土地一级市场的计划为主配置与土地二级市场的市场为主配置造成土地价格的二元制，于是就使地方政府产生了财政错觉和财政依赖。土地一级市场的计划为主配置使地方政府误认为土地资源价格是低廉的，低廉的土地价格使得地方政府缺乏对土地利用效率的关注，导致浪费了大量的土地资源。土地一级市场与二级市场的巨大价差又给地方政府带来了巨额的收益，促使地方政府反过来加强对土地一级市场的严格控制。其结果是：越是土地利益空间大，地方政府越倾向于粗放利用土地，农地资源越得不到有效保护。不仅如此，在此过程中，农民为中国城镇化进程贡献了土地资源，却没有享受应有的经济收益，成为土地"二元价格"的最大受害者。①

二　农地产权制度不健全

随着市场经济的不断发展，我国实行的以集体所有、家庭经营为特征的农地产权制度其矛盾和弊端在不断显现。主要表现在以下几个方面：首先，产权主体虚置。在我国，国家和集体拥有土地所有权，而真正使用农地的农民拥有的只是农地的使用权。而国家法律并未对"集体"进行明确的界定，不同的法律对集体的界定也是有所不同的，如《民法通则》中，集体是指乡（镇）、村两级，而在《土地管理法》中，集体指的是乡（镇）、村、村内集体经济组织，这三级的集体界限也不清晰，造成土地所有权的虚置，产生了对土地侵蚀和浪费公共资源问题。其次，土地使用权不稳。现行的土地产权关系是一种契约关系，具有强烈的行政色彩。法律虽然规定了第一轮土地承包的承包期限为15年，第二轮期限为30年，但农民拥有的只是土地的使用权，当面临国家公权比如征地的威胁，农民缺乏稳定感，不愿意采取措施对农地进行长期有效保护。再次，土地处置权残缺。根据《土地管理法》的规定，任何单位和个人不得以非法形式转让土地，但是可以依法转让土地的使用权而并没有明确规定土地使用权转让的具体方面，土地所有权与行政权力之间缺乏有效的约束机制，导致这两种权力经常被人为放大，相互侵权行为时有发生。最后，土地收益权受限。土地产权的模糊造成农民的收益权力得不到合法保障，侵犯了农民的利益。一方面，征用的土地没有合理依据，征地数量偏大，给农民的生活带来了威胁；另一方面，征地补偿标准偏低，对失地农民的就业安排不

---

① 郑春燕：《城市化过程中农地资源保护与开发问题研究》，硕士学位论文，郑州大学，2012年，第26—27页。

足，农民生活失去了来源。①

三　土地征用制度存在缺陷

中国现行土地征用制度越来越不适应经济发展对土地资源配置的要求，存在着严重的缺陷。主要表现在以下几个方面：首先，征地范围过于宽泛。公共利益作为全体社会成员的共同目标，为满足公共利益的需要，国家可依法对土地进行征用。但是相关法律并未对公共利益作出明确的界定，即法律只赋予国家的征地权利，但并未对这种权利的行使进行限制，行政部门掌握了解释公共利益的自由裁量的权利。《土地管理法》还规定，只有国有土地使用权才能上市流转，使集体土地变成国有土地的唯一途径就是征地权利的行使。当建设用地需求上升时，就会通过土地征用将集体土地转变为国有土地，用来建设非公益性经营项目。由于制度的不完善，导致征地权利的滥用，大量土地被征用。其次，补偿不合理。我国的补偿标准缺乏充分的制度保障，法律赋予政府征地权利，但并未对补偿标准做出合理规定，导致农民的土地权利保障不足。我国的征地补偿中占比重较大的土地补偿由集体支配，而比重较小的其他补偿及劳动力安置费归个人所有，再加上对补偿费用的使用缺乏规范的程序，使农民获得补偿的费用更低。最后，土地征用过程的公众参与度不高，透明度欠缺。我国土地征用都是由政府确定征地方案后，对被征地的农村集体和农民进行公告，并听取他们的意见，但事实上，集体和农户的参与度非常有限，缺乏透明度，对农民极不公平。②

四　土地利用规划管理薄弱

土地利用规划制度是土地管理的依据，要保护好农地，必须先制定好和实施好土地利用规划制度。然而在我国，土地利用规划管理薄弱，一定程度导致中国的农地大面积减少。主要表现在以下方面：一是规划缺乏科学性。由于信息不充分、不完全甚至失真、扭曲，有的土地利用规划不切实际，缺乏科学性和实用性。二是规划没有约束力。规划偏重于各类土地利用数量的指标控制，以分配指令性控制指标为特征的规划不符合市场经济发展的根本要求，没有实际约束力。三是未得到重视。有的规划没有充分考虑到公众和地方的利益，使得土地利用规划在实施的过程中未能够得

---

① 常明明、李汉文：《中国农地产权：缺陷、逆向淘汰及改革路径选择》，《学术交流》2007 年第 3 期。

② 刘迎秋：《中国土地征用制度存在的弊端及改革措施》，《中国科技财富》2011 年第 3 期。

到应有的重视。四是实施难度加大。有的规划对于经济发展的区域化、专业化趋势评估不是很充分，使得规划在地方的实施难度加大。五是缺乏实施的有效手段。有的规划缺乏明确的、权威的法律地位，规划实施也缺乏必要的有效手段。六是土地利用规划城乡不统一，整体执行效果不佳，影响农地保护。

五　土地用途管制制度实施困难

目前我国在实施土地用途管制制度存在诸多困难。[①] 首先，人们的用地观念没有转变。干部形成了搞建设就要占用耕地，经济效益是硬指标，保护耕地是软指标的观念。对干部的政绩考核也主要看经济建设的成绩，忽略耕地保护的业绩。投资者形成了建设项目占用耕地投资少、收益高的用地观念，因此在建设时尽量选择占用耕地。农民特别是城郊农民则认为，土地被征用，既可以得到一笔客观的收入，又可以摆脱农民的身份。所以导致建设用地不断向外蔓延，耕地不断萎缩，人地矛盾更加尖锐。其次，技术保障不足。土地用途管制首先得对土地的用途进行明确的划分和界定，并将界定的位置、界限、面积等反映到图纸上，予以公布。但是我国对土地转换情况的掌握主要靠统计数字和监察，掌握的土地情况往往是局部的、不充分的，因此制定的土地用途有部分不符合实际。最后，政策、法律保障不充分。对合理用地、保护耕地成绩显著的没有相应的激励政策，对大面积侵占耕地，进行违法建设的用地行为失察。有些法律规定模糊，例如，"非法占用耕地改作他用，数量较大，造成耕地大量破坏的"，并没有明确规定数量，在执法过程中，"人权"、"情权"作用时有发生，造成执法不严，导致土地用途管制制度难以发挥应有的作用。

六　耕地占补平衡制度存在诸多隐患

根据《土地管理法》规定，经批准的占用耕地的建设用地，按照"占多少，垦多少"原则，占地单位开垦质量与数量与所占用耕地相当的耕地。但是在实际操作过程中，这种制度通常被片面理解为耕地数量面积的动态平衡，对补充的耕地质量也没有相关机制加以保证，使得补充的耕地质量很多都不达标。被占用的耕地大部分都是经过长期开垦和耕耘的肥力优质的土地，而新开垦的往往都是贫瘠的土地，农作物的产量也低于那些被占用耕地的产量。表面上看，实现了制度所要求耕地占补平衡，但实

---

① 张馨元：《土地用途管制》，《法制与社会》2009 年第 3 期。

际上，由于耕地质量的下降，同样面积的耕地农作物的产量大幅下降。此外，耕地占补平衡制度还面临耕地保有量信息的失真、耕地后备资源不足、因毁林造地引起的生态环境恶化等问题，中央管制部门由于缺乏准确而又充分的信息、基本的控制技术手段以及有效的监督和执行措施，使得耕地占补平衡制度执行不力，其保护农地的预期目标也大打折扣。①

七 基本农田保护措施落实难

我国在基本农田保护方面做出了一些探索，取得了一定成效，但是面对城乡统筹发展，土地供需矛盾日益凸显的新形势，我国基本农田保护面临着一些问题。② 首先，我国处于城镇化和工业化快速发展阶段，推进城乡统筹发展、建设社会主义新农村不可避免地占用农地。但是我国土地后备资源少，农地资源尤其是耕地资源面临更加严峻的形势。一些地方为了追求经济利益，不惜以农田、耕地换资金、换项目，以浪费土地资源为代价加快本地经济的快速发展已成为较普遍现象。其次，我国已经进入工业反哺农业，城市支持农村的发展阶段，免除农业税、加大粮食补贴等一系列支农惠农政策的实施，提高了农民种粮的积极性。但是这些政策均以计税面积为依据，而土地整理后的新增耕地和一些基本农田均不属于计税面积，因而不能够享受补贴政策，影响部分农民保护基本农田的积极性。最后，相对于广大的基本农田面积，政府给予的资金支持有限，不足以补偿经营基本农田带来的机会成本损失和获得均等的资本收益，并且资金不能按时到位，严重影响基本农田保护政策措施的执行和实施。

八 土地执法和督察制度落实不到位

建立国家土地督察制度是国家落实最严格的土地管理制度的重要举措，是实施土地保护政策的有效保证。这项制度政策的愿望是美好的，但是由于信息不对称，导致违法处罚不力，使土地违法者钻了空子，有些地方其制度政策也就成了摆设，没有发挥应有的作用。我国土地违法的主体主要是地方政府、农村集体经济组织和个人。农村集体经济组织和个人违法面积小。针对这类违法行为，土地执法督察并没有制定强制措施，对正在实施的违法行为只是责令禁止，若当事人置之不理，向法院申请进行强

---

① 张延昉：《我国土地用途管制制度实施中的不足及完善对策》，硕士学位论文，郑州大学，2011 年。

② 陈家泽、宋世智：《新形势下基本农田保护难题——以湖北荆州市为例》，《中国县域经济报》2012 年 11 月 19 日第 8 版。

制执行，人为加大了执法的对抗性和执法难度，由于法院难受理，执法部门通常也就罚款了事。地方政府的违法用地数量虽少但是涉及的面积较大，往往占违法总面积的80%左右。①"形象工程"、"政绩工程"、"重点工程"等用地都是由领导以言代法，"因公违法"、"违法者受惠"等这些都是极具代表性的，由于违法主体是地方政府，所以执法者左右为难，最终使得这些违法行为大部分不了了之。

第五节　我国农地资源保护中问题原因分析

一　土地市场发展及法律制度滞后

我国土地市场主要是由行政主导的，近几年，随着市场经济的不断发展，土地的市场化程度也在不断提高，但固有的体制制度、行政指导下的土地经营和不断深化的土地市场二元性等因素的存在，使得目前我国的土地市场发展不完善。主要表现在以下几个方面：

（一）土地价格双轨制扭曲了市场功能

土地的二元性以及政府对土地一级市场的垄断造成土地价格的双轨制，扭曲了市场机制作用。土地二元性的存在必然引起土地价格的双轨制，从而使得农村土地的使用者不能参与土地市场交易，不能分享土地增值带来的收益，而且所得到的补偿标准远远低于土地被用作商业用地和城市用地的价值。由于可以强制地从农民手里低价征收土地，既造成城市盲目地粗放扩张，同时也加速了农地流失。政府部门通过征收土地获得巨额利益，助长了"土地财政"现象的恶性蔓延，也导致土地储备制度功能异化，降低了土地保护的效率。

（二）现行的土地制度和法律框架不适应市场经济的运行

现行土地制度和法律框架与土地市场的发展不适应。首先，法律法规的界定模糊。依据《宪法》规定，为公共利益的需要，政府可依法征用土地，但是并没有明确界定"公共利益"的范围，法律规范的不完善，容易使政府垄断土地一级市场。因此，在这样的法律框架下，作

---

① 新华网：《中国土地制度十大缺陷》，http：//news. jschina. com. cn/system/2011/08/05/011392902. shtml，2011年8月5日。

为土地市场的供给者和管理者的政府，不可避免地要为自己谋取利益。其次，土地补偿方面存在法律缺陷。《土地管理法》规定，由土地在城市的位置来确定土地的价值，而与补偿目的没有关系，被征土地的补偿标准与过去三年农业年均产值的倍数相关联。但在实际操作过程中，政府给予农民的补偿明显低于从最终使用者那里获得的转让费，农民权益受到严重损失。[①]

二　征地制度不健全，农地价格扭曲

我国的土地征用是一个土地所有权由集体变为国家的产权转移过程，我国现有的法律规定和管理办法是在计划经济体制下建立起来的，与现在的社会主义市场经济不相适应，出现了诸多的问题，主要有：

（一）征地范围模糊，征地权利被滥用

《宪法》规定，为了公共利益的需要，国家可以对现行的土地实行征用，但是并未明确规定哪些建设用地项目符合"公共利益需要"，而哪些又不符合，"公共利益"的尺度很难把握。在这种情况下，造成了我国目前的多数征地行为是为了营利性质的建设用地，造成了大量的农地资源流失。

（二）土地征收程序不完善

目前我国的征地主要是公告征地即政府将征地的范围、补偿标准以公告的形式告知被征地农民，不和农民进行谈判、协调，这样政府就可以通过征地低价获得土地，然后高价转让土地，合法占有差价部分，为政府为了"牟利"而征地创造了条件。[②]

（三）征地补偿标准低

根据国土资源部门的调查，有些地方政府从农民手里租来土地直接出租给企业来规避依法审批，规避缴纳新增建设用地使用费，规避征地补偿费和失地农民安置补助费等，使土地违法者更加肆意地侵占土地，更加肆意地侵占农民的权益。也有地方政府采取先斩后奏的策略，不办理土地征用审批手续就直接兴建大型建筑，逼迫上级部门不得不让其"先上车，后买票"。对于被征农民的补偿，低标准的土地补偿和拖欠征地补偿费现

---

① 郑文博、尹永波：《当前中国土地市场发展状况及趋势分析》，《湖南大学学报》2007 年第 3 期。

② 吴伶：《我国现阶段征地制度的缺陷及改进研究》，硕士学位论文，西南财经大学，2007 年，第 11—12 页。

象普遍，侵犯农民的利益。

（四）缺乏有效监督机制

在我国，农村土地的所有权属于村集体所有，而县、乡、镇政府对于农村的土地享有绝对权利，因此，县、乡、镇政府部门不仅是土地所有者的代表，也是土地的管理者，在征收土地过程中都要听从上级安排。征地过程缺少有效监管机制，以合法形式掩盖非法占地行为或者私自买卖土地、擅自占用土地等违法行为时常出现，浪费了大量的土地资源。

三　农地产权制度改革存在缺陷

我国现行农地产权制度有以下缺陷：

（一）所有权主体模糊

目前我国实行的是以集体所有、家庭承包经营为主要特征的农地产权制度，农地所有权的主体模糊不清，不同的法律对于农地所有权的规定也不同。[①] 例如《宪法》规定农地归农民集体所有，而《农业法》则规定农地归乡、村、村内农村集体所有，还有《土地管理法》、《民法通则》等又有其他不同的规定，农地所有权主体的模糊使得所有权主体处于虚化状态，不能真正行使主体的权利，土地一旦被国家征用，他们将得不到应有的农地财产权益，导致他们不愿意花费时间和精力去保护农地，对农地的保护产生不利影响。

（二）产权内容残缺

由于所有权主体的模糊，使得农地产权的排他性无法保证。目前，国家、集体、农民之间的利益侵犯行为常有发生，其原因之一就是农地产权内容残缺。国家的农地管理权、集体土地所有权和农民的土地经营使用权相互交叉，收益权和处分权也无法确定，自然农地产权也就无法得到保障。国家凭借其政治权利拥有土地的最终控制权。农地的转让和用途的改变是通过政府行政手段行使的，在农地征用过程中，集体和国家的地位并不平等，集体只有接受服从的权利，甚至连征地的补偿标准也是由政府单方面来决定的。

（三）产权结构扭曲

农地所有权主体模糊和产权内容残缺的直接体现就是产权结构扭曲，

---

① 李国娟：《现阶段我国的农地产权制度研究》，硕士学位论文，燕山大学，2011 年，第28—29 页。

具体表现为使用权缺乏稳定性、转让权不完整和收益权受到侵蚀。首先，农地使用权缺乏稳定性主要体现在均田承包的制度决定的承包农地存在随着人口增减而不断调整的心理预期，使农户承包经营权的实际边界和空间边界变得不稳定，并且因为缺乏对农地稳定性的产权保障，农户经营行为短期化现象严重。其次，农地的转让权不完整。完整的转让权应该包括农地的经营权和所有权的转让。但是我国的土地转移只能是单方向的：法律规定，集体土地通过征用的方式从农村集体向国家转移，并无规定国家土地向集体土地的转移。使用权上，虽然《土地承包法》规定"承包方有权依法自主决定土地承包经营权是否流转和流转的方式"，但实际中，由于农村基层管理部门的权利"寻租"行为使得农民在行使土地转让权时困难重重，农地的使用效率更加低下。最后，收益权受到侵蚀。当前我国土地的收益权边界不明确，在"先国家，再集体，最后是自己"的分配模式下，其利益无法得到充分保障。伴随着农业收益的不断增加、农地的持续增值，在追逐利益的驱使下，增加对农地收益的争夺程度。农民的利益受到损害，在征地过程中，失地农民得不到应有的补偿，集体权益也得不到相应的保障，征地过程中集体作为所有权主体的收益权没有充分体现出来。[①]

农地产权的缺陷使得农民认为土地并不是自己的私有财产，随时都有被国家征用的可能，所以对农地保护的积极性不高，不愿意花费时间和精力保护农地。

四　农地保护激励与补偿机制不健全

长期以来，国家对农地保护采取的政策越来越严格，实行的措施也越来越有利，但是耕地的低效粗放式利用状况仍然普遍存在，农地保护方面依然面临着诸多困难和压力，农地保护问题依旧很突出。其重要的原因就在于我国农地保护缺少必要的激励机制。农地作为一种自然资源，除了能给农民带来经济效益外，还具有非常重要的社会效益和生态效益，如涵养水源，保持水土，净化空气，提高大气质量，保持生物的多样性等，这些对于社会而言，是不可估量的无形价值，但是这些重要的价值并未体现在农产品价格中，也并未体现在土地价格中，使得农民获得的收益比较低，对保护农地的积极性不高。此外，对于农民而言，农民只是拥有对农地的

使用权，发展权受到限制，农地承包期满后又会重新对农地进行划定，所以农民不愿意在农地保护上进行过多的投入，降低了保护农地的积极性。对于地方政府而言，我国还没将农地保护成果很好地纳入到官员的考评体系，对于他们个人的升迁也没有多大的影响。无论不同地区的地方政府为保护农地做出多少贡献，都可以平均地享受农地保护带来的收益，农地保护意义就在于保障国家粮食供给，保护生态环境，而这些都是社会共享的收益。[①] 所以，地方政府保护耕地的行为都是被动的。

由于农地保护的经济利益补偿机制缺失或不完善，导致农地保护动力不足。我国现行的粮食直补、良种直补、农机具购置补贴等政策对于增加农民的收入，提高农民种粮的积极性确实起到了一定的作用，但是与非农收入相比，农业收入收效甚微，所以农村中的大部分年轻人都会选择外出务工，只留下老年劳动力从事农业劳动，尤其是在城郊地区，农地非农化会带来更大的收益，因此，大多数农民对保护农地的意识不强。此外，由于不同程度存在"农业粮食大省大县、经济财政穷省穷县"现象，地方政府为了加快当地经济的快速发展和政绩考核，也就不断招商引资，而新来的企业需要建立工厂，落地的项目需要土地，所以，只能占用耕地。

此外，农地保护的委托—代理机制也缺乏有效激励措施。在我国农地保护过程中，主要采取通过行政隶属关系建立起来的自上而下的分级委托—代理机制来实现的。要使得制定的农地保护的措施可行，必须使地方政府采取耕地保护措施时获得的效用大于其不采取措施获得的效用，只有在这种情况下，地方政府才会选择保护农地。但是，在我国耕地保护政策中并不包含农地保护的外部性，这就造成了地方政府承担的农地保护成本大于农地保护的收益，因此缺乏参与农地保护的积极性。从地方政府角度讲，农地非农化获得的收益更大，且出于政绩的考虑，地方政府将农地保护成本更多地用在当地的经济建设，这样，地方政府就有足够动力占用农地发展非农产业，甚至会选择能够实现自身效用最大化的违法用地行为。农地保护激励机制的构建和完善对于推进农地保护的主动性、积极性、广泛性都具有重要的意义。

五　利益协调机制不健全

在农地保护过程中，相关利益主体主要有中央政府、地方政府、开发

---

① 方贤雷：《我国耕地保护政策研究》，硕士学位论文，安徽大学，2010 年，第18—19 页。

商和农户，由于我国的利益协调机制不健全，导致他们之间的利益行为存在冲突，影响其形成农地保护的合力。主要表现在以下几个方面：

（一）地方政府行为与中央政府保护农地的目标不一致

中央政府加强土地宏观调控的主要目的是保护耕地，切实维护国家的粮食安全，保障社会的安全和稳定。而长期以来，招商引资，促进地方经济发展成为地方政府工作的重点。新项目的建设不可避免地要占用大量的农地，与国家制定的农地保护政策相冲突，但是巨大的利益诱惑，再加上地方政府有一定的批地权力，所以大量的农地被地方政府征用用来建设工厂企业等。

（二）地方政府政绩最大化与失地农民利益无保障的矛盾

随着城镇化的不断推进，很多地方政府热衷于"经营城市"，大量征收农民集体的土地，并通过一系列的"变相手法手段"将其转化为商业用地，"圈地运动"时有发生。为了能够在短期内加快本地经济增长，增加地方政府的财政收入，地方政府多征地、多卖地。但是对于许多失地农民，他们根本的经济来源只有土地，他们希望通过合理的征地补偿能够长期给他们带来不低于目前务农的各项收入，并且弥补因土地增值、未来生活保障等方面合法利益的损失。但是，目前地方政府的征地行为实际上都在不同程度侵害着农民的权益，农民为了维权便采取拒绝搬迁、集体上访等方式来维护自身的利益，甚至还会发生群体性暴力事件。但在巨大的征地制度权威下农民的抗争力量是微小的，其结果是农地保护及其农民的土地财产权益严重受损。

（三）开发商与被征地农民之间的利益关系

开发商与被征地农民之间只存在金钱利益关系。为使收益最大化，开发商会极力降低成本，使得农民尽早按照协议交出土地，早期开工，在预定工期内完工。若农民不能够按时交出土地，开发商便会寻求地方政府的帮助。农民利益得不到合理的补偿，而又诉求无果时，农民只会拖延搬迁，阻挠工程建设来表达对征地补偿的不满。其较量的结果往往是开发商得利和农民土地权益受损。

（四）被征地村集体组织与被征地农民之间利益的多重性

村集体组织本是农民利益的集体代表，但是村干部却有一定的决策权，因此，村干部与农民既有共同利益，又有各自独立的利益，具有多重性的特征。所以，在土地征用过程中，村集体组织有时也会损害农民的利益。① 具体表现为村干部以权谋私，隐瞒、贪污、私分和挪用补偿款。这种利益关系往往导致村干部与开发商串谋低价多征地而不是保护农地。

六　信息不完善，影响政府的正确性决策

政府垄断了土地供给，按照指令性计划指标配置土地资源。由于得不到完整而又准确的土地供需信息，政府可能编制出不合实际的规划和计划。在指标富余的地方，地方政府粗放利用或闲置土地；在指标不足的地方，地方政府会千方百计去争指标，如果争不来，只好违规违法用地，使得土地资源被大量浪费和破坏。在市场经济条件下，土地的供需大多由市场决定，其政策含义是要充分发挥市场机制的作用。

七　农地保护机制的监管缺乏力度，土地违法行为普遍

我国农地保护实行的是委托—代理机制，中央政府将农地保护的任务委托给地方政府，地方政府再进行层层委托，这种委托链条使得各级政府之间的信息严重不对称，尤其使得中央政府对地方政府的监管越加困难。监管的不到位再加上高收益的诱惑，使得地方政府采取的行为更多地偏离了农地保护。对于其他的农地保护组织，用地单位、农村集体组织、农民，政府也是通过委托—代理机制来实现。农户行为由农村集体组织和地方政府监督，农村集体组织与用地单位的行为则由地方政府监督。但实际上，各个用地主体之间相互监督少，而合作违法用地的比较多。虽然我国成立了土地总督察办公室，但对于庞杂的土地相关主体，仅仅依赖土地督察部门的监管是远远不够的。2004 年，我国省级单位以下实行土地垂直管理体系，撤销了地方土地管理部门对其的人事权，但是其他相关的权利包括财权仍然与地方政府密切相关，因此，地方土地管理部门的监管也是有限的。由此可以看出，从中央到地方对土地相关主体的监管缺乏力度，不仅使土地相关主体不采取土地保护措施，反而增加了土地违法行为。

以上研究给我们的重要启示是：由于我国农地产权及其市场制度改革滞后，特别是国家行政垄断的土地征用制度存在问题较多，带来的负面影响较大，导致市场在农地资源保护中决定性作用没有得到有效发挥，现行

---

① 朱应川：《论我国土地征收中的利益冲突和法律保护》，硕士学位论文，贵州大学，2010 年，第3—4 页。

以行政—计划手段为主的农地保护效果不理想。所以，在社会主义市场经济不断发展的今天，我国的农地保护要从以行政—计划手段为主转变到以经济手段为主和必要的政府宏观调控的成熟市场机制保护轨道上来，这是有效保护农地资源的必然要求和努力改革与完善的方向。

第五章　我国农地资源保护机制的实证分析

本章试图通过用博弈论方法分析我国现行农地保护的绩效；通过实证研究分析我国不同市场化程度和不同市场机制发育程度下的农地资源保护的绩效；通过实地调查研究分析现行制度下农村基层农地保护的状况及农户的反映。通过这些实证研究分析，进一步论证农地资源市场机制保护的必要性和有效性。

第一节　以行政计划保护为主的农地保护绩效分析

农地制度归根结底是一种生产关系，从理论上来讲，在以行政计划保护为主的农地保护框架下，如果农地保护各方利益主体能够充分掌握信息，那么农地保护的绩效目标是不难实现的。但是，由于信息不对称以及相关利益博弈，使得各方利益主体对于农地过度非农化视而不见、讨价还价、相互推诿的情形比较普遍，导致农地保护效率低下。以下就以农地保护相关参与主体为例，以博弈论方法分析行政计划保护为主的制度下农地资源保护现象及其成因。

一　我国农地资源保护的主体界定

现阶段我国农地资源保护相关参与主体可以从宏观角度分为三个：中央政府、地方政府、农民，以下对这三个主体做简要介绍。

1. 中央政府

中央政府作为农地资源保护的发起人，承担着农地资源保护的目标设定、体系设计、绩效评定等任务。我国现有的农地资源保护带有浓厚的计划体制色彩，里面有一定的历史原因；现在推进城市化所依赖的很多制度，很多政策，是在过去抑制城市化时期形成的，里面有不少冲突和摩擦。[①] 在这种政府主导的城镇化推进下，农地资源保护体制及其措施也难免会有冲突和摩擦。必须承认的是，在当前政府主导的征地制度框架下，对于农地资源保护，地方政府是没有积极性的，甚至农民也没有积极性，最有积极性的只有中央政府，因此中央政府是推动农地保护的最主要力量。

2. 地方政府

地方政府作为农地保护政策的主要执行主体，一直处于农地资源保护的"前线"，在以征地为主的农地非农化框架下，地方政府的行为选择直接导致农地资源保护目标的实现。

3. 农民

农地是农民的"命根子"，在农地资源保护过程中，农民无论从理论设计到实际行为都应当是农地保护的行动主体，然而在当前的土地制度下，保护主体却呈现"缺位"的现象，这种现象是对农村土地所有权主体缺位的反映。对于农村土地，我国《土地管理法》规定：农村和城市郊区的土地，除法律规定属于国家所有外，属农民集体所有。这种设定既不是个人所有权基础上的共有，也不是股份制基础上的法人所有。由于所有权主体的"虚置"，农民产生了自己就是农地所有者这样一种幻觉，即"所有者幻觉"。在政府征地过程中由于农民处于弱势地位，面对强制征地行为时这种所有者幻觉非但不能有效驱使农民保护农地资源，反而使得农民由于认为自己对土地拥有所有权进而对宅基地进行扩建、违法占地。总之，在当前征地制度框架下，农民无法拥有保护农地的主体地位，没有能力对农地资源采取有效的保护措施。

二　我国农地资源保护参与主体行为的三方博弈分析

针对中央政府、地方政府、农民之间的不完全信息博弈过程，通过构建参与主体的三方博弈模型来对其行为进行分解。三方博弈主要应用于理性参与主体之间的相互冲突与合作的研究，是指研究在特定条件制约下利用相关方的策略，而实施对应策略的方法。经典博弈论中表述一个完整的博弈问题至少需要 3 个基本要素，即参与主体、策略组合以及支付函数。参与主体都是为了一个共同目标或利益参加博弈，并期望在博弈中实现自

---

① 周其仁：《改革的力量不会停》，《社会科学报》2013 年 10 月 17 日。

身收益最大化；策略组合是博弈方可能采取的全部策略的组合，是参与主体进行博弈的手段；支付函数即参与主体在某一特定策略组合下所获得的利益和效用水平，是参与主体的行动函数。

（一）三方博弈模型构建

针对各参与主体的行为特征，对三方博弈模型做出以下假设：一是地方政府和农民进行寻租活动，中央政府治理但不成功，则三者的支付分别为 P、T−R−P、−（T−R）−S（其中 S 为治理成本）；二是地方政府和农民进行寻租活动，中央政府治理且查处成功，对地方政府收益 P 处以 N 倍的罚款，对农民收益（T−R）处以 M 倍罚款，则三者的支付分别为 −（N−1）P、−（M−1）（T−R）−P、NP+M（T−R）−S；三是地方政府和农民不进行寻租活动，中央政府也不治理，则三者的支付分别为 0、0、0；四是地方政府和农民不进行寻租活动，中央政府进行治理，则三者的支付分别为 0、0、−S；五是 P_A 为地方政府和农民进行寻租活动的概率，P_B 为中央政府进行治理的概率，P_C 为中央政府进行治理且成功的概率。在上述假设之下，地方政府、农民和中央政府三方博弈模型如表 5−1 所示。

表 5−1　　　　　　　　中央、地方政府及农民的三方博弈模型

三方博弈		中央政府		
		治理 P_B		不治理 $1-P_B$
		查处违规 P_C	未查处违规 $1-P_C$	
地方政府和农民	寻租活动 P_A	−（N−1）P −（M−1）（T−R）−P NP+M（T−R）−S	P T−R−P −（T−R）−S	P T−R−P −（T−R）
	正常工作 $1-P_A$	0 0 −S	0 0 −S	0 0 0

（二）三方博弈模型分解

给定地方政府在征地中参与寻租活动概率的情况下，中央政府进行治理和不进行治理的预期收入分别为：$E_1 = P_A\{[NP+M（T−R）−S]P_C + (1−P_C)(−T+R−S)\} + (1−P_A)[−S×P_C−S(1−P_C)]$ 和 $E_2 = P_A[−（T−$

R) $+ 0 \times (1 - P_A)]$。当中央政府进行治理和不治理的预算收益相等时，得到中央政府博弈均衡时地方政府和寻租者进行寻租活动的最优概率。令 $E_1 = E_2$，则最优概率为：

$$P_A^* = \frac{S}{P_c[NP + (M+1)(T-R)]}$$

在给定中央政府治理概率 P_P 的情况下，地方政府参与寻租活动和正常工作的预期收入分别为：$E_3 = P_B[-P_C(N-1)P + (1-P_C)P] + (1-P_B)P$ 和 $E_4 = 0$。当地方政府参与寻租活动和正常工作预期收入无差异时，可得到地方政府在博弈均衡时中央政府进行治理的最优概率。令 $E_3 = E_4$，则 $P_B[-P_C(N-1)P + (1-P_C)P] + (1-P_B)P = 0$，可得出：

$$P_B^* = \frac{1}{P_cN}$$

在给定中央政府治理概率 P_B 的情况下，农民进行寻租活动和不进行寻租活动的预期收益分别为：$E_5 = P_B\{P_C[-(M-1)(T-R) - P] + (1-P_C)(T-R-P)\} + (1-P_B)(T-R-P)$ 和 $E_6 = 0$。当农民进行寻租活动和不进行寻租活动的预期收益相等时，可得到农民在博弈均衡时，中央政府治理的最优概率。令 $E_5 = E_6$，则：

$$P_B^* = \frac{T-R-P}{P_cM(T-R)}$$

由此可以得出，农地资源保护相关参与主体的行为三方博弈模型的混合策略纳什均衡策略组合为：

$$\left[P_A^* = \frac{S}{P_c[NP + (M+1)(T-R)]}, \quad P_B^* = \frac{1}{P_cN}\right]$$

$$\left[P_A^* = \frac{S}{P_c[NP + (M+1)(T-R)]}, \quad P_B^* = \frac{T-R-P}{P_cM(T-R)}\right]$$

（三）模型结果分析

根据上述模型的分解结果，可以得出农地资源保护参与主体的地方政府和农民进行寻租活动均衡概率的指导意义。

通过上述模型（分解1）的博弈均衡结果可以得知，地方政府和农民将以最优寻租概率 $P_A^* = \frac{S}{P_c[NP + (M+1)(T-R)]}$ 选择寻租活动并获得相应收益，如果地方政府的寻租概率 $P_A < P_A^*$，则中央政府的最优选择是默许这种行为而不治理，反之，若 $P_A > P_A^*$，则中央政府的最优选择是治理。如果两者概率相等，则中央政府的选择治理或不治理结果都是一样的。在博弈模型混合策略的纳什均衡条件下，地方政府和农民的最优寻租概率 $P_A^* = \dfrac{S}{P_C[NP+(M+1)(T-R)]}$ 取决于 S、N、P_C、T、P、R 几个变量，其中地方政府收益 P 和农民收益 $T-R$ 独立于模型之外，可以视为定量，由此可以得出，地方政府和农民采取违规行为的最优概率同中央政府治理成本 S 成正比，同 P_C、N、M 成反比，因此设法降低治理成本 S 同时提高查处效率 P_C 将有效降低地方政府和农民的寻租概率。

根据上述模型（分解 2）博弈均衡结果，如果中央政府把治理地方政府的寻租行为当作重点而维护农民的利益，则中央政府将以最优概率 $P_B^* = \dfrac{1}{P_C N}$ 选择进行治理；如果中央政府选择以 $P_B > P_B^*$ 的概率进行治理，则地方政府的最优选择为按照合法程序征地；如果中央政府选择以 $P_B < P_B^*$ 的概率进行治理，则地方政府的最优选择是违规操作。从 $P_B^* = \dfrac{1}{P_C N}$ 可以看出，中央政府的最优治理概率取决于 P_C、N 两个变量，因此提高查处效率 P_C 以及加大处罚力度 N 可以降低治理概率。

根据上述模型（分解 3）博弈均衡结果，如果中央政府将治理农民的寻租行为作为重点，而维护地方政府的利益，则中央政府将以最优概率 $P_B^* = \dfrac{T-R-P}{P_C M(T-R)}$ 选择治理行为；如果中央政府选择以 $P_B > P_B^*$ 的概率进行治理，则农民的最优选择是进行寻租活动，获取利益。由于农民的寻租成本 P 和寻租收益 $T-R$ 相对独立可视作定量，因此为了降低中央政府的最优治理概率 P_B^*，只有改进治理效率 P_C，同时加大对寻租行为的惩罚力度 M。

三 我国农地资源保护主要参与主体间的多维博弈分析

我国《土地管理法》规定："国家为了公共利益的需要，可以依法对土地实行征收或者征用并给予补偿。"政府为了经济建设需要，对公共利益范围的界定通常较为主观，实际征地范围已经超越了公共利益范畴。政府出于预算成本考虑，自然会选择通过低价征收农民土地，农民则从理性人角度尽量追求自身利益最大化，这种矛盾的对抗最终演变成土地资源配置成本的高昂和利用效率的低下。下面就结合我国农地保护的实际情况，对征地制度框架下的农地资源保护主体之间的博弈行为进行分析。

（一）中央政府与地方政府对于农地保护目标的博弈分析

我国人多地少、森林覆盖率较低、生态系统相对脆弱，实施农地资源保护，推进土地集约利用一直是中央政府的全局性、战略性措施。但在处理土地非农化带来的利益分配上，中央政府与地方政府是此消彼长的关系。在农地非农化配置过程中，中央政府和省级政府在分配中不足2%；市以下政府的收益分配所占比例由2001年的25.61%上升至2003年的65.07%；而农民收益所占比例则从47.66%下降至22.06%，这种利益的此消彼长是矛盾激化的主要原因之一。国务院发展研究中心调研结果显示：土地非农化收益分配中，地方政府约占30%，开发商占50%，农民只占20%。[①] 再如，地方政府征地的土地出让金收入现阶段主要用于填补其土地相关支出，主要包括对招商引资用地的补贴、国有企业的改制，保障房、廉租房建设等。

如图5-1所示：MC_1、MC_2 分别为中央政府、地方政府的边际成本曲线，MR_1、MR_2 分别为其边际收益曲线。由于地方政府进行农地资源保护的边际收益很小，因此中央政府在农地资源保护过程中的边际收益要高于地方政府的边际收益，故 MR_1 曲线在 MR_2 曲线的右侧。又由于中央政府农地资源保护的边际成本要小于地方政府的边际成本，故 MC_1 曲线在 MC_2 曲线的右侧。可以看出，中央政府的最优农地保护规模在 T_1，地方政府最优农地保护规模在 T_2，而 T_1 和 T_2 之间就是中央政府与地方政府的博弈范围。

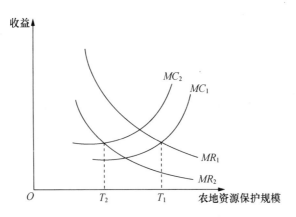

图5-1 中央与地方农地保护博弈最优规模

① 胡新智：《农地流转收益博弈分析》，《中国农村金融》2011年第1期。

中央政府对于农地资源保护更多考虑保障国家粮食安全、涵养水源、防止水土流失、优化生态环境等功能。由于中央政府在治理农地资源问题上需要兼顾多方面利益，因此中央政府有着两面性：一方面要求发展经济，要求重视效率；另一方面要求兼顾保护农地资源。这就使得征地相关问题成为一个灰色区域。中央政府与地方政府对土地收益分配之争，人为加大了交易成本，也使得城市土地配置的运行秩序扭曲：本应是竞争性的市场化秩序被一种隐性的、透明度低的灰色交易形式替代。由于灰色市场交易缺乏价格评估和价值表现形式，地方政府出于自身立场和利害考虑，也不愿意把灰色市场的地租地价界定清晰。[①]

另外，分税制改革以来，土地财政已经成为地方财政收入的一个重要来源。2007 年 1 月 1 日正式实施的《国务院办公厅关于规范国有土地使用权出让收支管理的通知》规定：土地出让收支全额纳入地方基金预算管理。收入全部缴入地方国库，支出一律通过地方基金预算从土地出让收入中予以安排，实行彻底的"收支两条线"。在地方国库中设立专账，专门核算土地出让收入和支出情况。[②][③] 地方政府迫于强烈的经济发展需求必然加快土地非农化进程，一般来说农业对 GDP 的贡献较低，而土地非农化所得土地出让金既可以用于发展第二、第三产业，又可完善城市基础设施建设，地方政府官员作为"理性人"也有其政绩诉求，在抉择时自然会倾向土地非农化。即使本地区面临粮食安全问题，只要具有一定经济水平，也很容易从其他地区购买，因此即便了解农地保护的重要意义，地方政府也不会主动站在整体角度考虑粮食安全问题。

（二）地方政府与农民关于农地保护博弈的囚徒困境

在城镇化进程中，工农业产品之间剪刀差呈扩大趋势，更不必说现代服务业等第三产业与农业的收入差距，因此就自身利益而言，农民是期望土地非农化的。矛盾则集中在农地非农化是否符合农民意愿，征地补偿是否合理。在现行的政府主导征地框架下，这种矛盾十分尖锐，影响城镇化

---

① 赵贺：《转轨时期中国城市土地利用机制研究》，博士学位论文，复旦大学，2004 年，第 11—19 页。

② 《山东省人民政府办公厅关于贯彻国办发 100 号文件进一步规范国有土地使用权出让收支管理的意见》，《法律快车土地管理法》，http：//www. lawtime. com，2012 年 9 月 13 日。

③ 国务院办公厅：《关于规范国有土地使用权出让收支管理的通知（国办发〔2006〕100号）》，中央政府门户网站 http：//www. gov. cn/zwgk/2006 - 12/25/content_ 478251. htm，2006 年12 月 25 日。

健康发展。可以通过以下博弈论的一个典型模型加以解释：假设农民对自己承包经营的土地拥有所有权，则发生在地方政府与农民之间博弈行为将构成"囚徒困境"。某区域存在 A、B 两位农民各拥有一块土地，假设两块土地原有收益都为 100，都由于地方政府进行土地非农化则收益上升至 200，如果农民 A 愿意交易，而农民 B 意识到如果 A 土地进行开发，则由于该区域优化，吸引更多商户和资金，他的土地价值将会更高，从而不愿与地方政府交易。此时地方政府意识到未来还需要在 B 土地上花费更多成本，就会降低对 A 的交易价格，加上土地增值的机会成本，则 A 的收益下降到 80，而 B 的收益升至 250。在这种情况下：博弈双方为了规避风险，都会选择不进行土地非农化，从而地方政府难以通过公平交易手段征得土地。

表 5 - 2　　　　　　　　　地方政府与农民博弈的囚徒困境

囚徒困境		农民 A	
		农地非农化	农地保持
农民 B	农地非农化	200，200	80，250
	农地保持	250，80	100，100

由于地方政府和农民之间存在信息不对称，因此它们之间的博弈实际上构成有限信息博弈。两个博弈主体信息上的非对称性主要是源于双方权力地位的不均等。地方政府实际是信息垄断者和掌控者，它可以利用手中的权力广泛地征集各种信息，相比之下，农民则处于信息封闭的劣势地位。同时，政府和农户之间的博弈过程是有限度的，也就是说，博弈双方在做出决策时会参考对方前几次的决策，通过双方的几次博弈之后，建立了对方的档案并且产生了相应的策略选择。[①] 事实上，由于地方政府在征地过程中的强势角色，农民无法选择其最优博弈策略。黄祖辉（2002）研究表明：现行征地制度下，非公益性质的征地剥夺了集体土地所有者的土地发展权，这部分土地增值收益实际上被地方政府所占有。[②] 这正是上

① 王小宁：《城市化进程中失地农民与政府之间的利益博弈分析》，《经济问题》2010 年第 5 期。

② 黄祖辉、汪辉：《非公共利益性质的征地行为与土地发展权补偿》，《经济研究》2002 年第 5 期。

述囚徒困境的博弈结果。

（三）届际政府之间关于农地保护利益的纵向博弈

我国改革开放以来逐步由计划经济体制转变为市场经济，资源也逐步转向市场配置。由此带来两个主要方面的转变：一方面，中央政府放权让利，最终确立财政管理体制；另一方面，地方政府官员的提拔晋升由过去政治背景考核转变为 GDP 考核，激发了地方政府发展经济的积极性。但这种改革同时也产生了一些副作用。上届地方政府期望实现其政绩诉求，为了达到效益最大化，最有效率的方式就是大量"卖地"，所得土地出让金用于招商引资建立工业园区或用于城市建设。下届政府不仅需要对城郊地区进行"三通一平"，还要对已经失去土地的城市近郊农民做好安置工作，这些都需要大量财政支出，因此，下届政府也只得通过征更多的地来填补预算，这样就形成了一种恶性循环，即土地非农化配置过程中土地低效利用，重复建设，过度消耗问题加剧。一方面土地过度非农化，甚至圈地，浪费了优质农地资源。另一方面城市土地市场有效供应不足，城市闲置土地案件频繁发生，以致个别地区出现"地王"现象。在上届政府与下届政府的博弈过程中，双方都把注意力集中在未征收土地上，对于已经征收的建设用地关注不大，因而土地集约利用程度低。国土资源部 2010 年下半年通报：以闲置土地为主的房地产违法违规用地查处结案率比较低，各地上报的 2815 宗闲置土地中，因出让拆迁难、调整规划等和客观原因造成闲置的约占六成以上。地方政府对待土地城镇化应该在存量上做文章，力争达到总量建设空间的占补平衡，中央财经领导小组副主任杨伟民认为：当前居住用地的需求还会延续较长时间，大部分需求可通过存量调整的方式解决。[①]

假设某地区某届政府在面临土地问题决策时有两种选择：既可以选择征地将城郊土地非农化，所得土地用于发展产业；也可以通过盘活存量土地集约利用，使城市土地利用及其产业结构更加合理。但存量土地利用后可能会因为结构优化而吸引更多投资，也可能因为市场环境发生变化而保持现有状态。假设两种情况出现的概率 P 都为 0.5。另外，一届地方政府任期为 5 年，期满后由下届政府接替，各届政府初始的财政禀赋都为

---

① 杨伟民：《城镇化要减少工业用地增加居住用地》，《中国城镇化高层国际论坛》，ht-tp：//finance. sina. com. cn/hy/20130330/100415004887. shtml，2013 年 3 月 30 日。

100，且各界政府都是符合经济学定义的"理性人"厌恶风险。如图 5-2 所示，将两届政府的决策行为用博弈树状图来表示。G1 是上届政府的决策点，G2 是下届政府的决策点，A1、A2、B1、B2 分别是其博弈终点。上届政府有两种选择，即征地或者集约利用存量土地，分别以 A、B 来表示这两种决策。

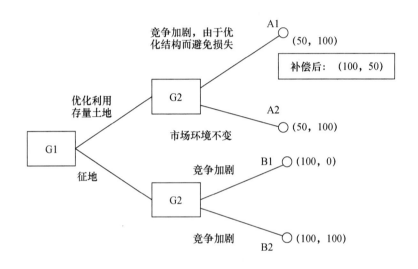

图 5-2　届际政府间的非合作博弈

A1：5 年后由于市场竞争激烈导致环境变化，如果仅仅依靠征地而不进行产业结构优化，则该地区主导产业会逐渐衰退，由于上届政府投入了 50 的成本进行存量土地优化利用，使得下届政府避免了 100 的财政损失，此时两届政府的财政收益分别为（50，100）。

A2：5 年后由于该地区发展势头良好，即使不调整土地利用结构，各产业依然能得到充分发展，此时两届政府的收益分别为（50，100）。

B1：5 年后竞争加剧，由于没有优化结构而导致该地区产业衰退，下届政府收益为 0。

B2：市场形势同 A2，由于上届政府没有投入成本进行存量土地优化，因此两届政府的收益都为 100。

可以看出，不论市场环境如何变化，上届政府都没有利益动机来消耗本届财政成本为下届政府福利做贡献，这也说明地方政府不考虑长远利益的短期行为是符合理性的决策。即使假设下届政府在避免损失后，拿出总收益中的 50 以补偿上届政府，这样上届政府的收益又可以达到 100，但是由于"理性人"厌恶风险，因此在面临情况的不确定性时，上届政府为了规避风险仍然会选择征地。

届际资源分配的困境就是：在地方政府 5 年任期内，由于政务更替往往会表现出较为强烈的机会主义，从而急功近利产生很强的外部性，为了在有限时间内实现政绩，从而迫使地方政府从短期来考虑问题。[①] 由于短期内的财政压力，地方政府迫切需要寻求替代资金，在这样的环境下，土地出让金无疑成为最优的资金来源。由此造成的后果，将为下届政府留下两个后遗症：

（1）价格机制扭曲。生产要素价格尤其是土地价格机制被破坏，笔者在调研过程中发现，中部地区的一些地方政府 2003—2006 年，征地补偿是农地每亩 6000—10000 元，部分高产优质水田其补偿也不超过 12000 元，而 2014 年的补偿标准是统一划定的：一般农地每亩补偿 36800 元，在几年内征地补偿差别发生如此大的变化，部分原因就是上届政府的这种政绩驱动。

（2）公共物品的供给不足。在我国现有土地制度下，土地实际可视为一种公共物品，而上届地方政府在获得财政收入后往往重视"三通一平"以及城市建筑的改善，而忽视教育、社会保障等具有公共物品性质的设施。因此在届际政府更替之间，以土地为代表的公共物品将越发供给不足，不仅影响农地保护效率，而且影响城市可持续发展。

（四）区域间地方政府关于经济发展和农地保护的横向博弈

在劳动力和其他要素资源自由流动前提下，只有那些提供了最优非市场供给产品和服务的政府才能吸引并稳固劳动力和其他资源在当地扎根。在市场经济体制下，各区域经济体中的地方政府围绕具有流动性的要素展开竞争，以增强各自区域经济竞争优势。由于区域的任何产业发展都需要土地的承载，而土地征收是非市场供给的，因此地方政府区域竞争最终指向土地资源。在城市化水平相对落后的地区，由于土地非农化还为地方政府提供了原始积累，这种土地非农化驱动力度更加强烈。

地方政府经济参与人和政治参与人的双重特征是参与区域竞争的主观原因，地方政府参与区域竞争的目标是获取经济利益最大化，即经济快速

---

① 王进：《地方政府规制中的届际机会主义行为及治理》，《东岳论丛》2013 年第 3 期。

增长，在区域经济竞争中，地方政府通常会利用各种非市场手段保障自己的经济利益，导致市场分割和重复建设等问题。地方政府的目标是使本地区在区域经济竞争中处于有利位置，区域竞争越激烈，用地指标越紧张，目前东部地区逐渐进入经济下行期，中部各地区承接产业转移竞争激烈，中部各地区对于引进的产业项目通常给予"零阻碍、一站式、保姆式、全程式"服务，用地需求和供给之间产生矛盾，使许多中部地区发展压力加大，激烈的区域竞争导致对农地资源的侵蚀。另外，我国现行两大农地资源保护制度，基本农田保护制度和农地总量动态平衡制度，在执行过程中缺乏必要的激励机制和利益再分配机制，因而无法对农地保有量的外部性进行矫正。[①] 这就表现为：基本农田面积大的地区，资金不足，保护不到位；而基本农田面积小的地区往往又不需要投入更多资金进行保护，这种现象已经成为普遍矛盾。如全国大约有 1/4 的土地出让收入来自中西部地区，而中西部地区却承担着全国 3/4 以上的农地保护任务，在这样的差距下，农地保护自然达不到预期效果。

（五）政府各职能部门农地保护执法监督博弈

保护农地资源、杜绝土地违规违法现象，应建立起长效机制和共同责任机制，具体落实则需要公检法等各相关部门的配合。土地执法监察也存在自身成本，由于工业化、机械化程度提高，违法占地的建筑可能在数天甚至一夜间就可完成，因此土地执法同城市管理人员执法一样也需要每天巡视以便及时掌握各分区土地状况。由于执法环境不同，城郊可能面临地形复杂等情况，土地执法者可能要耗费更多的人力、物力来进行执法任务，这些都构成执法监察"成本"。因此，完全高密度的实时监察方式在现有政府部门人员配置和技术手段下不太现实。[②] 如表 5-3 所示，以 C 表示土地执法人员劳务费、物力财力投入等成本，P 表示土地违法罚款额，M 表示违法拆迁带来的损失，R 表示土地使用者在进行土地违法过程中所产生的收益。

博弈结果分析：当 P-C<0，即执法成本大于收益，则执法部门从"理性人"角度会选择不执法，这样至少不用承担因此而产生的成本，表现为"不作为"现象，使得土地违法情况加剧；当 R-M-P>0，即土地使

---

① 施建刚、黄晓峰：《对发达地区农村宅基地置换模式的思考》，《农村经济》2007 年第 2 期。

② 罗罡辉、叶艳妹：《土地监察的博弈分析》，《农业经济问题》2004 年第 4 期。

用者收益总是正的，这样的情况下，即使土地使用者可能面临执法部门的高额罚款，他仍然倾向于进行土地违法。现实中的情况通常是：$P-C>0$且 $R-M-P>0$，土地执法者的执法积极性很高，高额的罚款甚至可以让执法人员有"吃回扣"的空间，成为滋生腐败的根源。而对于大部分集体农地所有者来说，罚款 P 的数额相对较小，土地使用者的私自改建、扩建等违法占地在被查处后，按照《土地管理法》规定：应当退还非法占用土地，拆除非法占用土地上的建筑物，恢复原貌并处以 30 元/平方米以下的罚款。而实际上课题组经过调研发现所调查地区罚款数额比如占用农地罚款通常在 6—8 元/平方米，甚至低至 3 元/平方米，罚款记录上记载大部分罚款数额都在几百到数千元不等，其中包括复垦费用。通常地方国土部门并未进行农地复垦，违法占地者也大都上缴罚款，案件就算告一段落，如果缴纳的罚款数额足够，则违法建筑也可不予以拆除，农地资源就这样被慢慢"蚕食"，这也就是为什么小产权房得以普遍存在的一个重要原因。

表 5-3　　　　　　　　　土地执法部门监督博弈

土地执法 相关主体		土地使用者	
		违法	不违法
土地执法者	监督	P-C, R-M-P	-C, 0
	不监督	0, R	0, 0

在以上博弈分析中，如果执法监督部门严格按照相关法律、条例执行，则其投入将大幅提升，不仅要拆除违法建筑，还要进行土地复垦，其执法成本 C 将大于 P。违法占地群体中比例最大的是农民，而农民群体违法占地的总面积要远小于其他违法占地者，不仅如此，由于农民收入水平有限，无法支付高额的罚款，如果严格执法必然会遭到抵触，严重的甚至发生人员伤亡事件。这样一来，执法监督部门就会发现其成本 C 远远高于收益 P，即使 P=C，也意味着执法人员的"隐成本"损失了，则如果上级要求严格执法其效果反而会使地方执法部门的"不作为"。如国内学者研究发现，宏观经济有过热的趋势时，中央政府往往会发出"严加查处"土地市场违法行为的信号，这时候地方政府在土地方面的违规行为反而会越加严重。[1] 例如在 2003 年中央政府全国范围内开展土地市场秩

① 李相范：《土地违法行为的经济学分析》，博士学位论文，吉林大学，2010 年，第 119 页。

序整顿活动，但在中央严查之下，地方顶风作案的土地违法现象仍然突出，农地锐减势头并没有得到根本遏制。土地违法案件比 2002 年增长了61%，非农建设占用农地增长 17%。[①] 还有学者认为，这种查处力度与预期效果相背离的现象实际上是地方政府与中央政府在多次博弈中形成的一种基于过往经验的理性预期，即在中央政府对违法行为严查的力度达到一定限度前进行最后的冲刺，往往都能在经济上取得一定的成功，这种成功可能是在下一轮经济启动时，该地可以比其他地方占有先机，而最后地方政府官员在政治上取得的"进步"，就是对这种经济成功的"肯定"[②]，因此中央政府的严格查处反而成了十字路口的"黄灯"，促使土地违法者在"红灯"亮起之前做最后的冲刺。

（六）农民的农地保护博弈策略选择

农民作为集体土地的承包经营者，本应是农地资源保护的主体，但现实中这一主体却表现出缺位现象。其至在现行农村土地制度下，由于农村集体土地的所有权主体"缺位"造成农民对自己承包经营土地产生"所有者幻觉"，使得农民自发对其土地进行非农化，如对自家宅基地进行扩建、私买私卖土地等。地方政府面临发展压力、民生压力、就业压力就要千方百计引进项目，这样就面临一个矛盾：要么项目不落地，要么违法用地。2002 年，数据显示，虽然农村居民个人群体成为最大的土地违法者，占违法主体的 79%，但其违法占有的土地平均面积只有 1.2 亩。根据国土资源部当时的调查报告，提出"两个 90% 以上"概念：第一，在国有土地中，划拨面积占 90% 以上，第二，在有偿用地中，90% 以上由行政定价。据统计，2009 年全国国家和省级重点工程项目违法用地面积 33.04万亩，占全部违法用地面积的 45.05%，占违法占用农地面积的 54.72%。另外，农民的土地违法行为多为实际需要，如农村家庭人口增加需要进行宅基地扩建，而城市的保障性住房，如公租房和廉租房面向人群首先是下岗工人、城市失业居民等，农村居民通常没有保障性住房的申请资格。总之征地过程中，农民与政府之间的博弈也构成"零和博弈"，由于农民群体的弱势地位，地方政府追求利益最大化会选择寻租行为。

综合以上博弈分析不难发现：以行政计划为主的农地资源保护制度，

---

① 曲福田、谭荣：《中国农地非农化的可持续治理》，科学出版社 2010 年版，第 271—286页。

② 李相范：《土地违法行为的经济学分析》，博士学位论文，吉林大学，2010 年，第 119 页。

由于各方利益主体相互掣肘，农地保护工作政策难以落实，农地保护绩效水平低下。其中一个重要原因是地方政府的博弈行为选择，农地非农化模式一直是政府主导。这种征地制度使得政府和市场角色定位混淆、错位，不利于城市化健康发展和农地资源保护。具体表现为：一是城镇化过程从态势上看更多的是"土地的城镇化"，即把土地拿走而把人（农民）留下；二是由于土地出让金在地方财政收入中占有相当份额，地方政府的农地非农化驱动力巨大、农地保护动力不足。此外，理论上讲农民是农地保护的直接受益者，但根据上述分析论证，实际上这一主体也未能有效提高行政计划制度下的农地保护效率。现阶段人地维系程度较高，很大比例的农民难以脱离农地，对农地的依赖程度很高。根据相关调查发现，只有14.58%的农民认为现在即使离开承包地生活水平也不会降低，10.17%的农民表示如果能够维持当前收入水平，则愿意放弃承包的农地，而高达63.73%的农户反映即使将来其收入主要来自非农产业并且这些收入足以养活家人也不愿放弃承包地。① 但农民在与地方政府博弈过程中无论是信息掌握程度，还是地位都处于绝对劣势，更不必说农地产权的模糊性无法提供有效的法律支持。因此，行政计划手段的农地保护制度下，本来应该是最主要的农地保护执行主体而且又是直接利益相关主体的农民，实际上处于缺位状态，这种情况下的农地保护效率很难提高。

第二节　我国不同市场化程度下农地资源保护绩效实证分析

我国各地区市场化程度不同和我国不同发展阶段的市场机制发育完善程度不同，其农地资源保护效益也会有所不同。本书采用因子分析方法，对不同市场化程度和市场机制下的农地资源保护绩效或效率进行实证研究分析。

一　不同市场化程度地区的农地资源保护绩效分析

（一）指标体系的构建

1. 现有农地保护绩效评价指标体系及评价

目前国内对农地保护绩效的评价，多以对耕地保护绩效的评价为例。

---

① 钱忠好：《中国农村土地制度变迁和创新研究》，社会科学文献出版社 2006 年版，第 133—152 页。

在耕地保护绩效评价的指标体系研究方面，有许多学者进行了探索，具有代表性的有：

曲福田、谭荣（2010）[1] 认为，农地资源的保护其实是土地资源在农业部门和非农业部门配置的效率问题，通过 CD 生产函数建立一个土地非农化边际收益和边际成本模型，将土地非农化的数量细分为代价性损失、过度性损失Ⅰ和过度性损失Ⅱ，计算土地非农化是否是有效率的。选择第一产业产值、其他产业产值、从业人员、农用地面积、建设用地面积、实际耕地被建设用地占用数量等指标，采用全国 30 个省（自治区、直辖市）1989—2003 年共 15 年的面板数据对模型进行估计，计算得到各个地区农地非农化的代价性损失、过度性损失Ⅰ和过度性损失Ⅱ，进而判断土地非农化在各个地区的效率，是否存在不合理的非农化，损害了农地资源的保护。

吴泽斌、刘卫东（2009）等[2]在研究我国耕地保护绩效时，认为耕地保护的绩效不仅包括耕地保护数量绩效和质量绩效，而且包括耕地保护的行为绩效，行为是达到绩效结果的条件之一；解释了耕地保护的 PSR 概念，并基于 PSR 模型建立耕地保护绩效评价指标体系（见表 5 - 4）；根据耕地保护中的压力—状态—响应系统的协调性，评价耕地保护绩效。

表 5 - 4　　　　PSR 框架下耕地保护绩效评价指标体系及其权重

评价对象	评价因子	具体指标	权重
压力	建设用地	建设用地年均增长率	0.05
	违法侵占耕地行为	土地违法中破坏耕地总案件数	0.05
	外部成本	单位城区面积第二、第三产业产值与单位耕地种植业产值的比值变化率	0.05
状态	耕地规模的控制	耕地总面积增减变化率	0.15
		基本农田保护增减变化率	0.15
		耕地占补平衡完成率	0.15
	耕地质量的稳定	旱涝保收面积变化率	0.05
	粮食安全的保障	人均粮食平均占有量 248.56 千克的均值	0.1

---

① 曲福田、谭荣：《中国土地非农化的可持续治理》，科学出版社 2010 年版，第 61—65 页。

② 吴泽斌、刘卫东、罗文斌等：《我国耕地保护的绩效评价及其省际差异分析》，《自然资源学报》2009 年第 10 期。

续表

评价对象	评价因子	具体指标	权重
状态	耕地保护行为的成本控制	行政经费收入总额变化率	0.05
		土地开发整理复垦投资总额与新增开发整理复垦土地总面积的比值	0.05
响应	耕地集约利用水平	单位耕地产值增长率	0.05
	耕地保护的守法性	破坏耕地案件结案总数	0.05
	耕地保护的公平性	支农财政投入增长率	0.05

申俊鹏和秦明周（2008）用耕地动态平衡指数、耕地产出效益系数、耕地消耗回报系数、耕地污染替代系数和耕地利用集约化系数等一系列评价指标，定量分析了1999—2005年河南省耕地总量动态平衡状况和耕地利用效益。[1]

文森在（2008）基于区域粮食安全分析耕地数量安全时，采用区域城镇化水平、区域粮食自给率、区域总人口、区域人均粮食消费量、粮作比、区域粮食作物平均单产、复种指数七个指标，构建了耕地安全评价模型，并以重庆市为例进行耕地安全评价，指出需要加强耕地资源保护力度。[2]

曲福田、谭荣进行研究时在指标的选择中更注重非农化的损失，也就是农地资源被占用程度。吴泽斌、刘卫东对于耕地保护的绩效研究，发展了耕地保护的概念，将耕地保护行为绩效引入耕地保护绩效评价，其指标选择比较全面，包括各类耕地保护相关指标，但是模型中包含主观权重值，在评价时候存在一定的主观因素，而且忽略了农地资源保护的生态效益和社会效益方面的功能。

2. 农地保护绩效评价指标体系构建

在构建农地保护绩效评价指标体系时，首先充分考虑农地资源在提供食物、保障就业、保护生态等各种功能，将农地资源保护效益分为经济效益、生态效益和社会效益三个方面。

---

① 申俊鹏、秦明周：《基于总量动态平衡的河南省耕地保护制度运行绩效分析》，《安徽农业科学》2008年第11期。

② 文森：《重庆市耕地资源安全与预警研究》，博士学位论文，西南大学，2008年，第60—63页。

农地资源为人类生存和发展提供必需的食物及其他生产资料，这是农地资源最重要的一项功能，我们选择谷物单位面积产量作为考察农地提供食物的能力，选择农林牧渔业从业人员人均产值来考察农地资源在经济产出方面的能力。

农地资源的生态效益体现为净化空气、调节气候、涵养水源、防止水土流失、保护生物物种多样性等生态功能，采用森林覆盖率反映农地资源的生态效益。选取水库总容量作为考察生态和农地质量的指标。选取水土流失治理面积作为考察农地保护生态效益指标。

选择农村居民家庭人均纯收入体现一方面的保护效率。采用农村居民家庭人均医疗保健支出和文娱支出反映农地资源保护的社会效益。

选择城镇化率和城市人口密度两个指标，来体现地区城市建设状况对农地资源保护的影响。

农林水务财政支出，能够反映政府对农地资源保护的投入，体现了政府对农地资源的重视程度。

基于上述认识，构建出农地资源保护绩效评价指标体系，如表5-5所示。

表5-5 农地资源保护绩效评价指标体系

评价目标	评价效益	具体指标
农地保护绩效水平	经济效益	农村居民家庭人均纯收入、谷物单位面积产量、农林牧渔业从业人员人均产值
	生态效益	水土流失治理面积、水库总库容量、森林覆盖率
	社会效益	农村居民家庭人均文娱支出、农村居民家庭人均医疗保健支出、城镇化率、城市人口密度、农林水务财政支出

（二）不同市场化程度省份农地资源保护效率的因子分析

1. 样本数据选择

为了横向比较不同市场化程度省份农地资源保护效率，我们将某一年的全国各个省份作为样本。从《中国统计年鉴》（2013）中选择2012年全国各省上述指标作为样本数据，由于考虑北京、天津、上海等直辖市在农地保护目标上与其他省份还有较大差别，同时，3个直辖市的农地相关数据在统计年鉴上收录不完整，为了保证分析结果的有效性和准确性，因此将这3个样本除去（港澳台和青海省等地由于统计数据不完全故并未采用），得到27个省份样本数据。

2. 因子分析

首先对选取的样本数据进行 KMO 和 Bartlett 球形度检验，检验结果如表5-6所示。

表5-6　　　　　　　　　　　KMO 和 Bartlett 的检验

取样足够度的 Kaiser - Meyer - Olkin 度量		0.714
Bartlett 的球形度检验	近似卡方	152.651
	df	55
	Sig.	0.000

所有变量的简单相关系数的平方和与这些变量之间的偏相关系数的平方和之差（KMO）达到0.714，而巴特莱特统计值的显著性概率 Sig. 为0.000显然小于 $\partial = 1\%$，因此适合做因子分析。将统计年鉴中相关数据进行因子分析，得到各个因子特征根、方差、累积贡献率如表5-7所示。

表5-7　　　　　　　　　　　解释的总方差

成分	提取平方和载入			旋转平方和载入		
	合计	方差的%	累积%	合计	方差的%	累积%
1	4.651	42.279	42.279	4.480	40.726	40.726
2	1.695	15.405	57.684	1.646	14.966	55.692
3	1.239	11.262	68.946	1.263	11.478	67.171
4	1.031	9.371	78.317	1.226	11.147	78.317

样本的公因子抽取数量是由公因子对样本原始变量方差贡献决定的，也就是说，方差贡献越大，公因子的权重也越高。通过表5-7可以看出排列在前4位的公因子特征根均大于1，累计贡献率已经达到

78.317%，因此选择抽取4个公因子就已经可以解释整个样本特征，用标准化（无量纲化）处理后的样本数据进行因子分析，得出公因子载荷矩阵如表5-8所示。

表5-8   旋转后的因子载荷矩阵

	成分			
	1	2	3	4
农村居民家庭人均纯收入（元）	0.882	-0.235	0.137	0.146
谷物单位面积产量（公斤/公顷）	0.643	-0.417	0.355	-0.049
农林牧渔业从业人员人均产值（万元）	0.864	-0.104	-0.134	0.107
水土流失治理面积（千公顷）	0.023	0.820	-0.003	-0.184
水库总库容量（亿立方米）	0.158	-0.064	0.897	0.211
森林覆盖率（%）	0.168	-0.004	0.141	0.925
农村居民家庭人均文娱支出（元）	0.910	0.050	-0.016	-0.105
农村居民家庭人均医疗保健支出（元）	0.821	0.283	0.140	-0.163
城镇化率（%）	0.872	-0.003	-0.034	0.218
城市人口密度（人/平方公里）	-0.232	0.691	-0.009	0.262
农林水务财政支出（亿元）	0.416	0.413	0.505	-0.321

由表5-8可看出，第一公因子是经济及社会发展因子，包含农村居民家庭人均纯收入、谷物单位面积产量、农林牧渔业从业人员人均产值、农村居民家庭人均医疗保健支出、农村居民家庭人均文娱支出、城镇化率等指标，这一因子反映了地区农地经济效益和社会发展效益。第二公因子是农地质量和城市发展，包含了水土流失治理面积和城市人口密度两个指标，这一因子反映地区政府对农地质量保护的投入和城市发展。第三公因子是政府支持因子包括水库总库容量和农林水务财政支出两个指标，这一因子反映了政府对农地资源保护和农林水务建设方面的支持。第四公因子是生态效益因子，包含森林覆盖率这一指标，体现了农地资源保护的生态效益。计算27个省市自治区的因子综合得分，结果如表5-9和图5-3所示：

表 5 - 9　　　　　　　　　27 个省市自治区因子综合得分

排名	省份	因子 1 得分	因子 2 得分	因子 3 得分	因子 4 得分	综合得分
1	浙 江	2.02939	- 0.67904	0.20102	1.03854	1.102832
2	江 苏	2.35567	- 0.32257	- 0.15671	- 1.8058	0.883357
3	黑龙江	0.90858	1.21027	- 0.5378	0.82185	0.741899
4	辽 宁	1.21493	- 0.18221	- 0.05916	0.10112	0.602685
5	吉 林	1.10462	- 0.38833	0.26274	0.08448	0.550745
6	广 东	0.52347	- 0.24712	0.78715	1.13943	0.502532
7	陕 西	- 0.14736	2.54021	- 1.1137	0.61425	0.332981
8	湖 北	- 0.13734	- 0.37856	3.10084	0.00732	0.311754
9	福 建	0.61309	- 0.89226	- 0.93922	1.90913	0.282383
10	内蒙古	0.64811	0.95233	- 0.6255	- 1.15485	0.262964
11	江 西	- 0.38012	0.63218	0.36931	1.63517	0.209997
12	山 东	0.70233	- 0.1478	0.6152	- 1.64188	0.193457
13	湖 南	- 0.20152	- 0.25082	1.15699	0.47321	0.084201
14	四 川	- 0.2639	0.81677	0.78425	- 0.57934	0.051331
15	河 南	- 0.48318	0.78016	1.27157	- 0.42233	0.024077
16	河 北	0.04532	0.39936	- 0.34181	- 0.69891	- 0.04969
17	云 南	- 1.05598	1.26803	0.08605	0.57514	- 0.21234
18	安 徽	- 0.33741	- 0.44239	0.46	- 0.49358	- 0.26283
19	重 庆	- 0.02777	- 0.87835	- 0.77225	0.10931	- 0.27991
20	山 西	- 0.35439	0.5786	- 1.18136	- 0.69014	- 0.34509
21	广 西	- 0.85884	- 0.76879	0.7162	0.76597	- 0.37953
22	海 南	- 0.35868	- 1.19763	- 1.62822	1.65919	- 0.41786
23	新 疆	- 0.31336	- 0.47668	- 0.46035	- 0.8552	- 0.44323
24	甘 肃	- 1.18262	1.41179	- 0.77358	- 0.75822	- 0.5665
25	贵 州	- 1.59885	0.12443	0.64674	0.15557	- 0.69072
26	宁 夏	- 0.36918	- 1.31606	- 1.3039	- 1.04968	- 0.78397
27	西 藏	- 2.075	- 2.14552	- 0.56451	- 0.93975	- 1.70551

3. Pearson 相关性分析

为了进一步证实农地保护效率与市场化水平的关系，我们设计一种方法，第一步：根据上述指标体系计算出各省、市、自治区的农地保护效率

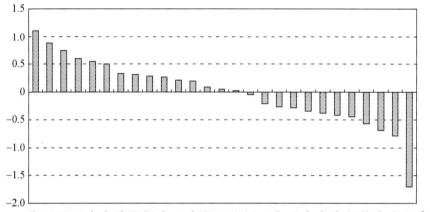

图 5 - 3 27 个省市自治区农地资源保护因子综合得分排名

综合得分, 用上述农地资源保护因子综合得分来表示; 第二步, 通过计算该综合得分与各地区市场化水平的相关性来考察市场化对于农地保护的重要影响。为了衡量各省市农地保护综合效率水平与市场化程度的关系, 拟对两组数据的相关性进行检验。对于各省市的市场化程度衡量, 这里采用樊纲教授对我国各省市市场化指数测算的方法。樊纲等 (2010) 对我国各地市场化指数测算[①]从以下几个方面展开: 一是政府与市场关系, 二是非国有经济的发展, 三是产品市场的发育程度, 四是要素市场的发育程度, 五是市场中介组织发育和法律制度环境。这套指标由 25 个基础指标构成, 涵盖范围较广, 计算方法主要是主成分分析法和因子分析, 这与本书主要采用的方法一致, 体系上也相似。且这种市场化指标体系目前为大多数学者所认可, 因此采用这套指数是科学合理的。将以上因子分析综合得分作为 27 个样本省份的农地资源保护效率指数, 结合市场化程度指数, 得到表 5 - 10。

通过对各地区农地保护综合效率指标以及市场化指数采用 Pearson 相关性分析法, 得出结果如表 5 - 11 所示。

---

① 樊纲、王小鲁、朱恒鹏:《中国市场化指数》, 经济科学出版社 2010 年版, 第 259 页。

表 5-10　　　　　　各省市自治区农地资源保护效率和市场化指数

省份	农地资源保护效率	市场化指数	省份	农地资源保护效率	市场化指数	省份	农地资源保护效率	市场化指数
浙　江	1.102832	11.8	内蒙古	0.262964	6.27	重　庆	-0.27991	8.14
江　苏	0.883357	11.54	江　西	0.209997	7.65	山　西	-0.34509	6.11
黑龙江	0.741899	6.11	山　东	0.193457	8.93	广　西	-0.37953	6.17
辽　宁	0.602685	8.76	湖　南	0.084201	7.39	海　南	-0.41786	6.4
吉　林	0.550745	7.09	四　川	0.051331	7.56	新　疆	-0.44323	5.12
广　东	0.502532	10.42	河　南	0.024077	8.04	甘　肃	-0.5665	4.98
陕　西	0.332981	5.65	河　北	-0.04969	7.27	贵　州	-0.69072	5.56
湖　北	0.311754	7.65	云　南	-0.21234	6.06	宁　夏	-0.78397	5.94
福　建	0.282383	9.02	安　徽	-0.26283	7.88	西　藏	-1.70551	0.38

表 5-11　　　　　　　　　Pearson 相关性检验结果

		农地资源保护效率	市场化指数
农地资源保护效率	Pearson 相关性	1	0.809 **
	显著性（双侧）		0.000
	样本数	27	27
市场化指数	Pearson 相关性	0.809 **	1
	显著性（双侧）	0.000	
	样本数	27	27

根据 Pearson 相关性分析原理，绝对值越大，则相关性越强，当相关系数越接近于 1 或 -1，相关度最强，相关系数越接近于 0，相关度最弱。按照以下取值范围判断变量的相关强度：当相关系数为 0.8—1.0 属极强相关，0.6—0.8 属强相关，0.4—0.6 属中等程度相关，0.2—0.4 属弱相关，0—0.2 属极弱相关或无相关。从表 5-11 可以看出，Pearson 相关性系数约为 0.809，属于极强相关，说明农地资源保护效率与市场化程度存在极强的正相关关系，即市场化程度越高的地区，农地资源保护效率也越高。

4. 截面数据实证分析结论

在相同时期内，农地资源保护效率与市场化程度存在极强正的相关关系。不同市场化程度的省份在农地资源保护方面的效率不同：市场化程度高的省份，农地资源保护效率高；而市场化程度低的省份，农地资源保护效率较低。这从一个侧面说明较为健全的市场机制，更有利于农地资源保护。

二　不同市场机制发育程度时期我国农地资源保护绩效分析

（一）指标体系的构建

根据时间序列数据特点和样本数据的可获得性，我们对于前文同一时期不同市场化程度地区的农地资源保护绩效分析的指标体系做出了一些调整：选择第一产业总产值指数（1978 年为 100）、农村居民家庭人均纯收入指数（1978 年为 100）、人均粮食产量与夏粮单位面积产量来反映农地的经济生产能力。依然采用水土流失治理面积、水库容量、森林面积、森林覆盖率反映农地资源保护的生态效益。选择农村居民家庭人均文教、娱乐用品及服务消费支出增长率、农村居民家庭人均医疗保健消费支出增长率反映农地资源保护带来的社会效益。用农业支出占财政支出比重反映政府对于农地资源保护的作为。而城市人口密度、城市建设用地面积、城镇化率都是城市发展建设方面同农地资源相关的指标，其中城市建设用地面积、城镇化率对农地资源保护是逆向指标，在因子分析过程中分别采用去倒数和取负数的方式将其正向化。由此建立我国不同市场机制发育程度时期农地资源保护绩效分析指标体系，见表 5 - 12。

表 5 - 12　不同市场机制发育程度时期我国农地资源保护绩效分析指标体系

评价目标	评价层次	具体指标
农地保护绩效水平	经济效益	第一产业总产值指数（1978 = 100）、农村居民家庭人均纯收入指数（1978 = 100）、人均粮食产量（千克）、夏粮单位面积产量（公斤/公顷）
	生态效益	水土流失治理面积（千公顷）、水库容量（亿立方米）、森林面积（万公顷）、森林覆盖率（%）
	社会效益	农村居民家庭人均文教、娱乐用品及服务消费支出增长率（%）、农村居民家庭人均医疗保健消费支出增长率（%）、农业支出占财政支出比重（%）、城市人口密度（人/平方公里）、城市建设用地面积（平方公里）、城镇化率

（二）不同市场机制发育程度时期我国农地资源保护绩效的因子分析

本节选取1992—2012年我国农地资源保护绩效作为研究样本，从《中国统计年鉴》（2013）中选取或者整理得到相应年份样本的时间序列数据。首先对选取的样本数据进行KMO和Bartlett的球形度检验，检验结果如表5-13所示。

表5-13　　　　　　　时间序列数据的KMO和Bartlett的检验

取样足够度的 Kaiser - Meyer - Olkin 度量		0.710
Bartlett 的球形度检验	近似卡方	574.940
	df	91
	Sig.	0.000

所有变量的简单相关系数的平方和与这些变量之间的偏相关系数的平方和之差（KMO）达到0.710，巴特莱特统计值的显著性概率Sig.为0.000，小于$\partial = 1\%$，因此适合做因子分析。对选取的样本数据进行因子分析，得到各个因子特征根、方差、累计贡献率，如表5-14所示。

表5-14　　　　　　　各个因子特征根、方差、累积贡献率

成分	提取平方和载入			旋转平方和载入		
	合计	方差的百分比	累计百分比	合计	方差的百分比	累计百分比
1	9.818	70.130	70.130	9.681	69.152	69.152
2	1.911	13.652	83.782	2.012	14.371	83.523
3	1.393	9.949	93.731	1.429	10.208	93.731

从表5-14可以看出，由样本数据得来的前三个公因子的特征根都大于1，而且贡献率达到90%以上，说明仅用这三个公因子就能很好解释整个样本特征。将样本数据进行标准化处理，用处理后的标准化样本数据进行因子分析，得到旋转后的因子载荷矩阵，如表5-15所示。

根据以上旋转后的因子载荷矩阵，第一公因子是经济效益及生态效益因子，包含第一产业总产值指数、农村居民家庭人均纯收入指数、夏粮单位面积产量、水土流失治理面积、水库容量、森林面积、森林覆盖率、城市人口密度等指标，反映了农地资源保护的经济和生态效益。第二公因子

表 5 – 15   旋转后的因子载荷矩阵

	成分		
	1	2	3
第一产业总产值指数（1978 = 100）	0.976	0.186	0.084
农村居民家庭人均纯收入指数（1978 = 100）	0.926	0.307	0.109
人均粮食产量（千克）	0.208	0.893	0.270
夏粮单位面积产量（公斤/公顷）	0.932	0.246	0.043
水土流失治理面积（千公顷）	0.993	0.019	0.066
水库容量（亿立方米）	0.950	0.212	− 0.015
森林面积（万公顷）	0.970	− 0.103	0.004
森林覆盖率	0.963	− 0.104	− 0.017
农村居民家庭人均文教、娱乐用品及服务消费支出增长率(%)	− 0.627	0.085	0.669
农村居民家庭人均医疗保健消费支出增长率（%）	0.267	− 0.008	0.912
农业支出占财政支出比重（%）	− 0.019	0.936	− 0.187
城市人口密度（人/平方公里）	0.924	0.253	− 0.089
城市建设用地面积（平方公里）	− 0.948	0.096	− 0.072
城镇化率	− 0.993	− 0.048	− 0.037

是粮食安全及政府投入因子，反映了农地资源保护有利于国家粮食安全，以及政府在农地资源保护中的重要性。第三因子是社会效益因子，包含农村居民家庭人均文教、娱乐用品及服务消费支出增长率和农村居民家庭人均医疗保健消费支出增长率两个指标，反映了农地资源保护对于农村居民的社会保障作用。城市建设用地面积和城镇化率两个指标在第一因子中有较高的负的载荷，说明这两个指标当前在某种程度上对农地资源的保护有着反向的作用，故当两个指标过高不利于农地资源保护。接下来计算因子得分，结果如表 5 – 16 和图 5 – 4 所示。

表 5 – 16　不同市场机制发育程度时期我国农地资源保护因子分析得分

年份	因子 1 得分	因子 2 得分	因子 3 得分	综合得分
1992	− 1.51732	0.8313	− 0.98246	− 1.09898
1993	− 1.42435	0.71893	− 0.70144	− 1.01701
1994	− 1.13095	0.13207	− 1.20995	− 0.94591

续表

年份	因子1得分	因子2得分	因子3得分	综合得分
1995	-1.10551	-0.05813	1.19504	-0.69438
1996	-1.12273	0.62732	2.28667	-0.4831
1997	-0.84315	0.25596	-0.05568	-0.58887
1998	-0.92211	1.51563	-0.19165	-0.4688
1999	-0.47783	0.05523	-0.31009	-0.37783
2000	-0.22901	-1.13897	0.98609	-0.23619
2001	-0.16921	-1.18782	-0.56079	-0.36803
2002	-0.08743	-1.38588	-0.06865	-0.28447
2003	0.19324	-1.92621	-0.01003	-0.15386
2004	0.33654	-0.87212	-0.91658	0.014752
2005	0.40626	-1.30446	1.69132	0.283922
2006	0.72117	-0.55164	-0.43496	0.400109
2007	1.03576	-0.25481	-1.49373	0.562407
2008	1.12655	0.51252	-0.88594	0.813231
2009	1.11328	0.56959	0.6244	0.976678
2010	1.2579	0.83826	-0.59731	0.991514
2011	1.42044	1.07591	0.77497	1.29732
2012	1.41846	1.54729	0.86076	1.377475

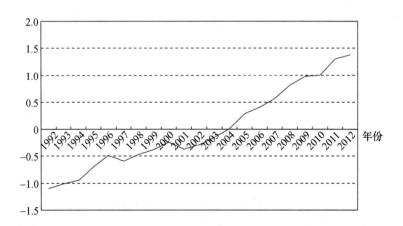

图5-4　1992—2012年我国农地资源保护因子综合得分

（三）不同市场机制发育程度时期我国农地资源保护实证研究结论

根据表 5 - 16 和图 5 - 4，1992—2012 年，我国耕地资源保护效率整体处于上升的趋势，1997—2002 年期间有所波动。1992 年，党的十四大正式把建立社会主义市场经济体制作为我国经济体制改革的目标确定下来，此后我国社会主义市场经济处于不断发展完善当中，随着市场经济体制的不断完善和市场机制作用的逐步发挥，农地资源保护效率也在不断提高。

三　实证研究结论

通过对我国同一时期不同市场化程度地区和我国不同市场机制发育或完善程度时期两个方面，分别选取截面数据和时间序列数据，分析了我国不同市场化程度下农地资源保护绩效。实证研究说明，无论是同一时期不同地区，或者同一地区不同时期，农地资源保护效率都同市场化程度呈高度正相关性；随着市场化程度以及市场机制的不断完善，农地资源保护效率也在提高，从而综合证明了市场机制有利于保护农地资源。

第三节　我国农地资源保护的实地调查分析

为了掌握农地资源保护的第一手资料，更加深入地研究分析我国的农地资源保护问题，项目课题组深入河南农村进行了农地资源保护的实地问卷调查和访谈。

一　调查总体设计

（一）调查区域的选择及概况

本研究选择河南省郑州市的卫星城市荥阳市、农业大市南阳市近郊以及郑州高新技术产业开发区的农村作为实地调查对象，它们具有典型和较广泛的代表性。其基本概况如下：

1. 荥阳市王村镇 X 村的基本情况

荥阳市王村镇 X 村位于荥阳市的西北部，距离荥阳市 35 公里，距县城 12 公里。从对该村的调查可以看出，X 村的土地总面积为 2930 亩，其中耕地面积为 2700 亩，占土地总面积的 92.2%，该村的大部分土地都用于耕种；农业劳动力人口为 1500 人，占村总人口的 52.3%；近三年（指 2011 年、2012 年、2013 年，下同）被征收的耕地面积为 240 亩；该村的年农业总产值为 840 万元，年种植业总产值为 540 万元，年畜牧业总产值为 300 万元；该村平均每亩耕地种植业的总收入为 2000 元，村集体年经济总收入为 16 万元。具体情况如表 5 - 17 所示。

表 5 - 17 　　　　　　　　荥阳市王村镇 X 村的基本情况

指标	基本情况
村共有人口	2870 人
农业劳动力及占村总人口的比例	1500 人，52.3%
村土地总面积	2930 亩
耕地面积及占村土地总面积的比重	2700 亩，92.2%
村近三年被征收的耕地面积	240 亩
村年农业总产值	840 万元
村年种植业总产值	540 万元
村年畜牧养殖业总产值	300 万元
村平均每亩耕地种植业总收入、成本、净收益	2000 元、1200 元、800 元
村集体年经济总收入	16 万元

2. 南阳市卧龙区 Y 村基本情况

Y 村位于河南省南阳市卧龙区最北端龙兴乡，北与南召县相邻，属于典型的山区乡村，距离城区 35 公里。该村辖区面积较大，山清水秀，全村森林覆盖率达到 70% 以上。全村土地面积为 18000 亩，共有 432 户 1800 人，耕地面积为 1850 亩，荒山荒坡面积达 2 万余亩。该村农业劳动力人口 750 人，占村总人口的 41.7%，耕地面积占村土地总面积的 10.3%。近三年来被征收的土地面积为 200 亩。该村年农业总产值为 860 万元，年种植业总产值为 430 万元，年畜牧养殖业总产值为 150 万元。村平均每亩耕地种植业的总收入为 3200 元，村集体年经济总收入为 378 万元。具体情况如表 5 - 18 所示。

表 5 - 18 　　　　　　　河南省南阳市卧龙区 Y 村的基本情况

指标	基本情况
村共有人口	1800 人
农业劳动力及占村总人口比例	750 人，41.7%

续表

指标	基本情况
村土地总面积	18000 亩
耕地面积及占村土地总面积的比重	1850 亩，10.3%
村近三年被征收的耕地面积	200 亩
村年农业总产值	860 万元
村年种植业总产值	430 万元
村年畜牧养殖业总产值	150 万元
村平均每亩耕地种植业总收入、成本、净收益	3200 元、1700 元、1500 元
村集体年经济总收入	378 万元

3. 郑州市高新技术产业开发区 S 村基本情况

S 位于郑州市高新技术产业开发区西北约 15 公里处，该村共拥有土地面积为 5500 亩，有 1500 户 6000 人，耕地面积 3500 亩，占村土地总面积的 63.6%，农业劳动力 3900 人，占村总人口的 65%。近三年来，S 村被征收的土地面积为 1500 亩。此外，该村年农业总产值 760 万元，年种植业总产值 380 万元，年畜牧养殖业总产值 94 万元。村平均每亩耕地种植业的总收入为 1700 元，村集体年经济总收入为 210 万元。具体情况如表 5 - 19 所示：

表 5 - 19　　　河南省郑州市高新技术产业开发区 S 村的基本情况

村共有人口	6000 人
农业劳动力及占村总人口的比例	3900 人，65%
村土地总面积	5500 亩
耕地面积及占村土地总面积的比重	3500 亩，63.6%
村近三年被征收的耕地面积	1500 亩
村年农业总产值	760 万元
村年种植业总产值	380 万元
村年畜牧养殖业总产值	94 万元
村平均每亩耕地种植业总收入、成本、净收益	1700 元、1100 元、600 元
村集体年经济总收入	210 万元

（二）调查目的与方法

本次调查是为了了解农村农地资源保护有关情况，调查农民、村干部和有关管理人员对我国农地保护的认知程度、意愿和意见等，并据此进行科学的研究分析，为政府制定合理的农地资源保护政策和科学决策提供依据和建议，为解决农民的实际困难提供帮助。

调查方法是先选择行政村，然后在村里随机选择农户（指农民和村干部，下同）进行调查，调查采取不记名的问卷填写方式。为了保证调查的有效性及问卷的回收率，在具体操作时采用由调查人直接询问被调查对象的一对一面谈的形式，且被调查人自行填写调查表。调查人员是本项目课题组成员及其研究农地保护方向的在校研究生，分三组分别对三个不同农村地区的农民及村干部进行调查，每位的面谈时间不少于15分钟。问卷填写过程中，调查人员对被调查农户不做引导，只负责对相关问题进行解释。整个实地问卷调查和访谈历时半年完成。

（三）调查问卷内容设计

调查问卷设计内容分为六大部分，共涉及70多个问题：

第一部分为被调查者目前个人及家庭基本情况。共同性问题包括性别、年龄、受教育程度、身份及家庭人口。差异性问题包括被调查者自家的农地面积及人均农地面积；了解其家庭年总收入以及农业收入在家庭总收入中的比重。

第二部分为被调查村目前的基本情况。此部分内容为村干部填写。包括该村地理位置、共有人口数量及劳动力人口所占比重、村土地总面积及耕地面积所占比重，了解被调查村近三年耕地平均被征用数量及每亩的补偿标准，村集体年经济总收入、农业总产值、种植业产值、畜牧养殖业产值等。

第三部分为被调查人对农地保护的认知程度问题。了解被调查人对耕地不同功能作用的重要程度评价以及农民长期承包经营的耕地归谁所有的认知；对基本农田的认识及听过哪些我国农地保护的政策和措施；对农地保护目的和责任人的认识。

第四部分为被调查者参加农地保护的意愿与行为。了解农户对耕地保护重要性的评价及对农地保护是否愿意花费投入，投入的方式。对于不愿意参加农地保护的，了解其原因。此外，了解参加农地保护会给农户及其家庭和社会带来哪些有益影响。给出不同的价格区间，了解农民认为的每年每亩应得国家补贴的数额，以及农民是否愿意自己的土地被征用和今后对承包土地经营的打算等。

第五部分为农地保护中的政府行为。对于所在地政府开展和落实的农地保护工作，所在地农民了解和听说过的有哪些，以及政府农地保护工作中存在的问题和面临的挑战。为了更有效保护农地耕地，农民希望政府进一步做好哪些工作。

最后一部分是有效性检验。了解被调查人对本次调查的意义、理解情况及回答是否受别人影响。

以上具体涉及内容，详见附件：《农地资源保护调查问卷》。

二　调查结果分析

调查中共发放 300 份问卷，收回有效问卷 286 份，有效率 95.3%，其中村干部 42 份。所有被调查者及其家庭基本情况见表 5-20。如表 5-20 所示，在所有接受调查的农户中，年龄在 40—49 岁的为 109 人，占调查总人数的 38%；受教育程度为初中水平的有 166 人，占 58%。2011—2013 年三年平均家庭总收入为 10000—30000 元的家庭占 38%，而农业收入在家庭总收入中所占比重超过 50% 以上的家庭仅有 23 户，占 8%。从调查的年龄段人群多集中在 40—49 岁可以推测出，20—39 岁年龄段的人群，除了正处于接受教育的人之外，更多的可能离开土地外出打工，与以前相比，并不把自己的全部收入依赖农地耕作。加之受限于地区的经济发展状况及相关教育资源及条件，接受高等教育的人群较少，导致农民普遍受教育程度较低。

表 5-20　　　　　　　　**被调查者及其家庭基本情况**

年龄 （岁）	比例 （%）	受教育 程度	比例 （%）	近三年年均家 庭总收入（元）	比例 （%）	农业收入占 总收入比重	比例 （%）
20—29	18	小学	16	5000 以下	0	10%—20%	30
30—39	26	初中	58	5000—10000	26	20%—30%	34
40—49	38	高中	18	10000—30000	38	30%—40%	24
50—59	10	大中专	6	30000—50000	30	40%—50%	4
60 以上	8	本科及以上	2	50000 以上	6	50% 以上	8

基于对以上农户的调查，我们得出如下调查结果：

1. 农户对农地功能作用的认知程度

从农户对农地功能作用的认知程度调查中可以看出，他们普遍对农地所具有的养老和保障社会稳定的功能具有较强的认同感，占49%，而对农地提供人类和动物的休闲游憩功能所表现出的重视度较弱，占24%。由此可以看到，相较于农地的生态功能和社会功能来说，农民更关注农地的经济功能。但是并非所有被调查者都忽视农地的生态及社会功能，调查显示，有47%的被调查者同样认为农地所具有的保护自然风景和环境等的社会功能是非常重要的。具体认知程度如表5-21所示。

表5-21　　　　　　　被调查者对农地功能作用的认知程度

功能作用	非常重要（%）	重要（%）	有点重要（%）	不重要（%）
粮食及农副产品生产经济功能	38	40	22	0
养老和保障社会稳定功能	49	42	8	3
提供人类和动物的休闲游憩功能	24	30	22	24
保护自然风景和环境等社会功能	47	24	19	10
减缓土地开发	32	38	18	12

2. 农户对我国农地保护政策的了解程度

我国已出台了许多相关的农地保护政策，但从对农民和村干部调查结果可以看到，农民对国家的农地保护政策只有12人（8%）达到了解的程度，而有54%的农民只是对农地保护政策达到了部分了解的程度，对农地保护政策比较了解的农民为18%，而有20%的农民对农地保护政策根本不了解。就村干部而言，35%的村干部表示了解农地保护政策，54%的表示比较了解，11%的表示部分了解。

在"承包经营的耕地归谁所有"的调查中，38%的农户（农民和村干部）选择归国家所有，50%的农户选择归农户自己所有，选择归乡（镇）政府或农民集体所有的农户均占6%，而对于耕地归省政府或县政府所有的选择为0。

在"是否听说过《基本农田保护条例》"问题调查中，25%的农户选择听说过，75%的农户选择未听说过。

在"什么是'基本农田'"问题调查中，64%农户选择"基本农田"是"依国家土地利用总体规划确定的不得非法转占用的耕地"，22%的农户选择"一般耕地"，14%的农户选择"自家承包地"。

在"您是否听说过我国农地保护的其他政策和措施"问题调查中，30%的农户选择"否"，70%的农户选择"是"。在选择"是"的农户中，又有65.7%的农户选择听说过"对农业经营的补贴政策"，20%选择听说过"土地用途管制制度"，14.3%选择听说过"耕地总量动态平衡制度"。各问题详细情况如表5-22所示。

表5-22 农户对我国农地保护政策的了解程度

对农地保护政策了解程度	了解	比较了解	部分了解	不了解	—	—
农民	8%	18%	54%	20%	—	—
村干部	35%	54%	11%	0%	—	—
承包经营的耕地归谁所有	国家	省政府	县政府	乡（镇）政府	农民集体	农户自己
农户	38%	0%	0%	6%	6%	50%
是否听说过《基本农田保护条例》	是	否	—	—	—	—
农户	25%	75%	—	—	—	—
什么是"基本农田"	自家承包地	一般耕地	依国家土地利用总体规划确定的不得非法转占用的耕地	—	—	—
农户	14%	22%	64%	—	—	—
是否听说过农地保护的其他政策措施	否	耕地总量动态平衡制度	土地用途管制制度	对农业经营的补贴政策	其他	—
农户	30%	14.3%	20%	65.7%	—	—

3. 农户对农地保护目的认识

对农地进行保护除了有保障粮食产量供应等目的外，还存在其他目的。调查问卷中所列举出来的目的中，对保障国家粮食安全和稳定或增加家庭收入的目的，农户都给出了较高的认同，分别占被调查农户人数的44%和30%。而农地保护所达到的防止水土流失和保护土壤以及调节气候和保护生态环境的社会性目的，农户所给出的关注度及认同感则较少，分别占调查总人数的2%和10%。此外，对农地保护起到农民养老保障和保证社会稳定目的的认识，所占的比例为14%。见表5-23。

表5-23   农户对农地保护目的的认识

保障国家粮食安全（%）	稳定或增加家庭收入（%）	农民养老保障和保证社会稳定（%）	防止水土流失和保护土壤（%）	调节气候和保护生态环境（%）
44	30	14	2	10

4. 农户对农地保护责任人的认知

对于谁是农地保护最大责任人的调查的结果可以看出，大多数农户普遍认为中央政府对农地保护承担较大责任，这一部分农户占调查总农户的42%，认为地方政府是农地保护责任人的农户占18%，认为农户自己是农地保护责任人的占32%，而认为农村集体经济组织是农地保护责任人的农户较少，仅为8%，如表5-24所示。

表5-24   农户对农地保护责任人的认知

中央政府（%）	地方政府（%）	农村集体经济组织（%）	农户（%）	其他（%）
42	18	8	32	—

5. 农户对参与农地保护重要性的认知

对农户参与农地保护的重要性认知调查结果显示，58%农户选择"重要"，32%农户选择"非常重要"，10%农户选择"有点重要"，0%农户选择"不重要"。具体见表5-25。

表5-25   农户对参与农地保护的重要性认知

	非常重要（%）	重要（%）	有点重要（%）	不重要（%）
农户	32	58	10	0

6. 农民参与耕地保护意愿形式统计

受访的农民中有121人愿意以出钱方式为自家以外的农地保护尽自己的力量，占受访总人数的42%；另有165人不愿意以出钱方式为农地保护出力，占受访总数的 58%。对于不愿意出钱保护农地的农民来说，他们更多的是愿意以参加一定天数的义务劳动为主来保护农地，对于所意愿付出的劳动天数，以 15 天以上为多，为 41%。在受访农民中，不愿意出钱的农户多半是由于自身经济收入较低，没有能力投入；也有部分农民（85 人，占不愿意出钱农民的 51.5%）担心自己所出的钱可能用不到农地保护。同样地，在愿意以支付现金保护农地的农民中，也存在担心自己出的钱可能用不到农地保护上，这样的农民有 48 人（占愿意出钱农民的 39.7%）。此外，除了支付现金和劳动天数以外，还有 65 人（占全部受访总数的 22.7%）在前两者的基础上，以积极参加有益的农地保护活动和主动增加对自家承包地的投入、积极学习宣传国家农地保护政策、配合和监督农地基层组织落实国家农地保护政策以及主动增加对自家承包地农业和粮食种植的投入等形式参与农地保护。农民愿意投入的金额和天数如表 5 - 26 所示。

表 5 - 26 农民参与耕地保护意愿形式统计

支付现金数额（元/年）	人次	支付劳动天数（天/年）	人次
1—10	8	1	—
11—20	8	2	1
21—50	8	3	6
51—100	51	4	6
101—200	34	5	24
201—300	8	6	4
301—400	—	7	6
401—500	2	8	2
501—600	2	9	39
601—700	—	10	28
701—800	—	10—15	8
800 以上		15 以上	41

7. 参与农地保护对农户及其家庭带来有益影响的统计

在对受访的 286 位农民关于参加农地保护是否会给其及其家庭带来有益影响调查中，有 69 位农民（占 24%）认为参与农地保护不会对其及其家庭带来有益影响。有 217 位农民（占 76%）认为会带来有益影响，其中，认为保护农地会增加农业收入的农民居多，占认为会带来有益影响 217 位农民（下同）的 76.3%；认为保护农地会改善耕地条件和增加耕地质量以及提高农产品产量和质量的农户所占的比例相同，均为 63.2%；认为保护农地会改善生产和生活条件的农民有 131 人占 60.4%；而认为保护农地会保护和改善生态环境的农民则相对较少，占 47.4%（见表 5 - 27）。

表 5 - 27　认为参加农地保护会给农户及其家庭带来有益影响的统计（多选）

改善耕地条件和增加耕地质量（%）	提高农产品产量和质量（%）	增加农业收入（%）	改善生产和生活条件（%）	保护和改善生态环境（%）	其他（%）
63.2	63.2	76.3	60.4	47.4	——

8. 农户对农业补贴金额标准的看法

从农户对农业补贴金额标准看法统计中得出，44% 的农户认为"补贴偏低，应增加补贴"，34% 的农户认为"补贴不足"，12% 的农户认为"补贴过低，应改革和完善补贴机制"，只有 10% 的农户认为"补贴合理"，认为"补贴过高"的农户为 0。总之，关于目前对农业补贴金额的标准，农户普遍认为补贴偏低。如表 5 - 28 所示。

表 5 - 28　　　　　　农户对农业补贴金额标准的看法

补贴过高（%）	补贴合理（%）	补贴不足（%）	补贴偏低，应增加补贴（%）	补贴过低，应改革和完善补贴机制（%）
0	10	34	44	12

9. 履行农地保护职责每年每亩农地应得国家补贴数额的意愿统计

在农地非农化的过程中，我国实行了对农地的补贴政策，但就国家对每亩农田所给予的补贴来看，并没有达到农民期望程度。调查显示，目前国家对每亩农地的补贴数额在 100—150 元，对此，郑州荥阳 X 村、南阳市卧龙区 Y 村及郑州高新技术产业开发区 S 村的农民一致给出的反映是认为该补贴数额过少。

在 X 村农民所期望的对每亩地应得国家补偿数额中，认为补偿数额应在 201—300 元的人数相对较多，为 36%；认为补贴数额应在 301—400 元的位于期望的第二位，为 24%；认为补贴数额应在 501—600 元的人数占 14%，位于第三位。

在 Y 村农民所期望的对每亩地应得国家补偿数额中，与 X 村相同，认为补偿数额应在 201—300 元的人占多数，为 42%；认为补偿数额应在 301—400 元的同样位于期望的第二位，为 27%；但位于第三位的则是补贴数额在 101—200 元，占 16%。

与上述两地区不同，在对 S 村农民期望每亩应得国家补偿数额调查中，认为补偿数额应在 301—400 元的人数最多，占 38%；认为补偿数额应在 201—300 元的位于期望的第二位，占 30%；数额在 101—200 元和 401—500 元的人数相同，都占 12%。具体比例见表 5 – 29。

表 5 – 29　三个不同地区农户认为每年每亩农地应得国家补贴数额的统计

单位：元、%

地区	1—100	101—200	201—300	301—400	401—500	501—600	600 以上
X 村	—	14	36	24	10	14	2
Y 村	—	16	42	27	8	6	1
S 村	—	12	30	38	12	7	1

10. 农户是否愿意自家土地被征收的调查

就目前国家的征地制度农户是否愿意自家的土地被征收，44% 的农户表示"同意，但认为程序需改进，应增加或落实农民的知情权、参与权和相应的决策权"，22% 的农户表示"同意，但应增加对征地的补偿标准"，20% 的农户表示"不同意，希望按照国家城乡统一规划，农民集体进行土地开发（比如流转、出租、出让等）"，仅有 14% 的农户表示"接受"，无人表示"欢迎"。如表 5 – 30 所示。

表 5 – 30　　　　　　农户是否愿意自家土地被征收调查

欢迎	接受	同意，但认为程序需改进，应增加或落实农民的知情权、参与权和相应的决策权	同意，但应增加对征地的补偿标准	不同意，希望按照国家城乡统一规划，农民集体进行土地开发（比如流转、出租、出让等）
0%	14%	44%	22%	20%

此项调查表明：大部分农户（66%）表示同意被征地但要改进征地制度和办法；一部分农户（20%）不同意被征地，同时要求改革现行征地制度。它反映出农户要求对现行征地制度进行改进甚至重大改革的愿意。

11. 农民对承包土地经营所做打算统计

随着农地非农化进程的加快，农地的数量也在逐步减少，而对于现在所持有的日益减少的农地，我们希望了解农户是愿意继续自家经营还是增加农地经营面积和投入，还是愿意将承包地经营权部分或全部转包出去。调查显示：更多农民（46%）选择了不确定，除此之外，24%的农民选择了继续自家经营，18%的农民选择了将承包地经营权部分或全部转包；12%的农民选择增加农地经营面积和投入。随着农地转为建设用地所带来的较高收益以及农地保护的外部性，越来越多的农民希望将农地转包以得到高于自家经营的收入，但又碍于持有农地养老的顾虑，以至于农民在对承包土地经营所做打算上越来越不确定。具体见表5-31：

表5-31　　　　　　　　农民对承包土地经营所做打算的统计

继续自家经营（%）	增加农地经营面积和投入（%）	将承包地经营权部分或全部转包（%）	不确定（%）
24	12	18	46

12. 农民对所在地政府所开展农地保护工作的调查

在荥阳、南阳和郑州城边及农村地区，各地政府都不同程度地开展了农地保护工作。对于所在地政府是否开展过问卷中所列举的农地保护工作的调查统计，有54%的农民选择"及时足额发放国家相关农业补贴"一项，其余的"改善农村基础设施"占28%，"宣传、普及农业科技知识和进行技术培训"占24%，"提供良种、苗木、机械等方面服务和帮助"占22%，"提供相关优惠政策，如小额贷款、农业风险补助等"占18%。由此可见，对于农民来说，实实在在地受到政府提供的低息减息等优惠政策的人并不多，或者受限于具体手续程序上的不了解，使得其没有较广的资金来源。此外，由于宣传工作不到位等原因造成信息的不对称，农民对很多政府已开展的有关工作并不知情。具体如表5-32所示。

表 5 - 32　　农民对所在地政府是否开展过以下工作的调查统计（多选）

改善农村基础设施（%）	及时足额发放国家相关农业补贴（%）	宣传、普及农业科技知识和进行技术培训（%）	提供良种、苗木、机械等方面服务和帮助（%）	提供相关优惠政策，如小额贷款、农业风险补助等（%）	其他
28	54	24	22	18	—

13. 农地保护中存在的问题及面临的挑战

对问卷中所列举的农地保护存在的三个问题，78% 的受访农民认为"农地保护政策的宣传和落实不够、执行不到位"是主要问题；64% 的受访农民认为"农地保护信息缺乏，不知情"居第二位；58% 的受访农民认为"农地保护的政策体系还不健全"位于第三位。对村干部的调查中，与农民不同，80% 村干部认为农地保护存在的主要问题是"农地保护的政策体系还不健全"；72% 的村干部认为"农地保护政策的宣传和落实不够、执行不到位"是第二位的问题；53% 的村干部认为"农地保护信息缺乏，不知情"则是第三位的问题。虽然对受访农民和村干部的调查存在差异，但都可以说明在城市化带来的农地非农化的大背景下，虽然各地区都在强调农地保护，国家也给出政策支持鼓励对农地进行保护，但就其所达到的效果而言，并不是理想结果。农地保护政策体系不健全，宣传和落实不到位等，是农地保护过程中急需解决的问题。

对农地保护所面临的挑战，70% 的受访农民认为，"农业粮食收入低，经营和保护耕地没有积极性"是农地保护面临的最主要挑战；38% 的受访农民选择了"城市粗放蔓延扩张"；28% 的受访农民选择了"国家农地保护政策'棚架'"作为第三位的挑战；24% 的受访农民选择了"开发征收农地"；2% 的受访农民选择了"其他（报酬低、社区化、非法占用等）"。而在受访的村干部中，67% 的村干部选择"农业粮食收入低，经营和保护耕地没有积极性"是农地保护面临的最主要挑战，与农民的认知一致；41% 的村干部选择"城市粗放蔓延扩张"；34% 的村干部选择"国家农地保护政策'棚架'"；30% 的村干部选择"开发征收农地"；3% 的村干部选择"其他（报酬低、社区化、非法占用等）"。综上而言，大多数的受访农民和村干部都认为农地保护所面临的最大挑战是农业粮食收入低，农户缺乏农地保护的积极性。而且，如果国家对每亩农地的补偿达不到农户基本期望，则调动农户进行农地保护的积极性就更加不易。具体统计结果如表 5 - 33 所示。

表 5 - 33　　　　农地保护中存在的问题及面临的挑战统计（多选）

存在的问题	比例（%）		面临挑战	比例（%）	
	农民	村干部		农民	村干部
农地保护信息缺乏，不知情	64	53	城市粗放蔓延扩张	38	41
农地保护政策的宣传和落实不够、执行不到位	78	72	开发征收农地	24	30
农地保护的政策体系还不健全	58	80	农业粮食收入低，经营和保护耕地没有积极性	70	67
—	—	—	国家农地保护政策"棚架"	28	34
—	—	—	其他（报酬低、社区化、非法占用等）	2	3

14. 农民对政府工作寄希望统计

调查中得出，90% 的农民希望政府能够"进一步增强对'三农'的扶持力度，提高农业粮食的比较利益，调动经营和保护耕地的积极性"；60% 的农民希望政府"落实执行好国家现有的农地保护政策"；56% 的农民希望"国家出台更加严格和有效的农地保护政策"；4% 的农民希望"广泛宣传国家的农地保护政策信息，使农村干部和群众明白"。具体情况如表 5 - 34 所示。

表 5 - 34　　　　农民对政府进一步工作寄予希望的统计（多选）

广泛宣传国家的农地保护政策信息，使农村干部和群众明白（%）	落实执行好国家现有的农地保护政策（%）	进一步增强对"三农"的扶持力度，提高农业粮食的比较利益，调动经营和保护耕地的积极性（%）	国家出台更加严格和有效的农地保护政策（%）
4	60	90	56

15. 问卷有效性检验

在接受问卷调查的农户中，大部分农民群众和村干部认为本次调查有意义，并且大部分村干部对问卷内容的理解清楚，对问卷内容理解清楚的村干部人数要多于农民。而对此次问卷回答是否受到别人影响的统计中，仅有 4% 的农民表示受到了别人的一定影响（见表 5 – 35）。

表 5 – 35　　　　　　　　　　问卷有效性的统计

本次调查的意义	比例（%）		问卷内容是否理解清楚	比例（%）		回答是否受到别人影响	比例（%）	
	农民	村干部		农民	村干部		农民	村干部
有意义	64	72	清楚	46	62	有	4	—
有一些意义	30	26	部分清楚	54	38	没有	96	100
没有多大意义	6	2	不清楚	—	—	—	—	—

三　分析总结

调查结果发现，被调查的地区近三年的耕地都有不同程度的减少，从一个侧面反映出城市化和土地征收对耕地流失影响很大。从农地资源及其保护制度和政策方面看，调查地区的农户对农民家庭承包经营的耕地归属认识不清；在农户对农地保护责任人的认知上，大多数农户认为中央政府和农户自己是农地保护的最大责任人；被调查农户普遍认为补贴数额过少，没有达到期望的程度；对于目前国家的征地制度，大部分农户表示同意被征地但要改进征地制度和办法；近半数农户不确定未来如何经营自己承包的土地；调查还反映出农地保护的政策体系不健全，宣传落实不到位等，这是农地保护过程中急需解决的问题和阻碍；农业粮食收入低，经营和保护耕地没有积极性是农地保护面临的最主要挑战；绝大多数农户希望政府能够进一步增强对"三农"的扶持力度，提高农业粮食的比较利益，调动农户经营和保护耕地的积极性。

基于实地调查发现的农地保护工作中存在的各种问题、面临的挑战及其愿望，要求我们必须使市场机制在农地资源保护中发挥决定性作用，明确市场机制下农地资源保护的目标，不仅重视农地资源保护的经济效益，同时应注重其生态效益、社会效益和保护农民的合法权益；按市场经济法则改革征地制度，改变现行主要靠征地实现城市化的模式，实现城市化的集约发展；打破地方政府对"土地财政"的依赖，构建城乡统一土地市场，提高农地资源配置和保护效率；建立现代土地产权制度，明晰土地产权，改革土地征用制度，对征收农地和农地保护给予合理补偿，提高经营农地、农业粮食的比较利益，调动农户经营和保护农地的积极性，逐步建立在国家科学宏观调控下有效保护农地资源的市场机制。

第六章　我国农地资源保护的市场机制构建及发展路径

第一节　我国农地资源保护市场机制构建的理论依据

一　城乡土地使用权权能平等一致性理论

在土地市场上，作为交易客体的是直接附着于土地的各种内涵不同的土地财产权利。在我国土地市场上交易的是土地使用权利。土地使用权利作为交易的客体或对象，在产权性质上应该是平等的①，不应因为其是从不同所有制性质（国家所有或农民集体所有）的土地所有权分离出来而有差别。土地使用权性质平等一致的含义是同等完整的城乡土地使用权权能即独占权、排他的使用权、相应的收益权和流转处置权；一般商品性质平等一致的含义是商品中凝结的无差别的一般社会劳动。因为它们有相同的性质才可以在市场上进行交易。在市场上，对"买"者来说，是为了得到土地的使用权利或商品的使用价值；对"卖"者来说，是为了使土地的财产权在经济上得到实现而获得土地财产权益或获得商品的交换价值。二者的交换基础或原理是一致的，由此决定土地产权市场的自由进出和平等的土地产权交易。如果城乡土地使用权权能不平等一致，它们就无法在土地市场上进行平等的交易，残缺产权的土地使用权益就会因无法进行市场交易流转而受损。在西方市场经济国家比如美国，农地产权是完整的，如果某一地块的农地的某种权能比如开发权受限，即意味着国家购买

---

① 张合林：《城乡统一土地市场制度创新及政策建议》，《中国软科学》2007年第2期。

其发展权并给予对等的市场价格的差价补偿。① 而目前在我国农地的产权权能是不完整的，主要是缺乏农地产权的处置权②③，表现为不拥有农地转非的开发权。农地转非的唯一合法途径是农地征收，它由国家独家行政垄断。由此造成的后果是农民土地财产权益受损，无法合理分享工业化、城市化的成果，而地方政府则由于受征地与出让土地巨大利益空间的驱使，倾向多征地而非保护农地。所以，要完善农地产权，丰富其权能，其中最核心的是拥有农地市场流转的完整处置权④⑤，这是历史的必然。由此，建立当前我国二元结构体系约束下的中国城乡统一土地使用权权能平等一致性原理，即同等完整的城乡土地使用权权能包括独占权、排他的使用权、相应的收益权和流转处置权。这一理论的确立，不仅为我国农地资源的市场机制有效保护奠定了理论基础，同时有助于在此基础上的世界现有农地保护理论及保护模式机制在我国的借鉴与应用。

二 农地资源市场机制保护的帕累托改进经济学原理

由于农地资源保护行为存在正外部性，现行征地制度下对农地资源保护的各参与主体实际上构成"奥尔森"式利益集团，因此地方政府倾向于选择寻租行为来实现自身利益最大化。新制度经济学派认为，要消除外部性只能从尽量减少交易费用角度考虑。交易费用降低了，市场的自我调节能力将得到最大限度的发挥，这样土地的外部性就被限制到最小限度，社会总效益也提高到最高限度。⑥ 此时，农地资源保护效率最高，经营农地有利可图，进而有利于保护农地资源。然而降低交易费用，政府干预并不是最有效的，因为政府政策的执行也有成本，在市场机制的作用下形成的制度安排是有效的，因而发挥市场机制的作用保护农地资源是合理的选择。

下面以埃奇沃斯盒状图为模型分析市场机制下农地资源保护的帕累托改进过程：以 F 和 G 分别代表农民和地方政府的无差异曲线，设 X_F 和 X_G

---

① Tom Daniels and Deborah Bowers, *Holding Our Ground: Protecting America's Farms and Farmland*, Washington D. C. : Island Press, 1997, pp. 145 – 169.

② 周其仁:《农地产权与征地制度——中国城市化面临的重大选择》,《经济学（季刊）》2004 年第 1 期。

③ 张合林:《对农民享有土地财产权益的探讨》,《中州学刊》2006 年第 2 期。

④ 张合林:《城市化进程中土地征用制度的经济学分析》,《上海经济研究》2006 年第 3 期。

⑤ 许建生、张驰、韩芳侠:《推进城镇化发展的农村土地制度改革的建议》,《投资北京》2013 年第 10 期。

⑥ 黄贤金、张安录:《土地经济学》,中国农业大学出版社 2008 年版,第 95—109 页。

分别代表农民和地方政府所拥有的农地资源数量，Y_F 和 Y_G 分别代表农民和地方政府所拥有的资本数量。根据福利经济学理论，当曲线 F 和曲线 G 相切时，农民出让土地效用获得的总效用等于地方政府征得土地所获得的总效用，社会总体效益达到帕累托最优状态。

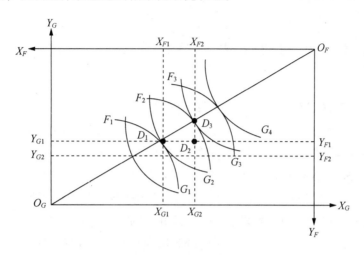

图 6 - 1　农地资源保护总体效益的埃奇沃斯盒状图

在某一时刻 t，如果发生农地非农化，那么双方的帕累托最优点将从 D_1 移动至 D_2，从而地方政府拥有的农地资源数量将由 X_{G1} 增加至 X_{G2}，资本数量由 Y_{G1} 下降至 Y_{G2}。与此同时，农民所拥有的农地资源数量由 X_{F1} 减少至 X_{F2}，由于地方政府在征地时对农民进行补偿，农民资本数量由 Y_{F1} 增加至 Y_{F2}。在 D_2 点上，地方政府的效用并没有发生变化，而农民的效用却增加了，故该状态未达到帕累托最优状态，因此地方政府将会继续征地，使效用曲线由 G_2 移至 G_3，在 D_3 点上重新达到帕累托最优状态，此时农民的效用和政府的效用达到均衡，而土地开发是在完整农地产权约束及其权益实现前提或基础上实现的。以上模型说明，在城乡统一土地市场格局和城乡统一土地利用规划控制下，通过农地合法、自由、有序的市场流转，具有完整、自主土地产权的农民可以分享城市化发展带来的实际收益，在农地保护市场机制框架下，农民土地财产权益得到完整体现，农民土地权益得以最终确立，这也是农地制度改革发展的最终目标。

从社会福利整体角度来看，对农地保护制度的改革应当符合"帕累托改进"，此外，美国经济学家科斯提出：只要财产权是明确的，并且交易成本为零或者很小，那么在开始时无论将财产权赋予谁，市场总是有效率的，可以实现资源的优化配置。通过以上简要理论分析可以认为，农地资源通过市场机制配置是达到合理利用，减少过度非农化损失的基本路径，也是农地资源有效保护的基本途径。

第二节 我国农地资源保护市场机制构建的原则

一 确立"五位一体"保护目标原则

我国农地资源保护的核心目标是实现农地的可持续利用，而优化农地资源的配置，提高农地资源使用效率，确立和获得农地资源的数量保护、质量保护、生态保护、有效保护与合理开发统一以及农民土地权益保护的"五位一体"保护目标（见图6-2）的共同实现，是农地资源市场机制保护的基本原则，也是实现农地可持续利用的重要基础和内容。农地资源的特性，决定了实现农地资源可持续利用的必然性，要求土地使用者和农地资源保护各参与主体在农地利用方式的选择、农地制度改革的运作上均应以有利于提高农地的生产能力、保持农地资源的内在潜力、保护农地的数量和质量为准则，在追求经济效益的同时，兼顾土地利用的发展性、持续性、协调性。坚持有效保护和有序开发的统一，坚持保障和实现农民的合法土地财产权益。

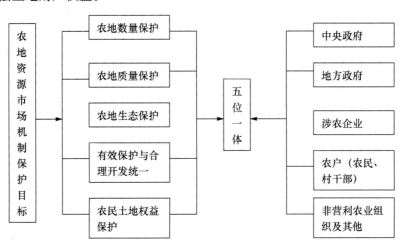

图6-2 农地资源"五位一体"保护目标体系

二　市场机制与政府宏观调控有机结合的原则

综合其他国家和地区农地资源保护模式和经验来看，市场机制保护是有效的。当然，以市场机制为主的农地保护长效机制绝不是单纯的市场调节，当今世界单纯的市场调节是不存在的，而是我国在深化社会主义市场经济方向改革的同时，强调国家宏观调控政策对以市场机制为主的农地保护机制的调控与保障，使市场机制在农地资源配置与保护中起决定性作用，实现市场机制与政府调节的有机结合。

三　效率与公平兼顾的原则

效率与公平是对立统一的关系，在社会经济生活中处理二者关系的总原则是效率与公平兼顾。农地是特殊的稀缺资源，是人类生存之本、发展之基，关乎各行各业，影响千秋万代。农地资源"五位一体"保护目标的确立，决定了我们在构建我国农地资源保护市场机制过程中更要坚持效率与公平兼顾的原则。

第三节　我国农地资源保护市场机制框架的构建

一般来说，机制原是机械学的名词，指机器的构造和工作原理，后逐步应用于生物、物理、化学、经济等领域。我国《现代汉语词典》对机制的解释是：泛指一个工作系统的组织或部分之间相互作用的过程和方式，如市场机制。① 所谓农地资源保护市场机制，是指基于市场机制的推动和约束农地资源保护的各种力量、制度或制度化的方法的总称。

基于以上农地资源市场机制保护的理论、目标、原则和对农地资源保护机制的一般理解，设计和构建出我国农地资源保护机制的框架。如图6－3所示。

从图6－3可以看出我国农地资源保护市场机制框架的含义和基本内容。

（1）完整的农地产权是农地保护市场机制的基础和前提。确立和保障

---

① 中国社会科学院语言研究所词典编辑室：《现代汉语词典》，商务印书馆 1996 年版，第582 页。

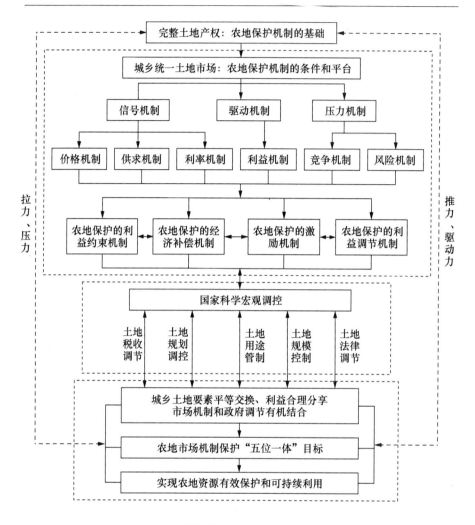

图6-3 我国农地资源保护市场机制框架

完整的农地产权不仅可以以其农地产权的排他性对抗和约束农地过度非农化,实现农民的土地合法权益,拉动或驱动农民集体和农户保护农地资源,它同时也是我国城乡统一土地市场建立和形成的基础。

(2)城乡统一土地市场是我国农地资源保护市场机制形成的条件和基本平台。市场机制能够对农地资源发挥其保护作用的基础是完善的市场体系。要充分发挥市场在农地资源保护中的决定性作用,需要具备让市场机制充分发挥作用的平台,也就是需要统一、开放、竞争、有序的现代土地市场体系。所以,要通过以征地制度为核心的土地制度的社会主义市场经济方向的改革，建立我国城乡统一的土地市场，形成一系列农地资源配置的一般市场机制和构建农地资源保护的市场机制体系，进而通过充分发挥市场在农地资源保护中的决定性作用，实现农地资源的有效保护。

（3）农地资源配置的市场机制和"四位一体"的农地保护机制体系是我国农地资源保护市场机制框架的核心内容。通过农地制度社会主义市场经济方向的改革，建立起农地资源市场配置的机制体系，形成以价格、供求关系和利率杠杆为基础的信号机制，以经济、社会、生态利益为基础的驱动机制，以竞争和风险为基础的压力机制；在此基础上构建由农地资源保护的利益约束机制、经济补偿机制、激励机制和利益调节机制组成的"四位一体"农地保护机制体系，主要通过市场机制对农地资源进行配置和对农地资源进行保护，特别是通过相应的合理经济利益调节，充分调动地方政府和农户保护农地的积极性并变为自觉行动，形成中央、地方政府和农村基层干部、农民诸耕地保护主体行为的一致性，从而使城乡土地市场的农地资源配置秩序井然，土地利用形成良性循环互动，农地资源得到有效保护。

（4）国家宏观调控政策措施是我国农地资源保护市场机制框架的重要组成部分和保障。我们构建的我国农地资源保护市场机制框架，既强调依据各种所有制经济公开公平公正参与市场竞争以及要素平等交换、利益合理分享等市场规则、定价原则、内在机制对我国农地资源进行有效保护，按照经济规律对我国农地资源进行有效保护；同时强调国家通过土地用途管制、农地规模控制、土地利用规划、财税政策和法律法规等宏观调控政策对以市场机制为主的农地保护机制的调控与保障。上述宏观调控政策措施的实施要以市场机制为基础；同时按照市场机制原则和市场经济规律进行科学调控，从更好发挥政府作用，实现市场机制与政府调节的有机结合，最终建立在国家宏观调控下成熟的、以市场机制为主的农地保护长效机制，并使得这种农地保护市场机制具备一定的抗压能力，能够有效抵御风险。

（5）农地资源"五位一体"保护目标是农地资源市场机制保护的基本原则、根本要求和出发点与落脚点，也是实现农地可持续利用的重要基础和内容。它形成农地资源市场机制保护的拉力和压力。通过上述在国家宏观调控下成熟的、以市场机制为主的农地保护机制的运作和调节，实现我国农地资源的有效保护和可持续利用。

第四节 我国农地资源保护市场
机制的发展路径

一 我国农地资源市场机制保护的动力

（一）中央政府保护农地的动力

中央政府代表社会的公共利益，在社会公共事务中居于核心地位，且对具有正外部性的农地资源保护有着不可推卸的责任[①]，是农地资源保护的重要主体。农地资源不仅能为人类提供作为生活必需品的粮食，更重要的是还能为国家的粮食安全提供保障，是农民社会保障的来源，并发挥对社会稳定的维护作用。[②③] 从公共利益出发，中央政府保护耕地的目的是为了保障国家的粮食安全和维持社会的稳定。耕地保护在农业方面一般表现为正的外部性，正是由于以下正外部性的存在，使得中央政府在农地保护方面更具动力。一是粮食安全。对耕地更好地保护，可以更好发挥其对国家粮食安全基础性的稳定作用。[④] 因此，此外部性的存在，是中央政府对农地进行保护的动力之一。二是作为社会经济可持续发展基础耕地的可持续利用性。[⑤] 由于对耕地的保护有益于经济的可持续发展，中央政府才有了进一步保护农地的动力。三是其外部性还表现在它具有生态环境的功能。[⑥] 保护耕地将使生态环境得以改善，全人类都是受益者[⑦]，这也是中央政府对其进行保护的动力。而上述目标的实现更多地需要通过市场机制来完成，从而彰显了中央政府对农地资源市场机制保护的动力。

（二）地方政府保护农地的动力

地方政府和中央政府的目标并不总是一致。就地方政府而言，其主要

---

① 许恒周：《耕地保护：农户、地方政府与中央政府的博弈分析》，《经济体制改革》2011年第4期。

② 郑培、朱道林等：《政府耕地保护行为的公共选择理论分析》，《中国国土资源经济》2005年第9期。

③ 许恒周：《耕地保护：农户、地方政府与中央政府的博弈分析》，《经济体制改革》2011年第4期。

④ 刘莹、朱小花：《提高农民保护耕地积极性的思考》，《科技广场》2008年第11期。

⑤ 李涛、郝晋珉、侯满平：《我国农村土地准公共性分析》，《农村经济》2004年第4期。

⑥ 同上。

⑦ 刘莹、朱小花：《提高农民保护耕地积极性的思考》，《科技广场》2008年第11期。

目标是在对中央政府利益不产生损害的前提下，发展本地经济，增加地方政府官员的收益包括表彰奖励及职务升迁等。这就是詹姆斯·M. 布坎南提到的地方政府的"内部性"，即公共机构尤其是地方部门及其官员追求自身利益或者组织自身的目标而非公共利益或者社会福利。① 而作为地方政府财政收入的重要来源，土地财政不利于地方政府对耕地保护有积极性，所以，中央政府要进行制度创新，以形成地方政府对耕地保护的动力。为此，一是全面设置不动产税，为地方政府寻求"土地财政"税源的替代。中央政府"上收财权，下放事权"的政策导致的地方政府的财政困境，为地方政府对"土地财政"的依赖和过速的农地非农化提供了合理的借口及不合理的解决方法。而不动产税的缺失导致土地财富的大量"漏损"。不动产税的全面设置，从根本上消除地方政府依靠不断地农地非农化所带来的土地财政，进而使农地保护的压力减缓，转换成地方政府保护农地的动力之一。二是强化耕地保护政策对地方政府行为的约束以使其对保护耕地有积极性和主动性。对本行政区域内的耕地保有量、基本农田保护面积以及土地利用总体规划等，地方各级政府主要负责人应明确其责任②，并将实际耕地保有量、基本农田保护面积和占补平衡耕地的面积与质量等纳入政府官员考核的主要内容。③ 中央耕地保护政策对地方政府行为进行刺激加约束，使各级地方政府都将保护好耕地以及坚守住 18 亿亩耕地红线作为其不容推辞的责任④，进而形成地方政府保护耕地的内在动力。

（三）农户保护农地的动力

农户作为农地保护的微观主体和使用者，可直接享受农地保护所带来的生产经济效益。除此之外，农地保护还具有粮食安全、环境效益等价值，农地的这些公共品性质，使得许多其他非使用者可免费搭车，而农户却为此承担了全部成本。且在现行的我国农村集体土地使用制度下，受制

---

① 许恒周：《耕地保护：农户、地方政府与中央政府的博弈分析》，《经济体制改革》2011年第4期。

② 甘藏春：《坚守耕地红线是各级政府的共同责任——在河南省政府土地专项督察工作汇报会上的讲话》，《国土资源通讯》2007年第6期。

③ 陆汝成：《地方政府耕地保护效应——基于行为地理学视角》，科学出版社2012年版，第49页。

④ 甘藏春：《坚守耕地红线是各级政府的共同责任——在河南省政府土地专项督察工作汇报会上的讲话》，《国土资源通讯》2007年第6期。

于城乡土地市场的二元性及目前不完善的土地征收制度①，农地保护的社会价值和生态价值无法体现在市场价格中，农民无法获得农地保护的外部利益，由此导致农民利益受损害、对农地保护积极性的缺失以及社会的不安定。

土地制度的变迁和创新，在市场机制作用下需要对土地制度安排的社会主义市场经济方向的改革，从而内部化农地保护的外部利益，提高农户农地资源市场机制保护的动力。农地所有权主体的明确，以及集体建设用地使用权权能的明晰，保障了城市化进程中集体非农建设用地的有序流转；市场机制下对农村集体建设用地实行有偿使用制度，对公共利益的范围加以严格限定，若征收使用的集体所有土地是出于公共利益的目的，则应按市场价格对土地所有者给予充分补偿，保障农民利益②，提高农民农地保护动力。在市场机制运作下，农地产权结构不断细化，提高了产权制度的运行效率，进一步强化了农民对农地应享有的使用权、收益权以及处分权。而城乡土地统一市场的建立，使得目前二元性的土地制度得以改变，将农地流转以及农地保护纳入正常市场轨道，实现农地与国有土地的"同地、同价、同权"，破除土地市场的二元结构。对农地的征收按市场等价交换的原则来补偿，保障农户在农地上的权益，增加农民对农地资源市场保护的诱因。

可见，随着市场经济的发展和中央政府保护农地资源的动力在强化；而中央政府的制度创新供给是地方政府和农户在市场机制下保护农地资源的动力。

二　我国农地资源市场机制保护的路径选择

要实现通过市场机制对农地资源进行有效保护或实现农地保护长效机制的转换，其路径选择是对现行有关体制或制度进行改革和创新。为此，我们提出一个"社会主义市场经济改革方向"的"五位一体"的整体性体制改革与制度创新框架方案，即农地产权制度改革→土地征收制度改革→城乡统一土地市场制度建设→转变城镇化发展方式→完善地方发展评价及干部政绩考核体系。

---

① 甘藏春：《坚守耕地红线是各级政府的共同责任——在河南省政府土地专项督察工作汇报会上的讲话》，《国土资源通讯》2007 年第 6 期，第 118 页。

② 朱木斌：《集体非农建设用地流转制度变迁的动力机制》，南京农业大学出版社 2008 年版，第 118—119 页。

（一）农地产权制度改革

完善的土地产权制度在于土地产权的完整性及平等性，而目前我国农村土地产权是不完整的，与国有城市土地相比也是不平等的，后者"凌驾于"前者之上。所以，要进行农地产权制度改革。一是进行普遍的、全覆盖的农村土地的"确权"。由于农村集体土地所有制在农民、集体和国家之间缺乏清楚的权利界定，并带有易变、模糊与互相侵犯的惯性，因此涉及农村建设用地交易流转的各种形式都包含着难以避免的风险，所以要尽快在全国范围内完成农村土地的确权、登记和颁证工作，最终"建立健全归属清晰、权责明确、保护严格、流转顺畅的农村产权制度"。[1]二是建立完整的农村土地产权权能体系。根据我国《物权法》对不同所有制经济的物权受法律平等保护精神[2]和党的十八届三中全会通过的《决定》中有关改革规定，在普遍的、全覆盖的农村土地"确权"的基础上，我国法律要逐步赋予农民集体完整的农村土地产权，包括占有权、使用权、收益权以及流转、转让、抵押、租赁等处置权，并明确其平等的法律地位。将独立性、排他性和确定性赋予农民集体的土地财产权体系，使其受到保护而不受侵害[3]，以对抗和约束农地非农化。三是土地产权的平等合理流转。在符合土地利用规划前提下，允许农地使用权通过土地市场机制交易流转能增加经济社会效率。所以，要构建不同所有制经济之间、城乡之间的土地使用权平等流动关系[4]，进而促进保障实现农民集体的土地财产权益和农地资源的有效保护。

（二）土地征收制度改革

我国《宪法》和《土地管理法》都规定："国家为了公共利益的需要，可以依法对土地实行征收或者征用并给予补偿"。[5] 然而，在实行操作中[6]，由于有关法律规定的模糊和矛盾及地方政府利益的驱使，土地征

---

① 《中共中央关于全面深化改革若干重大问题的决定》，人民出版社 2013 年版，第 8 页。

② 张合林、贾晶晶：《我国城乡统一建设用地市场构建及配套政策研究》，《地域研究与开发》2013 年第 5 期。

③ 张合林、郝寿义：《城乡统一土地市场制度创新及政策建议》，《中国软科学》2007 年第 2 期。

④ 张合林、贾晶晶：《我国城乡统一建设用地市场构建及配套政策研究》，《地域研究与开发》2013 年第 5 期。

⑤ 赵云海：《关于土地征用中的公共利益原则》，《理论探索》2005 年第 3 期。

⑥ 张合林：《公共利益与征地及政府边界》，《决策探索》2006 年第 7 期。

收权被滥用，土地征用成为农地转为国有建设用地（包括大量的非公共利益需要的用地）的唯一合法途径，由此产生一系列经济和社会问题，必须对其进行改革。首先，界定政府征地边界和规范其行为。只有把政府征地权规范到合理范围内，才能限制征地权滥用和保护土地权利人的利益，才有市场机制对土地资源配置和发挥其保护农地资源的应有之地。借鉴国际先进经验和做法，采用概括加列举的办法，在法律上明确界定"公共利益"的范围及其具体项目，真正把政府征地权边界规范到"公共利益"用地范围内。同时其他非公益性用地也不再是土地征收权行使的范围，这部分新增地通过在符合土地利用规划的前提下允许农村集体建设用地使用权直接入市等市场机制来解决。① 其次，确立公开规范的征地程序。一是应建立土地征用司法审查制，包括事前司法审查以决定是否动用征地权和事后司法审查以裁决完成的项目是否真正符合公共利益。二是法律上保障农民对土地征收的知情、参与、异议司法救济权②，构成农民土地产权以及国家司法权对政府行政征地权的制衡机制。③④ 再次，建立和完善征地的合理补偿机制。近期应根据分享城市化成果的原则提高补偿标准，扩大补偿范围；从长远看，应借鉴国际经验，按"等价交换"的市场原则，以土地被征收时的市场价格为基础，探索建立基于市场机制的合理的征地补偿机制。⑤ 按市价确定征地补偿费用的意义是显而易见的，对保护农地的意义在于由于它较好地反映土地资源的稀缺程度和潜在价值，有利于促使人们珍惜和节约利用农地。⑥ 最后，建立合理的土地增值收益分配机制，调低地方政府的分成比例，从而弱化地方政府在经济利益驱动下多征多占农地的倾向。

（三）城乡统一土地市场制度建设

我国的土地市场制度是城乡割裂的二元结构，政府市场行政垄断导致城乡土地市场割裂，由此对我国的土地利用和农地及其权益的保护产生不

---

　　① 张合林：《公共利益与征地及政府边界》，《决策探索》2006 年第 7 期。
　　② 常瑜：《浅论我国土地征用制度中的公共利益目的与程序正义》，《新学术》2007 年第 6 期。
　　③ 赵云海：《关于土地征用中的公共利益原则》，《理论探索》2005 年第 3 期。
　　④ 常瑜：《浅论我国土地征用制度中的公共利益目的与程序正义》，《新学术》2007 年第 6 期。
　　⑤ 张皓洁：《土地征用补偿问题研究》，硕士学位论文，吉林大学，2007 年，第 30 页。
　　⑥ 张合林：《试论土地征用中的合理补偿机制》，《生产力研究》2006 年第 9 期。

良后果，驱使地方政府过度征地和追利，用地粗放、效率低，侵害农民的土地财产权益。[1][2] 要实现对农地资源的有效保护，就必须打破城乡土地二元结构，建立城乡统一的土地市场。要求各地政府转变"低价征地、高价出让"的土地经营理念，改变强拆强征的做法，使农地按市场公平交易的原则定价，完善统一的土地市场价格形成机制，努力实现农村集体建设用地与城市国有土地"同等入市、同权同价"，更好地在市场机制的作用下保护农地资源。为此，可从以下方面进行改革创新：一是打破政府对土地市场的行政垄断，以农村建设用地直接合法入市为突破口建立城乡统一土地市场。[3] 另外对大量的非公共利益用地，除了盘活存量建设用地市场外，需要通过集体建设用地使用权直接合法入市等市场机制来解决和完善。这样城乡建设用地市场就会由割裂走向统一，城乡统一的土地市场得以初步建立[4]，实现城乡建设用地"同等入市、同权同价"。二是强化规划和用途管制制度。农村建设用地入市后会产生巨大的收益空间，为规范其行为应强化土地规划和用途管制[5]，即只有"在符合规划和用途管制前提下"农村建设用才能直接合法入市交易。三是规范农村建设用地市场，以便实现城乡土地市场的对接。建立健全农村建设用地交易平台，研究制定其交易规则和提供相关服务。推进集体建设用地有序流转，建立集体建设用地的价格形成机制，且形成城乡一体的土地等级和地价体系；完善农村建设用地指标市场化交易。[6] 城乡统一土地市场的建立为按照市场规则形成土地价格提供了基础，有利于促进存量农村建设用地的集约利用，释放经济增长空间，促进农地有效保护。

（四）转变城镇化发展方式

由于现行土地产权制度与土地征收制度存在明显缺陷，在城镇化过程

---

① 《城乡统一土地市场制度构建探讨》，中国论文下载中心——农村研究论文，http：//www. studa. net，2012 年 7 月 3 日。

② 张合林、郝寿义：《城乡统一土地市场制度创新及政策建议》，《中国软科学》2007 年第 2 期。

③ 张合林、郝寿义：《城乡统一土地市场制度创新及政策建议》，《中国软科学》2007 年第 2 期。

④ 张合林、贾晶晶：《我国城乡统一建设用地市场构建及配套政策研究》，《地域研究与开发》2013 年第 5 期。

⑤ 孙琳蓉、李伟：《关于建立城乡统一土地市场的思考》，《国土资源情报》2013 年 1 月 20 日。

⑥ 同上。

中农地非农化速度过快、规模过大，"土地城镇化"快于人口城镇化，并且农地非农化存在着严重的乱占乱用、利用效率低以及人为毁地等不规范的农地流转行为，造成农地资源的大量浪费。因此，转变现行城镇化模式，打破城市化对土地征收、"土地财政"的依赖，实现城市化集约、节约增长，是促进实现农地资源在市场机制下有效保护的重要途径。为此，一是遵循城镇化发展规律，走中国特色新型城镇化道路。坚决摒弃不顾我国人多地少基本国情、盲目追求"摊大饼"式城市扩张的做法，走以人为本、四化同步、优化布局、生态文明、文化传承的中国特色新型城镇化道路。[①] 二是由"政府主导"型城镇化向"市场主导、政府引导"型城市化转变。市场主导型城市化，是要充分发挥市场机制在人口向城市迁移、要素向城市集聚、城市的内部结构调整与外部扩张、城市之间的竞争与协调，以及城乡关系调整等方面发挥基础性和主导性作用，用市场化的方式，遵循市场的一般规则，依靠各个城市化主体的自主决策、创新以及协调，在国家与区域经济社会发展、整体利益与环境承载力和科学发展观理念约束条件下，推动城市化进程。在市场机制的作用下，对农地的征收按照市场公平合理的交易原则，让市场来决定农地价格，减少政府的行政干预及对农地的盲目大范围征收，保护农地资源及农民利益。使城镇化成为市场主导、自然发展的过程，成为政府引导、科学发展的过程。[②③] 三是在城市空间扩展上借鉴"城市增长边界"理念，实现城镇化的精明/理性增长、都市圈的紧凑型发展。在城市空间扩展上要借鉴"城市增长边界"理念，改变目前盲目占用农地搞城市建设这种粗放低效的城市化方式，从保护农地的角度出发研究城市土地的集约利用，协调土地资源短缺与城市发展之间的关系，促进和实现城镇化的精明/理性增长、都市圈的紧凑型发展。

（五）完善地方发展评价及干部政绩考核体系

为了从根本和源头上推动经济发展、城镇化发展以及土地利用方式转变，进而实现集约、节约利用土地和有效保护农地资源，需要加快改革和完善地方发展评价及干部政绩考核体系。一是建立健全符合可持续

① 《国家新型城镇化规划（2014—2020 年）》，新华社北京，2014 年 3 月 16 日电。

② 同上。

③ 梁启东：《全面深化改革是新型城镇化的根本保障》，《沈阳日报》2014 年 3 月 24 日。

发展要求的地方经济社会发展综合评价体系。[①] 二是建立健全有利于贯彻落实可持续发展的干部政绩考核体系[②]，把可持续发展的理念和原则贯彻到实际工作中，促使干部保护农地资源，集约、节约利用土地，进而实现可持续发展。

　　要实现通过市场机制对农地资源进行有效保护或实现农地保护机制的转换，其路径选择是对现行有关体制或制度进行改革和创新。通过上述"五位一体"的整体性体制改革与制度创新方案的实施，有望实现由现行以行政计划为主的农地保护机制到新的以市场机制为主的农地保护长效机制的转换，进而实现农地资源有效保护及可持续利用。

---

　　① 张合林：《建立贯彻落实科学发展观的长效机制保障》，转引自贾跃《第十届中国科协年会论坛论文集：文化强省战略与科技支撑》，河南人民出版社 2008 年版，第 44—45 页。

　　② 张合林：《建立贯彻落实科学发展观的体制机制》，《河南科技》2009 年第 2 期。

第七章 我国农地资源市场机制保护的配套政策与措施

我国农地资源市场机制保护的内容是十分丰富的，需要创设和完善配套的政策和措施予以支撑，同时为了保障农地资源保护市场机制能够良好运行，更好地发挥作用，还需要相关的管理服务和政府宏观调控。

第一节 市场机制保护框架下多重农地保护政策体系设计

一 建立农地资源保护的利益约束机制

在目前我国农地产权残缺和征地制度框架下，农地征收与出让的过程中，土地增值收益分配严重失调。地方政府是最大的赢家，地方政府获取的巨额土地增值收益成为地方财政收入的重要来源，由此驱动地方政府多征地多获利，造成农地过度非农化。所以建立农地资源保护的利益约束机制，约束和规范地方政府的有关行为，是实现农地资源有效保护的当务之急。主要从三个方面推进建立农地资源保护的利益约束机制。一是缩小征地范围，把政府的征地行为严格限制在公共利益用地范围内，这样就界定了征地、政府征地权利及其治理的边界，也在一定程度上为市场机制对土地资源配置和发挥其保护农地资源的作用创造了空间。二是改革农地增值收益分配方式。近期内改善的办法是降低地方政府在农地增值收益分配中的比例，减少其纯经济收益，以弱化地方政府农地非农化的积极性，抑制其农地非农化的行为；从改革的视角看，要逐步对公共利益目的土地出让金（地租）按年收缴并纳入财政预算，并逐步转变为物业税，这种制度安排将有利于消除地方政府土地财政的过度依赖，可以规范政府的征地行为，有效遏制征地过程中出现的社会问题，从而有利于有效保护农地资源。三是对大量的非公共利益即营利性开发用地不能动用行政性的征地权，而是通过城乡统一的土地市场机制来完成，政府也不再参与土地增值收益的直接分配，而主要通过税收的形式间接分享[①]，并形成地方政府稳定而有保障的税收来源，这样将进一步约束和规范地方政府在土地开发中的行为，使地方政府保护农地资源的态度和行为趋于理性。

二　完善和创新农地资源保护的经济补偿机制

农地作为一种自然资源，除了能给农民带来经济效益外，还具有非常重要的社会效益和生态效益，但是这些重要的价值并未体现在农产品价格中，也并未体现在土地价格中，农民从土地获得的收益比较低，使其对经营和保护农地的积极性不高。正是由于农地在以行政计划为主的农地保护框架下具有一定的公共物品属性和相当的正外部性，所以要基于市场机制对其进行充分合理的补偿。然而，由于我国农地保护的经济利益补偿机制缺失或不完善，导致地方和农户保护农地的动力不足。我国现行的粮食直补、良种直补、农机具购置补贴等政策对于增加农民的收入，提高农民种粮的积极性起到了一定的作用，但是对经营和保护农地的经济补偿仍然偏低，与实地调查中显示的农户农地保护受偿意愿相去甚远，与非农收入相比，农业收入收效甚微，因此，大多数农民对保护农地的意识不强。此外，由于不同程度地存在"农业粮食大省大县、经济财政穷省穷县"现象，导致地方政府也缺乏主动保护农地的愿望和积极性。为此，迫切需要完善和创新农地资源保护的经济补偿机制。首先，构建科学合理的农地保护利益补偿体系。农地保护利益补偿体系应由两个层面组成：一是基本补偿。通过增加各种补贴支持，使地方政府和农民经营和保护农地不吃亏。二是土地发展权补偿。借鉴发达国家和地区的经验做法，探索建立以土地市场收益价格为基础的农地保护利益补偿机制，使以农业用途经营和保护农地也能获得平等的比较利益，保障农村经济社会健康发展。其次，建立和完善农地保护利益补偿机制的保障措施。一是建立农地保护区直接补贴的正常增长机制。应根据国家经济发展和财力增长状况，相应增加直接补贴总量，补贴力度逐步提高到补贴后农业生产与非农生产收入平衡的临界点上，使农地保护区获得合理的比较利益。二是让粮食主销区承担更多的

---

① 张合林、郝寿义：《城乡统一土地市场制度创新及政策建议》，《中国软科学》2007 年第 2 期。

粮食安全责任。其调整思路是，由粮食主销区政府根据其辖区内耕地占用数量向中央财政缴纳相应的补偿金，中央财政再根据粮食主产区调出粮食的数量通过转移支付手段，对粮食主产区予以补贴。① 三是建立和落实国家对限制开发、禁止开发区域中各类农业保护区的区别支持政策。国家主体功能区战略或制度的一个重要方面，是通过实施相应的差别化区域政策，保障各地区获得大体相近的经济利益和逐步实现不同区域基本公共服务的均等化。所以要建立和落实国家对限制开发、禁止开发区域中各类农业保护区的各种区别支持政策：财政政策，国家应增加对上述区域用于公共服务和生态环境补偿的财政转移支付，逐步使当地居民享有均等化的基本公共服务；投资政策，建议国家落实相关的投资支持政策，并不断加大对上述区域公共服务设施建设和生态环境保护建设的投资支持力度；产业政策，引导上述区域发展特色农业。通过上述保障政策措施的实施，使各农地保护区获得与其他地区大体相近的经济利益和均等化的基本公共服务。

三　创设农地资源保护激励机制

长期以来，国家对农地保护所采取的调控政策越来越严格，但落实的效果并不理想，其中一个重要原因是我国的农地资源保护缺乏必要和合理的激励机制，不利于激励其他利益主体与国家农地保护意志的一致。为了有效保护我国稀缺的农地资源，需要针对我国的实际和存在的突出问题，借鉴其他国家和地区的经验做法，创设我国农地资源保护的激励机制。其基本思路是：以完善农地产权为基础，以市场化、社会化运作为机制，以保障和实现农户均等经济利益以及农地资源有效保护为核心，加大激励力度，扩大激励范围，增加和创新激励计划、项目，形成公众社会广泛参与的农地资源保护长效激励机制。特别是从城乡土地产权平等保护的物权法精神和农地保护目的出发，在农民集体土地上创设土地发展权激励。为此，可以借鉴美国的做法。美国的发展权激励即发展权购买，是指政府（后发展为多元化）购买农民所有土地的发展权，交易达成之后农民仍然拥有农地所有权但不拥有对农地的开发权（即发展权），并且该土地必须

---

① 张合林：《促进中部崛起战略的理论基础及其政策完善》，《郑州大学学报》（哲学社会科学版）2010 年第 1 期。

保持农用①②；土地发展权购买的最主要目的是保证土地不被开发并且保持农地农用；发展权购买项目根据农地用作城市建设用途的价值（公平市场价值）与保留农业用途的价值差额来确定土地发展权的价格。③美国的土地发展权激励不仅成功避免农地转变为非农用地即实现"农地农用"，而且从土地所有者的角度来看，出售土地发展权是一种从土地获取现金的方式，也是一种不用放弃任何一块土地或者改变家庭生活方式而能够走出"地丰人穷"的困境的一种方法。④在我国创设土地发展权激励不仅是必要的也是可行的，其中的一个问题是土地发展权及其激励应归谁所有和分享。从城乡土地产权平等保护的物权法精神和农地保护目的出发，比照将来对征地市场价格合理补偿的原理及趋势，土地发展权应归农民集体所有；就耕地而言，由于农民将拥有长期而有保障的耕地承包经营权即农地使用权，根据以产权使用效率为中心的现代产权结构发展趋势，土地发展权激励应以农民为主在相关权力人之间分享。而政府则主要通过创设相关的税种进行调节。为了积极稳妥，可在基本农田或永久基本农田等土地发展权严重受限的农地试点。对永久性基本农田保护区内的耕地，中央或省级政府可以采用一次性购买土地发展权的方式设定他项权⑤⑥，给农民基于开发权利益的补偿，使农户拥有种地积极性，以实现永久保护农地的目标。在此基础上，鼓励失去开发权的耕地有效流转，实现土地规模、集约经营，提高农地的利用效率和收益⑦，使城市发展与农地保护保持平衡。

四　构建农地保护的利益调节机制

市场机制下农地资源保护的一个重要方面是合理的经济利益调节机

---

① 彭宜佳：《多方规划与智慧发展：美国农地保护政策的考察与启示》，《社会主义研究》2012年第3期。

② 谢招煌：《集体土地权益实现模式研究》，硕士学位论文，同济大学，2008年，第28—29页。

③ 陈茵茵、黄伟：《美国的农地保护及其对我国耕地保护的借鉴意义》，《南京农业大学学报》（社会科学版）2002年第2期。

④ Tom Daniels and Deborah Bowers, *Holding Our Ground: Protecting America's farms and Farmland*, Washington D. C, : Island Press, 1997, pp. 145–169.

⑤ 陈茵茵、黄伟：《美国的农地保护及其对我国耕地保护的借鉴意义》，《南京农业大学学报》（社会科学版）2002年第2期。

⑥ 方贤雷、邓映之、杜文玲：《美国的耕地保护制度经验及对我国耕地保护的启示》，《中国商界》（上半月）2010年第3期。

⑦ 邢晓娜、高松峰：《国内外耕地保护研究进展》，《现在农业科技》2011年第2期。

制，即通过合理的经济利益调节，调整农地利益主体的经济行为，以实现有效保护农地的目标。在美国表现为：联邦政府、地方政府、土地所有者和农民诸行为主体，在实现各自利益的前提下，依然能够实现农地保护一致性目标的调节机制。美国农地保护市场机制的一个显著特点是联邦政府、地方政府等是农地保护的推动者，而土地所有者和农民是农地保护的参与者，其关键在于，在实现各行为主体利益的前提下，能够成功实现农地保护一致性目标。美国在保护农地过程中，不断适时推出如前所述的各种农地保护计划和项目，积极采取各种调节手段和技术方法鼓励和扶持农业发展，吸引农地所有者以及农民参与农地保护，同时增加农民收入，使农地保护、经营农场变得有利可图，解决他们的均等经济利益和社会保障问题，使农地所有者、农民成为农地保护的主要受益者，驱使农场主自觉地保护农用地，并注重农地保护的经济效益与生态效益和社会效益的统一。同时注重各方利益的协调，也就是使农民、地方政府和社区这些农地保护主体能够发挥其主体性作用①，因此农地保护中最关键的是协调好各方在土地保护和开发中的利益。

　　我国目前对于农地资源主要采取的是行政—计划为主的配置与管理制度，在我国农地保护过程中，主要试图通过行政隶属关系建立起来的自上而下的分级委托—代理机制来实现。从多年的实践来看，这种农地保护制度和机制的实施效果并不理想。其中一个非常重要的原因，是在农地保护的过程中，相关的利益主体（中央政府、地方政府、开发商和农户）之间，缺乏相应的利益协调机制，导致他们之间的利益行为存在相互冲突，难以形成农地保护的合力。中央政府是农地保护的倡导者及其政策制度的制定者，但农地保护政策制度的实施需要中央、地方政府和农村基层干部、农民等各个农地保护主体的共同努力。然而，目前的农地保护政策偏重于上级号召、要求和控制，而相应合理的经济利益调节缺失或不足，导致地方政府和农民农地保护的动力不足、各农地保护主体的行为不够一致，尤其是农民为中国城镇化的进程贡献了土地资源，却没有享受应有的经济收益，成为土地"二元制"的最大受害者。所以，要加快构建农地资源保护的利益调节机制。为此，一是加快土地制度尤其是征地制度改革，建立城乡统一的建设用地市场，使市场在土地资源配置和农地保护中

---

① 张玲蓉：《美国农地资源保护的经验及启示》，《浙江经济》2006 年第 10 期。

很好发挥调节作用，同时以规范的物业税征收取代地方政府对土地财政的依赖，加快转变城镇化发展方式，使地方政府真正成为负责任的农地保护组织者；二是在加快农村土地产权制度改革和推进农村土地使用权资本化基础上，加大对"三农"的支持力度和农地保护的合理经济利益补偿补贴，中央政府应主要通过资金配套、财政政策改革、优惠税收等经济手段推动农地保护，增进农民保持农业生产经营的能力和动力，使农业有利可图、农民经营农地有利可图。通过相应的利益调节，充分调动地方政府和农民保护农地的积极性并变为他们的理性和自觉行动[1]，形成中央、地方政府和农村基层干部、农民等各个农地保护主体行为的一致性，有效实现农地保护多样化目标。

五　形成公众参与农地保护的制度环境氛围

形成公众参与农地保护的制度环境氛围对于有关农地保护法律或政策的有效实施至关重要。西方市场经济国家比如美国的农地保护法律制度和政策规划是通过多方协商、自下而上制定的，立法机构和政府鼓励和保障公众参与农地保护法律法规的制定，使制度能够更容易建立起来，并更容易获得民众的支持。在美国的社会经济制度环境下，农地资源保护的主要参与者并非只有政府，农地所有者、农民、专家、志愿者以及大量的非营利私人组织（即第三部门）都是保护农地的参与者，其中第三方部门发挥了重要作用，因此形成了公众参与程度很高的农地保护制度环境氛围。在加拿大，政府、社会团体、农民和其他利益相关者作为农地保护的参与主体，呈现多元化与自主性的特点，高度的公众参与，使得政策或者规划的执行更容易实施，农地保护不单单只是政府的单方面倡导要求，而是形成各参与主体之间的良性互动。我国的农地保护制度和政策，以用途管制和规划控制为主，手段比较单一，不够因地制宜，各方协调性和公众参与度不高。应借鉴美国等农地保护的经验，在农地保护的制度创新、法律法规和政策制定、计划与规划编制、宣传教育、监督检查等方面，应保证公众的提前知情和积极参与，变被动接受或排斥为主动配合与支持。被人民接受的法律或政策才能更好地实施，而公众力量参与是各级政府的管理措施被民众接受的重要保证。

---

① 马秀鹏：《中国农村集体建设用地流转法律制度创新研究》，博士学位论文，南京农业大学，2008 年，第 139—140 页。

六　发挥市场机制对农地资源保护的决定性作用

市场机制对农业资源保护发挥作用的基础，是建立统一、开放、竞争、有序的现代土地市场体系。要健全农地资源保护的市场体系，就要通过发展农地资源的生产要素市场，从而形成合理的生产要素价格机制；通过完善农地市场的价格机制形成农地的合理市场价格；通过完善资本市场形成资本的市场价格机制等。如果要保证市场价格的公平和效率，那么只有通过竞争机制才能得以实现，因此，政府的行政计划不应当过度干预市场价格机制的形成。农地资源市场的价格机制可以反映出农地资源的供求关系，这是由市场决定的。除此之外，农地资源市场的价格机制还要反映农地资源稀缺程度，尤其是农地作为不可再生资源，价格机制形成的过程必须考虑对其进行保护的成本，同时还要反映破坏农地资源对环境产生损害的成本。农地资源保护的现代市场体系应当通过鼓励和保护供求双方通过公开公平竞争方式形成的价格机制、竞争机制以及抵御风险的机制。①

七　规范农地流转行为，发展适度规模经营

按照我国《关于引导农村土地经营权有序流转发展农业适度规模经营的意见》②，农地经营规模要与城镇化进程和农村劳动力转移规模相适应，并充分考虑地区差异、自然经济条件、生产费用成本和机械化水平等影响因素。从农地保护出发就要防止脱离本地实际、违背农民意愿，搞运动、搞政绩工程，要因地制宜，适度发展。规范农地流转行为需要做到以下几点：一是树立政府保护农民合法权益的观念；二是大力发展第三产业尤其是现代服务业等产业，加快农村剩余劳动力的转移，将这部分劳动力从农地上释放出来，改变以往农地细碎化利用，代以农地流转下的土地集约利用；三是建立和完善农地流转下的农村社会保障制度③，尝试"以地换保"、"农地入股"等形式，解决脱离自家农地后农民的后顾之忧；四是培养市场化的农地流转模式，建立规范的农地流转市场，抵御农地经营风险；五是推行农地适度规模经营，为农业产业化经营提供更广阔的空

---

① 赵明：《我国农地资源保护的市场机制研究》，硕士学位论文，郑州大学，2014 年，第47 页。

② 中共中央办公厅、国务院办公厅印发：《关于引导农村土地经营权有序流转发展农业适度规模经营的意见》，新华网，http：//news. xinhuanet. com/politics/2014 - 11/20/c_ 1113339197. htm，2014 年 11 月 20 日。

③ 张合林、王飞：《农户农村承包地使用权流转意愿的实证研究》，《财经科学》2013 年第10 期。

间，促进农村劳动力资源转移，促进第二三产业高速发展，农村产业化兴起，带动农地的全面、综合保护。

八　建立健全城乡统一土地市场信息服务平台及中介服务组织

健全的城乡统一土地信息服务平台及土地中介服务体系是城乡统一土地市场制度的必要组成部分。[①] 一是构建城乡统一的土地信息服务平台。可以借鉴上海市统一地理信息服务平台的经验做法，构建城乡统一的土地信息服务平台。[②] 统一地理信息服务平台是上海市规划和国土资源管理局基础地理信息的应用平台，利用空间数据库向各个业务系统提供全市土地、房屋、遥感影像的基础空间数据。该平台为国土资源信息化管理和公共服务提供了很好的技术支撑。二是建立健全土地中介服务组织体系。可以借鉴日本农地流转中介服务组织的经验，积极培育和发展土地价格评估机构、土地流转仲裁机构等土地中介服务组织，保证农村土地使用权交易流转健康有序进行[③]，进而促进集约、节约利用土地和有效保护农地。

九　加强农地价格管理，建立城乡统一的地价体系

构建城乡统一土地市场的关键是要进行土地价格管理和建立城乡统一的地价体系。首先，加强农地价格管理。在确立了农地市场的合法性后应该对于不同土地交易形式下的农地价格进行规范和管理。[④] 为此，一是建立农村土地评估价格体系，为市场价格形成提供基础；二是随着农村土地市场价格的形成建立健全土地市场信息系统，促进信息披露工作的制度化、规范化，以规范农村土地市场秩序。[⑤] 其次，建立城乡统一的地价体系。在不同城市之间，应该有统一的地价内涵，在不同价格形式中，也要有一个统一价格内涵的计算和分类标准，通过一套统一的内涵测算标准，对各种交易形式下或交易目的下的土地价格进行明确分类。城乡建设用地

---

① 贾晶晶：《中国城乡统一建设用地市场构建研究》，硕士学位论文，郑州大学，2012年，第49页。

② 刘峰：《统一地理信息服务在土地信息管理中的应用》，《国土资源信息化》2010年第1期。

③ 梅琳：《我国农村土地流转模式研究》，博士学位论文，福建师范大学，2011年，第154—155页。

④ 叶剑平、金晓月：《以用途管制为导向健全农村土地管理制度》，《中国国土资源报》2010年3月26日。

⑤ 同上。

价格应有统一的地价内涵。农村集体建设用地合法入市后，更应该对于建设用地地价进行统一管理，使之形成统一的地价体系。①

十 借鉴"城市增长边界"理念，实现城镇化科学发展

我国在城市空间扩展上应借鉴"城市增长边界"理念，实现城镇化的理性增长、都市圈的紧凑型发展。我国目前主要以征收农地进行城市建设，促进城市化发展，造成了农地的大量流失、城市土地利用粗放、土地利用结构不合理，不利于对农地资源的保护。我国城镇化仍然处于快速发展阶段，工业化、城镇化还会占用一定的农地，很大程度上是刚性需求，但人多地少又是我国的基本国情，必须坚守十八亿亩耕地红线，确保国家粮食安全。② 为此，要寻求新的城镇化发展理念和先进模式，在城市空间扩展上可以借鉴"城市增长边界"理念，改变目前盲目占用农地搞城市建设这种粗放低效的城市化方式，从保护农地的角度出发，研究城市土地的集约利用，协调土地资源短缺与城市发展之间的关系，实现城镇化的理性增长、都市圈的紧凑型发展，节约城市用地，保护农地资源。

十一 加大对农地投入，加快推进农业现代化

要全面深化农村改革，加大对农地的投入，加快推进农业现代化，提高农用地经营收入水平，促进农地资源的有效保护。一是坚持和完善农村基本经营制度，创新农业生产经营体制。③④ 二是不断巩固和加强农业基础地位，把国家基本建设和公共设施投资重点逐步向农村拓展和倾斜，夯实农业现代化的基础。三是转变农业发展方式，运用现代科技改造提升农业，提高劳动生产率和经济效益，发展现代农业。⑤ 四是建立健全支持"三农"投入的稳定增长机制⑥，拓宽"三农"投入资金渠道，鼓励和吸

---

① 袁弘：《我国城乡土地市场与地价体系研究》，硕士学位论文，中国农业大学，2003 年，第 50 页。

② 王峰：《我国城市空间增长边界（UGB）研究初探》，硕士学位论文，西安建筑科技大学，2009 年，第 39—40 页。

③ 胡锦涛：《坚定不移沿着中国特色社会主义道路前进为全面建成小康社会而奋斗——在中国共产党第十八次全国代表大会上的报告》，人民出版社 2012 年版，第 23 页。

④ 胡锦涛：《坚定不移沿着中国特色社会主义道路前进为全面建成小康社会而奋斗——在中国共产党第十八次全国代表大会上的报告》，《党建》2012 年第 12 期。

⑤ 张合林：《中原经济区"三化"协调发展研究》，《河南科技》2011 年第 11 期。

⑥ 《中共中央、国务院关于全面深化农村改革加快推进农业现代化的若干意见》，新华网，http://news.xinhuanet.com/politics/2014－01/19/c_ 119033371.htm，2014 年 1 月 19 日。

引社会资金投入"三农"建设。五是不断创新和推出保护农业经营利益的计划、项目和激励措施，促进农业发展。六是土地增值收益及其税收主要向农业倾斜。七是加快发展现代农业，增强农业综合生产能力，促进农民增收。[①]

十二　加强区域合作，协调保护农地资源

通过加强区域合作，来进行农地资源保护。使其既能保证发挥各地区的比较优势，又能确保全国农地总量的稳定；既促进区域经济快速发展，又使经济成果得到共享。[②] 按照这种要求，一是应当强化各地方市场机制在农地保护中的作用，加快农地保护任务和指标的市场化，通过市场的竞争机制和公平交易机制从而破除行政区划的界限，提高农地保护效率。二是完善地方政府农地保护管理制度，给予地方政府一定的自主权和裁断权力，以便地方政府灵活发挥，协调与其他区域之间的利益平衡。三是必须制定科学合理的农地保护规划，通过顶层设计确立农地保护的目标进而划定各区域的农地保护限度，分清各区域所承担的责任与义务，并采用激励手段，调动各个区域乃至整个社会参与农地保护的积极性，增强农地保护意识。

第二节　农地资源市场机制保护的政府宏观调控政策

一　土地利用规划调控

土地利用规划制度是土地管理的依据，要想保护好农地，就必须制定好和实施好土地利用规划制度。为了充分发挥土地利用规划的引领和管控作用，要做好以下几点：一是突出土地利用规划的科学性、系统性和协调性。全国、各地和各种类型土地都要修编好科学的土地规划，并做到互相衔接协调。[③]

---

① 胡锦涛：《坚定不移沿着中国特色社会主义道路前进为全面建成小康社会而奋斗——在中国共产党第十八次全国代表大会上的报告》，《天津政协》2012年第11期。

② 赵明：《我国农地资源保护的市场机制研究》，硕士学位论文，郑州大学，2014年，第53页。

③ 彭凌：《城乡统一的建设用地市场研究》，硕士学位论文，西南大学，2011年，第24页。

二是坚持城乡土地规划统一[①]、城乡土地规划一体化管理。[②] 三是强化土地利用规划的约束力。全国任何性质的土地利用都必须符合土地规划。[③] 四是提升土地利用规划的法律地位和权威性。强化对农地和建设用地的规划权,各级土地利用规划在保证科学合理的前提下,要通过法律手段的保障加以执行,提升其法律地位和权威性,在已经规划的期限内不得随意更改。

二 土地用途管制和土地规模控制

土地用途管制是政府根据编制的土地利用总体规划来确定土地的使用用途、使用条件,规定土地所有者和使用者严格按照国家确定的用途使用土地的一项制度,目的是合理利用土地资源,使其与经济、社会、环境发展相协调。农地资源规模控制即农地总量动态平衡制度,主要包括农地占补平衡制度、基本农田保护制度和土地整理复垦开发制度。我国以土地用途管制和农地总量动态平衡为主体的农地保护制度基本面必须坚持。但是我国现行农地保护制度存在严重缺陷与不足,主要表现为上级和单向的行政计划规划控制、法律漏洞与冲突,而市场性、经济性、利益调节性的调控措施手段一直比较薄弱和缺失,由于二者不匹配加之信息不对称和技术层面的原因,导致我国农地保护制度和政策的执行效果不尽如人意。本书坚持"十分珍惜、合理利用土地和切实保护耕地"基本国策,"坚持社会主义市场经济改革方向",通过包括农地产权制度改革→土地征收制度改革→城乡统一土地市场制度建设→转变城镇化发展方式→完善地方发展评价及干部政绩考核体系的"五位一体"的整体性体制改革与制度创新,重点创设和融入包括农地资源保护的利益约束机制、经济补偿机制、激励机制和利益调节机制的"四位一体"的农地保护利益调整体系,建立我国农地资源保护市场机制框架,在这个框架内给土地用途管制制度赋予新的内涵,即基于市场机制和通过相关利益调整实施土地用途管制和农地总量动态平衡,这种新的土地用途管制对农地资源保护是有效的。比如,其

---

① 茆荣华:《我国农村集体土地流转制度研究》,博士学位论文,华东政法大学,2009 年,第 163 页。

② 张合林、郝寿义:《城乡统一土地市场制度创新及政策建议》,《中国软科学》2007 年第 2 期。

③ 张合林、贾晶晶:《我国城乡统一建设用地市场构建及配套政策研究》,《地域研究与开发》2013 年第 5 期。

中的基本农田保护制度的实施。1999 年 1 月 1 日起施行的《基本农田保护条件》中并没有明确规定基本农田保护经济利益补偿的条款，只是要求层层签订基本农田保护责任书，而在实际操作中由于政府给予的资金支持十分有限，不足以补偿经营基本农田而带来的机会成本损失和获得均等的资本收益，并且资金不能按时到位，严重影响了基本农田保护政策的有效实施。在我国农地资源保护市场机制框架内，认为基本农田是农地发展权受到限制，要想维持基本农田就应该给予农地发展权的激励或补偿，如果根据农地用作城市建设用途的价值（公平市场价值）与保留农业用途的价值的差额来确定土地发展权的补偿价格并给予补偿，那么，基本农田保护的效果肯定是好的。

三　土地法律调节

通过立法及其有效实施，对我国农地保护市场机制的运行及其各参与主体的利益与行为进行规范和调节。将农地保护制度法制化、规范化是维护农民基本权益的根本措施，也是建立农地保护市场机制，实现农地资源高效配置，实现农地有序管理的基本要求。但是目前我国农地保护的法律法规及其政策体系不完善，其执行和监督方面也存在缺陷。为了更好发挥法律对农地资源保护的保障作用，必须重新修订和安排我国现行有关法律制度及内容条款。一是加快以《物权法》为基础的土地法律体系的构建。要加快其立法进度，并以此为基础，待条件成熟时制定出台我国专门的《土地法》。二是抓紧修订相应的法律法规，使其适应我国农地资源保护市场机制运行与发展的需求。三是要设立调整土地收益在中央和地方之间分配的立法。四是规范行执法人员在土地征收、房屋拆迁等方面行为的立法调节。五是建立健全土地纠纷的法律援助。

四　土地税收调节

综观世界各国，土地税收入不仅是财政收入的重要组成部分，而且对土地资源配置和农地保护起到了重要调节作用。[1][2] 随着我国社会主义市场经济制度的不断完善，土地税收对土地资源配置和农地保护的保障与调节作用将进一步发挥。目前我国的土地税收体系还不完善，其调节作用发

---

① 路春城、张莉：《论土地税在土地资源管理中的作用及其完善》，《国土资源情报》2006 年 2 月 28 日。

② 曲顺兰、路春城：《论土地税在土地资源管理中的作用及其完善》，《山东经济》2006 年第 4 期。

挥不够好，所以，要建立起完善的现代土地税收制度，合理调节土地主体利益和行为关系，充分发挥土地税收对土地资源配置和农地保护的保障与调节作用。第一，建立合理的土地税收种类。土地税收体系应包括土地取得税、土地保有税和土地转让税三种类型。第二，完善土地占用税。[①] 扩大征收范围，将新菜地建设基金、耕地开垦费等并入其中，将其改名为土地占用税；调整税率；强化征管；加大执法力度。[②] 第三，研究设立土地增值税。农民集体取得集体经营性建设用地使用权出让、租赁收益后，须向政府交纳一定比率的土地增值税。政府通过税收的形式获得长期而有保障的税收来源，促进地方政府改变不合理的土地财政结构，转变政府职能，有利于激励和保障地方政府保护农地资源。第四，适时开征不动产税。不动产税的全面设置和开征，会对土地的集约化利用带来益处，鼓励地方政府对土地财富的合理开发，促使地方政府保护农地资源。第五，适时开征土地用途调节税。对各类开发商的土地开发行为进行调节，使其集约、节约使用土地，促进农地资源的保护。

总之，通过以上以市场机制为基础或基于市场机制的诸手段的科学宏观调控，从而保障我国农地资源保护市场机制的协调健康运行，实现我国农地资源有效保护的目标。

---

① 《构建节约型社会与土地税制的完善》，《中国论文下载中心（财税法规论文——财政税收论文）》，http：//www.studa.net，法律快车税法（http：//www.lawtime.cn），中国范文论文网（http：//lunwen.cnkjz），2014 年 5 月 10 日。

② 曲顺兰、路春城：《构建节约型社会与土地税制的完善》，《税务研究》2006 年第 2 期。

第八章　结论与展望

第一节　主要结论

本书第一、第二章通过对我国农地资源保护背景、目的、意义以及国内外相关文献和基本理论的研究总结，得出如下认识：（1）我国人多地少的基本国情没有改变，综合考虑现有农地数量、质量和人口增长、发展用地需求等因素，农地资源保护的形势仍十分严峻。（2）本书的国外文献和理论比较充分，有可供借鉴的机制与经验，国内的研究近几年逐渐增多，已有的研究有重要参考价值，但还有诸多不足，本书在国内同类研究中具有很大的探索性。（3）在我国土地资源供求矛盾日益突出、耕地保护红线必须坚守和"我国发展进入新时期、改革进入攻坚期和深水区"①的大背景下，急需对我国农地资源保护机制问题进行全面系统和创新性研究，构建农地保护的市场机制框架，提出农地保护机制转变的体制改革和制度创新方案，给出相应的配套政策措施，以促进我国农地资源保护目标的实现。而这正是破解当前我国农地资源保护问题的实质和本书研究的努力方向所在。

第三章对典型国家和地区特别是美国的农地资源保护机制及经验进行了全面系统的研究，总结出农地资源保护的一般规律及科学合理实用的保护方法手段，为我国农地资源保护提供了重要借鉴与启示：一是农地资源保护目标的多样化与合理性；二是充分发挥市场机制作用，高度注重经济利益调节；三是法律法规与政策相互补充、配套实施；四是注重农地保护

---

① 《中共中央关于全面深化改革若干重大问题的决定（2013 年 11 月 12 日中国共产党第十八届中央委员会第三次全体会议通过）》，人民出版社 2013 年版，第 7 页。

制度创新，形成公众参与农地保护制度环境氛围；五是重视城市发展方式的选择，控制城市过度外延；六是支持发展农地规模经营模式，提高农地规模经营效率。总体来看，这些典型国家和地区特别是美国较早形成了比较完备的农地资源市场保护机制和体系，主要运用或基于市场机制对农地资源进行了有效保护，为我国农地保护制度改革提供了经验。

第四、第五章采用规范研究和实证分析相结合的方法，对我国农地资源保护机制进行了深入细致的研究，得出的研究结论是一致的：在国家科学宏观调控下，农地资源的市场机制保护是有效保护农地资源的必然要求和改革的方向。

第四章对我国农地资源保护的基本状况及问题与原因进行了研究。通过对我国农地资源保护政策体系及其演进、农地资源保护机制的缺陷与矛盾、农地资源的利用现状及其变动趋势、农地保护的地方实践模式、农地资源保护中存在问题及原因的深刻剖析，认为新中国成立以来特别是改革开放以来，经过五个阶段的发展，我国基本形成了一个较完整的农地保护政策制度体系，对我国的农地资源保护起到了很大的作用，但是我国现行的农地保护是以行政计划为主的农地保护机制或制度，存在较严重的缺陷与不足，主要表现为上级和单向的行政计划规划控制、法律漏洞与冲突，而市场性、经济性、利益调节性的调控措施手段一直比较薄弱和缺失，由于二者不匹配加之信息不对称和技术层面的原因导致我国农地保护制度和政策的执行效果不尽如人意。其具体问题表现为：政府对土地一级市场的行政垄断与农地保护的矛盾；农地产权制度不健全；土地征收制度存在缺陷；土地利用规划管理薄弱；土地用途管制制度实施困难；耕地占补平衡制度存在诸多隐患；基本农田保护措施难落实；土地执法和督察制度落实不到位。其原因是：土地市场发展及其法律制度安排滞后；征地制度不健全，农地价格扭曲；农地产权制度改革存在缺陷；农地保护激励与补偿机制不健全；利益协调机制不健全；信息不完善，影响政府决策；农地保护机制的监管缺乏力度，土地违法行为普遍。以上研究的结论是：由于我国农地产权及其市场制度改革相对滞后，特别是国家行政垄断的土地征收制度存在问题较多，带来的负面影响较大，导致市场在农地资源保护中的基础性和决定性作用没有得到有效发挥，现行以行政计划手段为主的农地保护效果不理想。所以，在社会主义市场经济不断发展的今天，我国的农地保护要从以行政计划手段为主转为以经济手段为主和必要的国家宏观调控即农地资源的成熟市场机制保护是有效保护农地资源的必然要求和改革方向。

第五章对我国农地资源保护机制进行了实证分析。首先，通过用博弈论方法分析我国现行以行政计划为主的农地保护制度下农地保护绩效，结论是在以行政计划手段为主的农地保护制度框架下，各保护主体按照自身利益最大化原则进行博弈，最终的博弈结果是各方利益制衡下农地保护最终目的难以实现。其次，选取截面数据和时间序列数据构建农地保护绩效评价指标体系，采用因子分析和主成分分析方法，分别对我国不同市场化程度地区和不同市场机制发育程度阶段的农地资源保护绩效进行实证分析，结论认为：无论是同一时期不同市场化程度地区，或者同一地区不同市场机制发育程度时期，农地资源保护的效率都同市场化程度呈高度正相关性，随着市场化程度以及市场机制的不断完善，农地资源保护的效率也在提高，从而综合证明了市场机制有利于保护农地资源。最后，深入河南农村进行农地资源保护的实地问卷调查和访谈，实地调查研究分析现行制度下农村基层农地保护状况及农户的反映，发现农地资源保护的形势依然严峻，而按照市场经济法则，通过改革解决农地保护的利益问题是关键和当务之急。通过这些实证研究分析，进一步证明了农地资源市场机制保护的必要性和有效性。

第六章重点探索建立在国家宏观调控下以市场机制为主的农地保护长效机制及其发展路径。基于建立的农地资源市场机制保护理论、"五位一体"目标、三大基本原则，借鉴国外发达国家和地区农地保护的机制与经验，针对我国农地保护的突出问题及其约束条件，设计和构建出我国农地资源保护市场机制的框架，其含义和基本内容：完整的农地产权是农地保护市场机制的基础和前提；城乡统一土地市场是我国农地资源保护市场机制形成的条件和基本平台；农地资源配置的市场机制和包括农地资源保护的利益约束机制、经济补偿机制、激励机制和利益调节机制的"四位一体"的农地保护市场机制体系是我国农地资源保护市场机制框架的核心内容；国家宏观调控政策是我国农地资源保护市场机制框架的重要组成部分和保障；农地资源"五位一体"保护目标是农地资源市场机制保护的基本原则、根本要求和出发点与落脚点，也是实现农地可持续利用的基础和内容，它形成农地资源市场机制保护的拉力和压力。通过国家宏观调控下以市场机制为主的农地保护机制的调节，在完善现有农地保护制度、法规和规划及保障基础上，协调各农地保护主体行为，实现农地资源有效保护和可持续利用。

本书认为，要实现由现行的行政计划手段为主的农地保护体制到新的以市场机制为主的农地保护长效机制的转变，其路径选择是对现行有关体制或制度的缺陷进行改革和创新。为此，我们提出一个"社会主义市场经济改革方向"的"五位一体"的整体性体制改革与制度创新框架方案，即农地产权制度改革→土地征收制度改革→城乡统一土地市场制度建设→转变城镇化发展方式→完善地方发展评价及干部政绩考核体系。通过上述"五位一体"的整体性体制改革与制度创新方案的实施，建立由现行以行政计划为主的农地保护体制转到新的以市场机制为主的农地保护长效机制的发展路径，打通农地资源保护机制转变的通道，实现由现行以行政计划为主的农地保护体制到新的以市场机制为主的农地保护长效机制的转变，取得农地资源有效保护及可持续利用的实效。

第七章提出我国农地资源市场机制保护的配套措施与政策建议。建立以市场机制为主的农地保护长效机制具有很强的针对性，主要是土地市场发展滞后，市场机制在农地资源配置及其保护中的作用没有得到较好发挥，导致现行农地保护制度政策实施效果不佳，所以，强调依据各种所有制经济公开公平公正参与市场竞争以及要素平等交换、利益合理分享等市场规则、定价原则、内在机制对我国农地资源进行有效保护，按照经济规律对我国农地资源进行有效保护；当然，以市场机制为主的农地保护长效机制绝不是什么单纯的市场调节，当今世界单纯的市场调节是不存在的，而是我国在深化社会主义市场经济方向改革的同时，强调国家宏观调控政策对以市场机制为主的农地保护机制的调控与保障，使市场机制在农地资源配置与保护中起决定性作用，实现市场机制与政府调节的有机结合。为此，提出我国农地资源市场机制保护的配套措施与政策建议组合，包括市场机制保护框架下多重农地保护政策体系以及相应的管理服务和政府宏观调控政策措施保障。

我国市场机制保护框架下多重农地保护政策体系的内容丰富，主要包括：（1）建立农地资源保护的利益约束机制；（2）完善和创新农地资源保护的经济补偿机制；（3）创设农地资源保护的激励机制；（4）构建农地保护的利益调节机制；（5）形成公众参与农地保护的制度环境氛围；（6）发挥市场机制对农地资源保护的决定性作用；（7）规范农地流转行为，发展适度规模经营；（8）建立健全城乡统一土地市场信息服务平台及中介服务组织；（9）加强农地价格管理，建立城乡统一的地价体系；（10）借鉴"城市增长边界"理念，实现城镇化精明增长；（11）加大对农地的投入，加快推进农业现代化；（12）加强区域合作，协调保护农地资源。我国农地资源市场机制保护的政府宏观调控政策措施是：（1）土地利用规划调控；（2）土地用途管制；（3）土地规模控制；（4）土地法律调节；（5）土地税收调节。通过以上诸手段的科学宏观调控，从而促进我国农地资源保护市场机制的协调健康运行。

第二节　未来展望

我国农地资源保护是一个庞大的系统工程，经过作者数年努力，终于完成了本书预定任务。不过，本书还存在不足：一是农地资源保护机制的实证分析有待进一步完善。由于掌握的信息有限，同时考虑数据收集的难度，在评价不同市场化程度和不同市场机制发育程度下的农地保护综合效率时多采用了统计年鉴上的数据。各省市农地资源保护的一些详细数据由于可得性较低，因此所得数据并不是严格意义上的理想数据。如果能够建立更完善的农地保护综合效率指标评价体系并加以分析，将能够丰富本书的实证研究结论。二是以市场机制为主的农地保护长效机制的构建是一项难度较大的工作，对本书研究已取得的成果需要在以后的研究中进一步深化和细化等。

附　录

农地资源保护调查问卷

尊敬的村民和干部朋友:

您好! 我们是郑州大学商学院教师和研究生,此次在本区域进行"农地资源保护问题"实地调查,是国家社会科学基金项目"农地资源保护的市场机制、发展路径与制度创新研究"的调研部分。目的是了解农村农地资源保护的有关情况,农民、干部和有关管理人员对我国农地保护的认知程度、意愿与响应和意见与建议等,并据此进行科学的研究分析,为政府制定合理的农地资源保护政策和科学决策提供依据和建议,也会为解决你们的实际困难和问题提供帮助!

本问卷采取不记名方式填写,您只需根据实际情况填写,不要产生任何顾虑。我们会遵循国家的有关法律规定,保证您的相关信息只作学术应用,不随意应用于其他任何公共场合。希望您抽出一点时间进行填写,对您的热心支持,我们表示衷心感谢!

年　　月　　日

调查地区:_____省_____市_____县(市)区_____乡(镇)_____村(居委会)_____组

问卷编号:_____

第一部分：目前个人及家庭基本情况（在"□"内画"√"，下同）

1. 您的性别：□男　□女

2. 您的年龄：□20 岁以下　□20—29 岁　□30—39 岁　□40—49 岁　□50—59 岁　□60 以上

3. 您的受教育程度：□小学　□初中　□高中　□大中专　□本科及以上学历

4. 您的身份：□农民群众　□农村干部　□政府管理者　□其他

5. 您的家庭人口数：□3 人及以下　□3—5 人　□5 人以上

6. 您家的农地大概面积是：（单位：亩）

    耕地（　）　园地（　）　林地（　）　鱼塘（　）　其他（　）

7. 您家里人均农地面积是：（单位：亩）

    耕地（　）　园地（　）　林地（　）　鱼塘（　）　其他（　）

8. 您的家庭年总收入（近三年平均）：（单位：元）

    □5000 以下　□5000—10000　□10000—30000
    □30000—50000　□50000 以上

9. 农业收入在您的家庭总收入中所占比重

    □10% 以下　□10%—20%　□20%—30%　□30%—40%
    □40%—50%　□50%—60%　□60%—70%　□70%—80%
    □80%—90%　□90% 以上

第二部分：2012 年村基本情况（此部分内容村干部填写）

1. 您村共有人口_____人，_____户，其中农业劳动力_____人；土地总面积_____亩，其中耕地面积为_____亩。

2. 近三年您村耕地平均被征收_____亩，每亩的补偿标准是_____元，每亩得到的补偿是_____元，其中村集体和农户各得到_____元/亩。

3. 您村农业总产值_____万元，其中种植业产值_____万元，畜牧养殖业产值万元，渔业产值_____万元，林业产值_____万元。

4. 您村平均每亩耕地种植业总收入_____元，成本_____元、净收益_____元。

5. 您村距离中心集镇的距离_____公里，离县城（市）_____公里，离地级市_____公里。

6. 您村集体年经济总收入_____万元，其中来自农业种植业和养殖业收入_____万元，民营或村乡镇企业收入_____万元，土地出租出让收入_____万元，其他收入_____万元。

7. 村集体是否有负债？□无　□有，截至 2012 年底，共计有净负债
_____万元。

第三部分：被调查人对农地保护的认知程度

1. 耕地有许多项功能作用，请您根据自己的认知和喜好程度在"□"
内画"√"。

功能	非常重要	重要	有点重要	不重要
粮食及农副产品生产经济功能	□	□	□	□
养老和保障社会稳定功能	□	□	□	□
提供人类和动物的休闲游憩机会	□	□	□	□
保护自然风景和环境等社会功能	□	□	□	□
减缓土地开发	□	□	□	□

2. 您是否了解我国农地保护的政策？
　　□了解　□比较了解　□部分了解　□不了解

3. 您认为您长期承包经营的耕地归谁所有？
　　□国家　□省政府　□市　□县、区　□政府　□乡　□镇
　　□政府　□农民集体　□农户自己

4. 您是否听说过《基本农田保护条例》？　　□是　□否

5. 您认为什么是"基本农田"？
　　□自家承包地　□一般耕地　□依国家土地利用总体规划确定的
　　不得非法占用转用的耕地

6. 您还听说过我国农地保护的其他政策和措施吗？
　　□否　□是（如选"是"，可对下列选项进行多选）：
　　□耕地总量动态平衡制度　□土地用途管制制度
　　□对农业经营的补贴政策　□其他

7. 您认为农地保护的目的是：（可多选，并以其重要性为序在"□"
　　内写上"1 或 2、3、4、5"）
　　□保障国家粮食安全　□稳定或增加家庭收入　□农民养老保障
　　和保证社会稳定　□防止水土流失与保护土壤　□调节气候和保
　　护生态环境等

8. 您认为农地保护责任人是谁？（可多选，并以其重要性为序在

"□"内写上"1或2、3、4")

□中央政府　□地方政府　□农村集体经济组织　□农户　□其他

第四部分：被调查者参加农地保护的意愿与行为

1. 您认为耕地保护是否重要？
   □非常重要　□重要　□有点重要　□不重要
2. 您认为农户（包括村干部等）参与农地保护的重要性如何？
   □非常重要　□重要　□有点重要　□不重要
3. 您是否愿意参加农地保护活动，是否愿意为保护农地出力？
   □愿意　□不愿意
   □如果您选择的是"不愿意"，就请跳到第5项
4. 您愿意以哪种形式参与耕地保护？（可多选）
   (1) 积极参加有益的农地保护活动和主动增加对自家承包地的投入：
   □积极学习宣传国家农地保护政策
   □配合和监督农村基础组织落实国家农地保护政策
   □主动增加对自家承包地农业和粮食种植的投入
   (2) 愿意出钱参加组织的耕地保护，每年出（元）：
   □1—10　□11—20　□21—50　□51—100　□101—200
   □201—300　□301—400　□401—500　□501—600　□601—700
   □701—800　□801—900　□901—1000　□1000以上
   (3) 愿意参加劳动组织的耕地保护，每年的天数是：
   □1　□2　□3　□4　□5　□6　□7　□8　□9　□10
   □11—15　□16—20　□20以上
5. 如果您不愿意参加农地保护，原因是（可多选）：
   □耕地保护不重要，没有多大用处
   □耕地保护是政府的事情，与我无关
   □农户的意见得不到重视，效果不好
   □农户不愿意改变现有的耕作方式
   □没时间、精力学习新的耕作技术
   □没有多余的时间和钱来参加和支付保护费用
   □其他
6. 如果您参加农地保护，是否会给您及家庭和社会带来有益影响？
   □不会

□会（如果您选择"会"，那么您认为会带来什么影响，对下列
选项可多选）

□改善耕地条件和增加耕地质量　□提高农产品产量和质量

□增加农业收入　□改善生产和生活条件

□保护和改善生态环境　□其他

7. 您认为下列产品价格是否合理？

（1）农产品市场价格

　　□非常合理　□合理　□比较合理　□不合理　□非常不合理

（2）农资产品市场价格

　　□非常合理　□合理　□比较合理　□不合理　□非常不合理

8. 目前您家经营的承包地每年得到的各种种植补贴总额是：每年每
亩＿＿＿＿＿元。

9. 您对农业补贴金额标准的看法：

□补贴过高　□补贴合理　□补贴不足　□补贴偏低，应增加补贴
□补贴过低，应改革和完善补贴机制

10. 如果您履行《基本农田保护条例》及当地基本农田保护责任书中
的有关责任义务，实行有利方式利用和保护基本农田，您认为每
年每亩应得到国家多少补贴（补偿）？（单位：元）

□1—100　□101—200　□201—300　□301—400　□401—500
□501—600　□601—700　□701—800　□801—900　□901—1000
□1000 以上

11. 基于目前国家的征地制度，您是否愿意您的土地被征收？（可多
选）

□欢迎　□接受

□同意，但认为程序需改进，应增加或落实农民的知情权、参与
权和相应的决策权

□同意，但应增加对征地的补偿标准，每亩应补偿农民＿＿＿＿＿元
□不同意，希望按照国家城乡统一规划，农民集体进行土地开发
□比如流转、出租、出让等

12. 今后您对承包土地经营的打算是：

□继续自家经营　□增加农地经营面积和投入　□将承包地经营
权部分或全部转包　□不确定

第五部分：农地保护中的政府行为

1. 您所在的镇或村是否开展过农地保护的相关宣传教育活动？

    □有，经常进行　□有，但较少　□有，但很少

    □没有　□不太清楚

2. 您所在地政府在耕地保护中开展过以下哪些工作？（可多选）

    □改善农村基础设施　□及时足额发放国家相关农业补贴

    □宣传、普及农业科技知识和进行技术培训与指导

    □提供良种、苗木、机械等方面服务和帮助

    □提供相关优惠政策，比如小额贷款，低息、贴息贷款，农业风
    险补助等

    □其他

3. 如果有以上活动，您对政府工作的效果是否满意？

    □满意　□比较满意　□不满意

4. 您认为农地保护中还存在哪些问题？（可多选）

    □农地保护信息缺乏，不知情

    □农地保护政策的宣传和落实不够、执行不到位

    □农地保护的政策体制还不健全

5. 您认为农地保护面临的主要挑战是什么？（可多选）

    □城市粗放蔓延扩张　□开发征用农地

    □农业粮食收入低，经营和保护耕地没有积极性

    □国家农地保护政策"棚架"　　□其他

6. 为了有效保护农地耕地，您希望政府应进一步做好哪些工作？（可多
    选）

    □广泛宣传国家的农地保护政策信息，使农村干部和群众明白

    □落实执行好国家现有的农地保护政策

    □进一步增强对"三农"的扶持力度，提高农业粮食的比较利益，
    调度经营和保护耕地的积极性

    □国家出台更加严格和有效的农地保护政策

问卷的有效性检验

1. 您觉得本次调查是否有意义？

□有意义　□有一些意义　□没有多大意义

2. 您对问卷的内容是否理解清楚？

□清楚　□部分问题不大清楚　□不清楚

3. 您的回答是否受到别人的影响？

□有　□没有

辛苦了，再次感谢您对本次问卷调查的支持与合作！

参考文献

一　中文著作部分

阿尔钦：《产权：一个经典注释》，转引自 R. 科斯、A. 阿尔钦、D. 诺斯《财产权利与制度变迁——产权学派与新制度学派论文集》，上海三联书店、上海人民出版社 1994 年版。

阿弗里德·马歇尔：《经济学原理》，华夏出版社 2006 年版。

樊纲、王小鲁、朱恒鹏：《中国市场化指数》，经济科学出版社 2010 年版。

樊正伟、赵准：《以色列城市公有土地租赁制度》，转引自蔡继明、邝梅《论中国土地制度改革》，《中国土地制度改革国际研讨会论文集》，中国财政经济出版社 2009 年版，第 668 页。

菲吕博滕、配杰威齐：《产权与经济理论：近期文献的一个综述》，转引自 R. 科斯、A. 阿尔钦、D. 诺斯《财产权利与制度变迁——产权学派与新制度学派论文集》，上海三联书店、上海人民出版社 1994 年版。

高向军：《搞好土地整理建设社会主义新农村》，中国大地出版社 2006 年版，第 329 页。

胡锦涛：《坚定不移沿着中国特色社会主义道路前进为全面建成小康社会而奋斗——在中国共产党第十八次全国代表大会上的报告》，人民出版社 2012 年版。

黄贤金：《农地价格论》，中国农业出版社 1997 年版。

黄贤金、张安录：《土地经济学》，中国农业大学出版社 2008 年版。

姜文来、杨瑞珍：《资源资产论》，科学出版社 2003 年版。

贾生华、张宏斌：《中国土地非农化过程与机制实证研究》，上海交通大学出版社 2002 年版。

蓝盛芳、钦佩、陆宏芳：《生态经济系统能值分析》，化学工业出版社 2002 年版。

雷纳、科尔曼：《农业经济学前沿问题》，中国税务出版社 2000 年版。

梁湖清：《生态城市土地可持续利用》，广东经济出版社 2003 年版。

林卿：《农地制度——农业可持续发展》，中国环境科学出版社 2000 年版。

陆汝成：《地方政府耕地保护效应——基于行为地理学视角》，科学出版社 2012 年版。

吕萍：《不动产管理制度研究》，中国大地出版社 2003 年版。

钱忠好：《中国农村土地制度变迁和创新研究》，中国农业出版社 2005 年版。

钱忠好：《中国农村土地制度变迁和创新研究》，社会科学文献出版社 2006 年版。

曲福田、谭荣：《中国农地非农化的可持续治理》，科学出版社 2010 年版。

单胜道、陈强、尤建新：《农村集体土地产权及其制度创新论》，中国建筑工业出版社 2005 年版。

吴关琦、徐成龙、严崇潮等：《东南亚农业地理》，商务印书馆 2011 年版。

吴群、郭贯成、刘向南：《中国农地保护的体制与政策研究》，科学出版社 2011 年版。

吴天君：《耕地保护新论》，人民出版社 2009 年版。

肖国安：《中国粮食安全研究》，中国经济出版社 2005 年版。

《中共中央关于全面深化改革若干重大问题的决定（2013 年 11 月 12 日中国共产党第十八届中央委员会第三次全体会议通过）》，人民出版社 2013 年版。

中国社会科学院农村发展研究所宏观经济研究室：《农村土地制度改革：国际比较研究》，社会科学文献出版社 2009 年版。

中国社会科学院语言研究所词典编辑室：《现代汉语词典》，商务印书馆 1996 年版。

张迪、吴初国、王小菊：《发达国家农地保护政策演变及借鉴》，中国经济出版社 2007 年版。

周建春：《小城镇土地制度与政策研究》，中国社会科学出版社 2007

年版。

曾令秋、胡健敏：《新中国农地制度研究》，人民出版社 2011 年版。

二　中文论文部分

蔡继明：《中国土地制度改革的"顶层设计"》，http：//www. tfswufe. net/Article_ Show. asp？ ArticleID = 4602，2012 年 10 月 29 日。

蔡继明、陈钊、党国英等：《关于土地制度改革的三点共识》，《科学发展》2013 年第 5 期。

蔡剑辉：《论森林资源定价的理论基础》，《北京林业大学学报》（社会科学版）2004 年第 3 期。

蔡银莺：《农地生态与农地价值关系》，博士学位论文，华中农业大学，2007 年。

蔡运龙：《中国农村转型与耕地保护机制》，《地理科学》2001 年第 1 期。

常明明、李汉文：《中国农地产权：缺陷、逆向淘汰及改革路径选择》，《学术交流》2007 年第 3 期。

常瑜：《浅论我国土地征用制度中的公共利益目的与程序正义》，《新学术》2007 年第 6 期。

车善凤、张迪：《美国农地保护政策演变及对我国的借鉴》，《国土资源情报》2004 年第 3 期。

陈仁泽：《人多地少的基本国情没有改变》，《人民日报》2013 年 12 月 31 日第 9 版。

陈家泽、宋世智：《新形势下基本农田保护难题——以湖北荆州市为例》，《中国县域经济报》2012 年 11 月 19 日。

陈静杉：《粮食安全与耕地保护研究》，博士学位论文，中南大学，2010 年。

陈茵茵、黄伟：《美国的农地保护及其对我国耕地保护的借鉴意义》，《南京农业大学学报》（社会科学版）2002 年第 2 期。

陈莹：《加拿大的农地保护》，《中国土地》2003 年第 10 期。

《城乡统一土地市场制度构建探讨》，中国论文下载中心——农村研究论文，http：//www. studa. net，2012 年 7 月 3 日。

党国英：《农地保护之忧》，《中国新闻周刊》2011 年第 1 期。

窦祥铭：《中国农地产权制度改革的国际经验借鉴——以美国、日本、以色列为考察对象》，《世界农业》2012 年第 9 期。

段正梁、张维然：《论土地价值的内涵及其特殊性》，《同济大学学报》（社会科学版）2004 年第 1 期。

方贤雷、邓映之、杜文玲：《美国的耕地保护制度经验及对我国耕地保护的启示》，《中国商界（上半月）》2010 年第 3 期。

方贤雷：《我国耕地保护政策研究》，硕士学位论文，安徽大学，2010 年。

《房地产经济基础理论》，2013 年 1 月 4 日，http：//www. docin. com/p－256691932. html，2013 年 11 月 20 日。

广州协作：《河南省四个方面构建保障机制加强耕地保护》，2008 年 7 月 11 日，http：//www. gzxz. gov. cn/Item/12489. aspx，2014 年 4 月 13 日。

甘藏春：《坚守耕地红线是各级政府的共同责任——在河南省政府土地专项督察工作汇报会上的讲话》，《国土资源通讯》2007 年第 6 期。

高广飞：《我国农民土地权益保护制度研究》，硕士学位论文，华中农业大学，2012 年。

高国力：《再论我国限制开发和禁止开发区域的利益补偿》，《今日中国论坛》2008 年第 6 期。

高魏、胡永进：《耕地保护理论研究》，《农村经济》2004 年第 6 期。

郭芳：《商丘：加强耕地保护　实现占补和耕地总量动态平衡》，http：//news. xinmin. cn/rollnews/2011/06/27/11236469. html，2011 年 6 月 27 日。

郭娇玉：《我国耕地保护法研究》，硕士学位论文，中国海洋大学，2008 年。

郭娜、孙佑海：《农地资源安全与保护及其战略研究》，《农业生态环境保护与农业可持续发展研讨会论文集》，2013 年 5 月 25 日。

郭新力：《中国农地产权制度研究》，博士学位论文，华中农业大学，2007 年。

郭益凤：《国外农地保护的政策措施探析》，《东北农业大学学报》（社会科学版）2009 年第 2 期。

国家计委经济研究所课题组：《中国区域经济发展战略研究》，《管理世界》1996 年第 4 期。

国土资源部：《2012 年国土资源公报》，国土资源部网站，http：//

www. mlr. gov. cn/。

国务院办公厅：《关于规范国有土地使用权出让收支管理的通知》（国办发〔2006〕100号），中央政府门户网站，http：//www. gov. cn/zwgk/2006－12/25/content_478251. htm，2006年12月25日。

国务院第二次全国土地调查领导小组办公室：《关于第二次全国土地调查主要数据成果的公报》，《人民日报》2013年12月31日；《国家新型城镇化规划（2014—2020年）》，新华社北京，2014年3月16日电。

国务院发展研究中心中国土地政策改革课题组：《中国土地政策改革：一个整体性行动框架》，《改革》2006年第2期。

何如海：《农村劳动力转移与农地非农化协调研究》，博士学位论文，南京农业大学，2006年。

哈维·雅各布：《国际耕地保护中发达国家对发展中国家的经验教训》，第41届芝加哥规划学院协会年会，芝加哥，1999年10月。

韩俊、张云华：《土地征用过程中的利益分配——苏州市吴中区的实证分析》，《中国经济时报》2009年5月13日。

韩勇：《市（地）级土地利用总体规划实施体系研究》，硕士学位论文，华中农业大学，2005年。

郝寿义、王家庭、张换照：《工业化、城市化与农村土地制度演进的国际考察》，《上海经济研究》2007年第1期。

贺晓英：《美国城市扩张中的农地保护方法及启示》，《中南大学学报》2008年第6期。

贺晓英：《城市扩张中的农地保护机制研究》，博士学位论文，西北农林科技大学，2009年。

侯力：《中国城市化过程中的耕地资源保护研究》，博士学位论文，吉林大学，2008年。

胡靖：《粮食非对称核算与机会成本补偿》，《中国农村观察》1998年第5期。

胡明辉：《我国农村土地流转模式研究》，博士学位论文，燕山大学，2008年。

胡新智：《农地流转收益博弈分析》，《中国农村金融》2011年第1期。

华彦玲、施国庆、刘爱文：《国外农地流转与实践研究综述》，《世界农业》2006 年第 9 期。

黄广宇、蔡运龙:《城市边缘带农地流转驱动因素及耕地保护对策》,《福建地理》2002 年第 1 期。

黄海阳:《我国耕地保护政策的绩效分析》,硕士学位论文,四川师范大学,2012 年。

黄延廷:《从法国摆脱小农式发展的实践谈我国农地规模化经营的对策》,《湖南师范大学社会科学学报》2012 年第 5 期。

黄祖辉、汪辉:《非公共利益性质的征地行为与土地发展权补偿》,《经济研究》2002 年第 5 期。

贾晶晶:《中国城乡统一建设用地市场构建研究》,硕士学位论文,郑州大学,2012 年。

贾若祥:《建立限制开发区域利益补偿机制》,《中国发展观察》2007年第 10 期。

贾绍凤、张军岩:《日本城市化中的耕地变动与经验》,《中国人口、资源与环境》2003 年第 1 期。

贾娅玲:《我国农地保护的法治化研究》,博士学位论文,中央民族大学,2009 年。

臧俊梅:《农地发展权的创设及其在农地保护中的运用研究》,博士学位论文,南京农业大学,2007 年。

姜文来:《粮食安全与耕地资源保障》,《世界环境》2008 年第 4 期。

降蕴彰、梁栋:《以色列农业奇迹——专访以色列驻华国际合作、科技和农业参赞 Dr. Ezra Shoshani》,《农经》2009 年第 10 期。

李丹:《以色列农业发展初探》,《西安社会科学》2010 年第 3 期。

李凤梅:《中国城市化进程中农地保护法律制度研究》,博士学位论文,中央民族大学,2010 年。

李国娟:《现阶段我国的农地产权制度研究》,硕士学位论文,燕山大学,2011 年。

李刘艳:《农地流转国外经验借鉴与启示》,《土地开发》2012 年第12 期。

李涛、郝晋珉、侯满平:《我国农村土地准公共性分析》,《农村经济》2004 年第 4 期。

李武艳、徐保根、赵建强等:《加拿大农地保护补偿机制及其启示》,

《中国土地科学》2013 年第 7 期。

李宪文、林培:《国内外耕地利用与保护的理论基础及其进展》,《地理科学进展》2001 年第 4 期。

李相范:《土地违法行为的经济学分析》,博士学位论文,吉林大学,2010 年。

李晓明:《台湾的农地保护政策》,《世界农业》1997 年第 1 期。

李秀彬:《中国近 20 年来耕地面积的变化及其政策启示》,《自然资源学》1999 年第 4 期。

梁启东:《全面深化改革是新型城镇化的根本保障》,《沈阳日报》2014 年 3 月 24 日。

刘绯:《城市化与农地保护的均衡发展研究》,硕士学位论文,东北财经大学,2010 年。

刘友兆:《农业结构调整与耕地保护的协调研究》,《南京农业大学学报》(社会科学版) 2001 年第 1 期。

刘志仁:《农村土地保护的信托机制研究》,博士学位论文,中南大学,2007 年。

刘峰:《统一地理信息服务在土地信息管理中的应用》,《国土资源信息化》2010 年第 1 期。

刘国臻:《中国土地发展权论纲》,《学术研究》2005 年第 10 期。

刘黎明、RimSangKyu:《韩国的土地利用规划体系和农村综合开发规划》,《经济地理》2004 年第 3 期。

刘野:《基于农地发展权视角的征地补偿研究》,硕士学位论文,江西财经大学,2012 年。

刘毅:《法经济学视野中的集体土地非法入市》,硕士学位论文,东北财经大学,2005 年。

刘迎秋:《中国土地征用制度存在的弊端及改革措施》,《中国科技财富》2011 年第 3 期。

刘莹、朱小花:《提高农民保护耕地积极性的思考》,《科技广场》2008 年第 11 期。

路春城、张莉:《论土地税在土地资源管理中的作用及其完善》,《国土资源情报》2006 年 2 月 28 日。

路璐:《外国农业生态环境可持续发展经验分析》,《北方经贸》2012

年第 4 期。

罗罡辉、叶艳妹:《土地监察的博弈分析》,《农业经济问题》2004
年第 4 期。

罗丽艳:《自然资源价值的理论思考》,《中国人口·资源与环境》
2003 年第 6 期。

罗明、鞠正山、张清春:《发达国家农地保护政策比较研究》,《农业
工程学报》2001 年第 6 期。

罗维燕、罗维杰:《浅析美国的农业扶持政策》,《长春金融高等专科
学校学报》2009 年第 2 期。

吕萍:《农业奇迹的背后——透视以色列农地保护观念变化》,《域外
土地》2001 年第 10 期。

马驰、秦明周:《构建我国区域间耕地保护补偿机制探讨》,《安徽农
业科学》2008 年第 27 期。

马晓珍:《西部地区土地资源保护的法律问题研究》,硕士学位论文,
西北民族大学,2011 年。

马秀鹏:《中国农村集体建设用地流转法律制度创新研究》,博士学
位论文,南京农业大学,2008 年。

马义华、李太后:《成都市耕地保护基金制度的实践与思考》,《改革
与战略》2012 年第 8 期。

马毅:《英国土地管理制度介绍与借鉴》,《中国土地》2003 年第
12 期。

茆荣华:《我国农村集体土地流转制度研究》,博士学位论文,华东
政法大学,2009 年。

梅琳:《我国农村土地流转模式研究》,博士学位论文,福建师范大
学,2011 年。

孟祥舟:《英、美、法协调城市发展与农地保护政策的措施对比》,
《国土资源》2005 年第 8 期。

南阳市统计局:《2012 年南阳市国民经济和社会发展统计公报》,ht-
tp://www.ha.stats.gov.cn/hntj/tjfw/tjgb/sxsgb/webinfo/2013/03/1364348
557202141.htm,2013 年 3 月 28 日。

倪维秋、余滨祥:《基于城乡统筹的城乡统一建设用地市场构建》,
《商业研究》2010 年第 10 期。

彭开丽：《农地城市流转的社会福利效应——基于效率与公平理论的实证分析》，博士学位论文，华中农业大学，2008 年。

彭开丽、彭可茂、席利卿：《中国各省份农地资源价值量估算——基于对农地功能和价值分类的分析》，《资源科学》2012 年第 8 期。

彭凌：《城乡统一的建设用地市场研究》，硕士学位论文，西南大学，2011 年。

彭宜佳：《多方规划与智慧发展：美国农地保护政策的考察与启示》，《社会主义研究》2012 年第 3 期。

钱忠好：《中国农地保护：理论与政策分析》，《管理世界》2003 年第 10 期。

钱忠好、牟燕：《中国土地市场化改革：制度变迁及其特征分析》，《农业经济问题》2013 年第 5 期。

曲福田、陈江龙、陈雯：《农地非农化经济驱动机制的理论分析与实证研究》，《自然资源学报》2005 年第 2 期。

曲顺兰、路春城：《构建节约型社会与土地税制的完善》，《税务研究》2006 年第 2 期。

任小宁：《农地发展权价格评估研究》，硕士学位论文，长安大学，2008 年。

任旭峰：《中国耕地资源保护的政治经济学分析》，博士学位论文，山东大学，2012 年。

商丘市国土资源局：《我们是如何推行"土地协管员制度"的》，《资源导刊》2007 年第 11 期。

商丘市统计局：《2012 年商丘市国民经济和社会发展统计公报》，http：//www. ha. stats. gov. cn/hntj/tjfw/tjgb/sxsgb/webinfo/2013/03/1364348560359197. htm，2013 年 3 月 28 日。

申俊鹏、秦明周：《基于总量动态平衡的河南省耕地保护制度运行绩效分析》，《安徽农业科学》2008 年第 11 期。

沈佳音、张茜：《加拿大农地保护机制以及对我国的借鉴意义》，《中国国土资源经济》2010 年第 12 期。

施建刚、黄晓峰：《对发达地区农村宅基地置换模式的思考》，《农村经济》2007 年第 2 期。

施思：《中国土地发展权转移与交易的浙江模式与美国比较研究》，

《世界农业》2012 年第 10 期。

宋丽俊：《太原市耕地保护存在的问题及法律对策》，硕士学位论文，山西财经大学，2013 年。

宋玉波：《经济转型时期中国土地市场建立和管理研究》，硕士学位论文，南京农业大学，2004 年。

孙海兵：《农地外部效益研究》，博士学位论文，华中农业大学，2006 年。

孙琳蓉、李伟：《关于建立城乡统一土地市场的思考》，《国土资源情报》2013 年 1 月 20 日。

孙陶生：《论我国农地保护的目标选择与现实途径》，《平顶山师专学报》2003 年第 4 期。

谭荣：《荷兰农地非农化中政府的强势角色及启示》，《中国土地科学》2009 年第 12 期。

汤芳：《农地发展权定价研究》，硕士学位论文，华中农业大学，2005 年。

唐健：《征地制度改革的历程回顾和路线设计》，《国土资源导刊》2012 年第 8 期。

唐顺彦、杨忠学：《英国与日本的土地管制制度比较》，《世界农业》2001 年第 5 期。

田春、李世平：《基于生态价值认知的农地保护机制初探》，《2008 年中国土地学会学术年会论文集》2008 年 11 月。

文森：《重庆市耕地资源安全与预警研究》，博士学位论文，西南大学，2008 年。

汪晖：《城乡结合部的土地征用：征用权与征地补偿》，《中国农村经济》2002 年第 2 期。

汪秀莲：《韩国土地管理法律制度》，《中国土地科学》2003 年第 3 期。

汪子一、毛德华：《城乡结合部的农地保护初探》，《科技创新导报》2008 年第 4 期。

王炳春：《论中国农地资源安全》，博士学位论文，东北农业大学，2007 年。

王炳春：《我国农地资源利用管理初探》，《农机化研究》2008 年第

9 期。

王春华、梁流涛、高峰：《国外农地保护政策与措施对我国的启示》，《资源调查与评价》2007 年第 2 期。

王峰：《我国城市空间增长边界（UGB）研究初探》，硕士学位论文，西安建筑科技大学，2009 年。

王华巍：《世界主要发达国家农业政策的比较研究》，博士学位论文，吉林大学，2005 年。

王继宏、宋伟：《为了中州大地的丰收——河南省南阳市加强耕地保护工作的经验》，《国土资源通讯》2009 年第 1 期。

王家梁：《农地保护利用与土地使用管制》，《中国土地科学》1998 年第 6 期。

王健梅：《英国的土地管制和耕地保护》，《中国农业信息》2007 年第 11 期。

王进：《地方政府规制中的届际机会主义行为及治理》，《东岳论丛》2013 年第 3 期。

王利敏：《基于农田保护的农户经济补偿研究》，博士学位论文，南京农业大学，2011 年。

王裙：《英国耕地保护及对我国城市边缘区耕地保护的启示》，《今日南国》2009 年第 6 期。

王万茂：《土地用途管制的实施及其效益的理性分析》，《中国土地科学》1999 年第 3 期。

王文婷：《荷兰农地管理成功经验一览》，《资源与人居环境》2007 年第 7 期。

王小宁：《城市化进程中失地农民与政府之间的利益博弈分析》，《经济问题》2010 年第 5 期。

王小映：《按照物权法和债权合同法规范土地流转》，《经济研究参考》2002 年第 39 期。

王小映、贺明玉、高永：《我国农地转用中的土地收益分配实证研究》，《管理世界》2006 年第 5 期。

王晓颖：《英国土地管制经验对完善我国土地制度的启示》，《西部论坛》2011 年第 2 期。

王秀兰、杨兴权：《日本土地信托的特点与借鉴》，《当代经济》2007

年第 2 期。

　　王秀兰：《土地信托模式的国际借鉴与思考》，《商业时代》2007 年第 16 期。

　　王雅鹏、杨涛：《试论农地资源的稀缺性与保护的必要性》，《调研世界》2002 年第 9 期。

　　王茨：《我国农地非农化配置效率研究》，博士学位论文，福建师范大学，2011 年。

　　王雨濛：《土地用途管制与耕地保护补偿及机制研究》，博士学位论文，华中农业大学，2010 年。

　　魏景明：《美国的土地管理与利用》，《中国土地》2002 年第 11 期。

　　邬晓波、王秀兰：《我国农村集体土地信托模式初探》，《理论月刊》2004 年第 4 期。

　　吴伶：《我国现阶段征地制度的缺陷及改进研究》，硕士学位论文，西南财经大学，2007 年。

　　吴晓佳：《日本农地管理制度及启示》，《农村经营管理》2011 年第 3 期。

　　吴晓青、洪尚群、段昌群等：《区际生态补偿机制是区域间协调发展的关键》，《长江流域资源与环境》2003 年第 1 期。

　　吴月芽：《农村集体建设用地使用权入市流转的可行性探析》，《经济地理》2005 年第 3 期。

　　吴泽斌、刘卫东、罗文斌等：《我国耕地保护的绩效评价及其省际差异分析》，《自然资源学报》2009 年第 10 期。

　　吴正红、叶剑平：《美国农地保护政策及对我国耕地保护的启示——以密歇根州为例》，《华中师范大学学报》2009 年第 4 期。

　　武汉市统计局：《2012 年武汉市国民经济和社会发展统计公报》，http：//www. stats – hb. gov. cn/wzlm/tjgb/ndtjgb/whs/whs/95389. htm，2013 年 3 月 7 日。

　　武汉市土地调查工作领导小组：《2009 年度武汉市土地利用变化情况分析报告》，武汉市土地调查工作领导小组办公室，武汉，2010 年。

　　席雯、雅玲：《外国土地制度对中国农村土地利用的借鉴》，《内蒙古农业科技》2010 年第 3 期。

　　许坚、杨峰：《台湾的农地政策及启示》，《中国国土资源经济》2004

年第 11 期。

许建生、张驰、韩芳侠：《推进城镇化发展的农村土地制度改革的建议》，《投资北京》2013 年第 10 期。

席武俊、童绍玉、罗仁波：《基于回归及灰色系统方法的中国耕地面积预测研究》，智能信息技术应用协会，武汉，2010 年 10 月 17 日。

肖屹、钱忠好、曲福田：《农民土地产权认知与征地制度改革研究——基于江苏、江西两省 401 户农民的调查研究》，《经济体制改革》2009 年第 1 期。

肖屹：《农民土地产权认知与征地制度改革研究》，《经济体制改革》2009 年第 1 期。

谢经荣：《从美国经验谈我国的农地保护》，《国土与自然资源研究》1996 年第 3 期。

谢招煌：《集体土地权益实现模式研究》，硕士学位论文，同济大学，2008 年。

新华网：《中国土地制度十大缺陷》，http：//news. jschina. com. cn/system/2011/08/05/011392902. shtml，2011 年 8 月 5 日。

邢晓娜、高松峰：《国内外耕地保护研究进展》，《现在农业科技》2011 年第 2 期。

熊红芳、邓小红：《美日农地流转制度比较分析》，《生产力研究》2005 年第 5 期。

徐成龙：《新加坡农业》，《世界农业》1981 年第 7 期。

徐华：《在新的历史起点上吹响全面深化改革"集结号"》，《中外企业家》2013 年第 30 期。

许恒周：《耕地保护：农户、地方政府与中央政府的博弈分析》，《经济体制改革》2011 年第 4 期。

闫广超、胡动刚：《农地资源安全问题及政策分析》，《科技创业》2012 年第 6 期。

杨伟民：《城镇化要减少工业用地增加居住用地》，《中国城镇化高层国际论坛》，http：//finance. sina. com. cn/hy/20130330/100415004887. shtml，2013 年 3 月 30 日。

杨兴权、杨忠学：《韩国的农地保护与开发》，《世界农业》2004 年第 11 期。

叶剑平、金晓月：《以用途管制为导向健全农村土地管理制度》，《中国国土资源报》，2010 年 3 月 26 日。

殷园：《浅议韩国耕地保护及利用》，《辽宁经济管理干部学院学报》2008 年第 2 期。

袁弘：《我国城乡土地市场与地价体系研究》，硕士学位论文，中国农业大学，2003 年。

张丁发：《城市化进程中的土地市场调控的制度保障研究》，博士学位论文，复旦大学，2005 年。

张术环：《当代日本农地制度及其对中国新农村建设的启发》，《世界农业》2007 年第 6 期。

张安录、杨钢桥：《美国城市化过程中农地城市流转与农地保护》，《中国农村经济》1998 年第 11 期。

张安录：《城乡生态经济交错区农地城市流转机制与制度创新》，《中国农村经济》1999 年第 7 期。

张道明、王允才：《商丘互换并地启示》，《农村经营管理》2013 年第 7 期。

张迪：《日本农地政策特点及对我国的借鉴意义》，《国土资源情报》2006 年第 1 期。

张凤荣、薛永森：《中国耕地的数量与质量变化分析》，《资源科学》1998 年第 5 期。

张凤荣：《重在保持耕地生产能力——对新形势下耕地总量动态平衡的理解》，《中国土地》2003 年第 7 期。

张浩洁：《土地征用补偿问题研究》，硕士学位论文，吉林大学，2007 年。

张合林：《对农民享有土地财产权益的探讨》，《中州学刊》2006 年第 2 期。

张合林：《城市化进程中土地征用制度的经济学分析》，《上海经济研究》2006 年第 3 期。

张合林：《公共利益与征地及政府边界》，《决策探索》2006 年第 7 期。

张合林：《试论土地征用中的合理补偿机制》，《生产力研究》2006 年第 9 期。

张合林：《城乡统一土地市场制度创新及政策建议》，《中国软科学》2007 年第 2 期。

张合林：《建立贯彻落实科学发展观的长效机制保障》，转引自贾跃《第十届中国科协年会论坛论文集：文化强省战略与科技支撑》，河南人民出版社 2008 年版。

张合林：《建立贯彻落实科学发展观的体制机制》，《河南科技》2009 年第 2 期。

张合林：《促进中部崛起战略的理论基础及其政策完善》，《郑州大学学报》（哲学社会科学版）2010 年第 1 期。

张合林：《中原经济区"三化"协调发展研究》，《河南科技》2011 年第 11 期。

张合林、贾晶晶：《我国城乡统一建设用地市场构建及配套政策研究》，《地域研究与开发》2013 年第 5 期。

张合林、王飞：《农户农村承包地使用权流转意愿的实证研究》，《财经科学》2013 年第 10 期。

张合林：《美国农地资源保护机制及对我国的借鉴与启示》，《资源导刊》2014 年第 6 期。

张宏斌：《土地非农化机制研究》，博士学位论文，浙江大学，2001 年。

张军：《美国农业政策对我国农业发展的启示》，论文库，http：//lwcool. com/lw/newsfile/2006/1/7/200617_ lwcool_ 4227. html，2006 年 1 月 7 日。

张玲蓉：《美国农地资源保护的经验及启示》，《浙江经济》2006 年第 10 期。

张明亮：《法国农业的特点》，《世界农业》1997 年第 11 期。

张锐：《我国农地流转中的资源保护研究》，硕士学位论文，南京师范大学，2011 年。

张欣：《我国当前的农地产权制度问题研究》，硕士学位论文，东北师范大学，2006 年。

张馨元：《土地用途管制》，《法制与社会》2009 年第 3 期。

张延昉：《我国土地用途管制制度实施中的不足及完善对策》，硕士学位论文，郑州大学，2011 年。

赵光南：《中国农地制度改革研究》，博士学位论文，武汉大学，

2011 年。

赵杭莉：《农地产权对农地利用绩效影响研究》，博士学位论文，西北大学，2012 年。

赵贺：《转轨时期的中国城市土地利用机制研究》，博士学位论文，复旦大学，2004 年。

赵捷、金晓斌、唐健等：《耕地占用税设置的功能定位与调控机制分析》，《国土资源科技管理》2011 年第 2 期。

赵明：《我国农地资源保护的市场机制研究》，硕士学位论文，郑州大学，2014 年。

赵学涛：《发达国家农地保护的经验和启示》，《国土资源情报》2004 年第 6 期。

赵学涛：《发达国家的农地保护》，《河南国土资源》2004 年第 8 期。

赵云海：《关于土地征用中的公共利益原则》，《理论探索》2005 年第 3 期。

郑文博、尹永波：《当前中国土地市场发展状况及趋势分析》，《湖南大学学报》2007 年第 3 期。

郑纪芳、史建民：《国内外耕地保护问题研究综述》，《生产力研究》2009 年第 5 期。

郑培、朱道林等：《政府耕地保护行为的公共选择理论分析》，《中国国土资源经济》2005 年第 9 期。

郑春燕：《城市化过程中农地资源保护与开发问题研究》，硕士学位论文，郑州大学，2012 年。

中共中央办公厅、国务院办公厅印发：《关于引导农村土地经营权有序流转发展农业适度规模经营的意见》，新华网，http：//news. xinhuanet. com/politics/2014 – 11/20/c_ 1113339197. htm，2014 年 11 月 20 日。

《中共中央、国务院关于全面深化农村改革加快推进农业现代化的若干意见》，新华网，http：//news. xinhuanet. com/politics/2014 – 01/19/c_ 119033371. htm，2014 年 1 月 19 日。

《中央农村工作会议公报》，《人民日报》2013 年 12 月 25 日第 1 版。

中国国土资源部：《逐级签约　层层尽责——南阳市加强耕地保护的做法》，http：//www. mlr. gov. cn/xwdt/dfdt/200808/t20080806_ 109084. htm，2008 年 8 月 6 日。

钟秉盛：《国农地产权制度对农业生态环境的影响分析》，《广东财经职业学院学报》2006 年第 6 期。

周立：《城市化进程中耕地多功能保护的价值研究——以宁波市为例》，博士学位论文，浙江大学，2010 年。

周其仁：《农地产权与征地制度——中国城市化面临的重大选择》，《经济学（季刊）》2004 年第 1 期。

周其仁：《改革的力量不会停》，《社会科学报》2013 年 10 月 17 日。

周宝同：《土地资源可持续利用评价研究》，硕士学位论文，西南农业大学，2001 年。

周诚：《农地征用中的公正补偿》，《中国土地》2004 年第 1 期。

周建春：《农地发展权的设定与评估》，《中国土地》2005 年第 4 期。

周建春：《中国耕地产权与价值研究——兼论征地补偿》，《中国土地科学》2007 年第 1 期。

周江梅、林卿、曾玉荣：《台湾地区农地政策与城乡共同发展》，《现代经济探讨》2011 年第 8 期。

朱木斌：《集体非农建设用地流转制度变迁的动力机制》，博士学位论文，南京农业大学，2008 年。

朱道林：《现行征地补偿制度的五大误区》，《国土资源》2004 年第 6 期。

朱晓华、张金善：《中国耕地资源动态变化剖析》，《国土资源管理》2005 年第 4 期。

朱新华、曲福田：《基于粮食安全的耕地保护外部性补偿途径与机制设计》，《南京农业大学学报（社会科学版）》2007 年第 4 期。

朱应川：《论我国土地征收中的利益冲突和法律保护》，硕士学位论文，贵州大学，2010 年。

诸培新、曲福田：《从资源环境经济学角度考察土地征收补偿价格构成》，《中国土地科学》2003 年第 3 期。

曾进生：《对湖北省耕地保护工作的回眸和思考》，《农业经济与科技》2009 年第 5 期。

三　英文文献部分

American Farmland Trust, *Saving American Farmland: What Works*, Northampton: Northampton Press, 1997, pp. 3 – 5, 125, 223, 251.

Aon, M. A. and Sarena, D. E. , "Biological and Physical Properties of Soils Subjected to Conventional or no till Management of Their Quality Status", *Soil and a Tillage Research*, Vol. 60, No. 3/4, 2001, pp. 173 – 186.

William J. Baumol and Wallace E. Oates, *The Theory of Environmental Policy*, Oxford: Cambridge University Press, 1988, pp. 101 – 102.

John C. Bergstrom and B. L. Dillman et al. , "Public Environmental Amenity Benefits of Private Land: The Case of Prime Agricultural Land", *Southern Journal of Agricultural Economics*, No. 7, 1985.

M. Bunce, "Thirty Years of Farmland Preservation in North America: Discourses and Ideologies of a Movement", *Journal of Rural Studies*, Vol. 14, No. 2, 1998.

Wayne Caldwell and Claire Dodds Weir, "Rural Non – Farm Development and Ontario's Agricultural Industry", in Wayne Caldwell, Stew Hilts and Bronwynne Wilton, *Farmland Preservation—Land for Future Generations*, Canada: Library and Archives Canada Cataloguing in Publication, 2007, p. 229.

Tom Daniels and Deborah Bowers, *Holding Our Ground: Protecting America's Farms and Farmland*, Washington D. C. : Island Press, 1997, pp. 21, 23, 29 –30, 34 –35, 40 –57, 65, 76 –81, 87 –88, 92, 97 –98, 105 –106, 130, 136 –139, 144 –169, 171 –173, 176, 190, 215, 258.

Chengri Ding, "Land Policy Reform in China: Assessment and Prospects", *Land Use Policy*, No. 2, 2003.

J. Duke and R. Aull – Hyde, "Identifying Public Preferences for Land Preservation Using the Analytic Hierarchy Process", *Ecological Economics*, No. 42, 2002.

J. M. Duke and L. Lynch, "Farmland Retention Techniques: Property Rights Implications and Comparative Evaluation", *Land Econ*, Vol. 182, No. 2, 2006, pp. 189 –213.

Estimated by Extrapolation. According to The U. S. Census Bureau's Population Clock. http: //zh. wikipedia. org/wiki/% E7% BE% 8E% E5% 9B% BD% E4% BA% BA% E5% 8F% A3.

Faostat, Resources – Land (2011) http: //faostat3. fao. org/faostat – gateway/go/to/search/Canadian% 20farmland/E.

Tommy Firman, "Rural to Urban Land Conversion in Indonesia during Boom and Bust Periods", *Land Use Policy*, No. 1, 2000.

O. Furuseth, "Public attitudes toward local farmland", *Growth and Change*, No. 18, 1987.

B. D. Gardner, "The Economics of Agricultural Land Preservation", *American J of Agric Econ*, Vol. 59, No. 5, 1977, pp. 1027 – 1036.

J. Halstead, "Measuring non – market Demand Value of Massachusetts's Agricultural Land: a Case Study", *Journal of Northeastern Agricultural Economics Council*, Vol. 13, No. 1, 1984.

Homer Hoyt, *One Hundred Years of Land Values in Chicago*, Chicago : The University of Chicago Press, 1933; Arno Press & New York Time, 1970.

J. Kline and D. Wichelns, "Using Referendum Data to Characterize Public Support for Purchasing Development Rights to Farmland", *Land Economics*, Vol. 70, No. 2, 1994.

T. Lehman, *Public Values, Private Lands: Farmland Preservation Policy, 1933 – 1985*, Chapel Hill: The University of North Carolina Press, 1995.

Erik Lichtenberg and Chengri Ding, "Assessing farmland Protection Policy in China", *Land Use Policy*, Vol. 25, No. 1, 2008.

G. C. Lin and HO, S. P. S., "China's Land Resources and land use change: Insights from the 1996 Land Survey", *Land Use Policy*, No. 2, 2003.

Atcha, M., Patel, K., "Agriculture Land Conversion and Inheritance Tax in Japan", *Reviews of Urban & Regional Development Studies*, No. 2, 1999.

P. Samuelson, "Theoretical Problems on Trade Problems", *The Review of Economics and Statistics*, No. 9, 1969.

B. Schwarzwalder, "Compulsory Acquisition, in Legal Impediments to Effective Rural Land Relations in Eastern Europe and Central Asia", *World Bank Technical Paper*, No. 436, 1999.

Karen C. Seto and Robert K. Kaufmann, "Modeling the Drivers of Urban Land Use Change in the Pearl River Delta, China: Integrating Remote Sensing with Socioeconomic Data", *Land Economics*, Vol. 79, No. 1, 2003.

Mark W. Skinner, Kuhn, R. G. and Joseph, A. E., "Agricultural land Protection in China: A Case Study of Local Government in Zhejiang Province",

Land Use Policy, No. 2, 2001.

Kooten Van, *Land Resources Economics and Sustainable Development*, UBC Press, 1993.

Helin Zhang, "Study on the Construction of China's Unified Urban – rural Construction Land Market", *Journal of Landscape Research*, No. 6, 2014.

后　记

民以食为天，食以土为本。土地是生存之本、发展之基，关系各行各业，影响千秋万代。我国历来十分重视农地特别是耕地保护，先后制定了一系列重大方针、政策，一再强调要加强土地管理，切实保护农地，我国在保护农地特别是耕地方面付出了很大努力，取得一定成绩。然而，从多年的实践来看，我国耕地保护的效果并不理想，在快速的工业化、城镇化进程中不少地区农地保护问题日益突出，主要表现在两个方面：一是政府高昂的治理成本、农地资源大量损失、农地质量及利用效率低下、围绕农地的价格机制不健全等；二是失地农民呈几何级数增长、农民土地权益受损、农民纯收入增长的比例失衡等问题日益严峻。究其原因，除了源于我国快速城镇化、工业化用地刚性需求与土地供给二者之间的突出矛盾外，还与目前我国采取的以行政手段为主的土地配置、土地管理和农地保护制度安排的缺陷有关。所以，在坚持"十分珍惜、合理利用土地和切实保护耕地"基本国策下，与时俱进，探索完善和创新农地保护体制机制，以实现我国农地资源的有效保护和社会福利的最大化，是亟须研究解决的重大课题。

四年前，我申请的国家社科基金项目"我国农地资源保护的市场机制、发展路径与制度创新研究"有幸得到批准立项。经过四年的奋力攻坚和不懈努力，最终高质量完成课题研究计划目标，并顺利通过成果鉴定和完成课题结项。

本书是在我所完成的上述国家社科基金项目结项研究报告的基础上进一步修改、完善而成的，随着研究的深入，文稿得到较大完善，其核心观点和重点部分也更加突出。在即将付梓之际，谨向在调研、写作、修改和完善过程中，对本书给予热心帮助、支持和有贡献的人士致以诚挚的感谢。

感谢中国社会科学院党国英研究员、清华大学魏杰教授和蔡继明教授、北京天则经济研究所盛洪教授、南开大学郝寿义教授和王家庭副教授、中国人民大学付晓东教授、中央党校王天义教授、对外经贸大学王稳教授、中央民族大学梁积江教授，他们通过不同的方式给予本研究许多建设性的建议和有益的支持、帮助与提携。感谢本课题研究成果匿名评审鉴定专家的高度评价和提出的宝贵意义和建议，使本书得以大为增色和完善。

感谢美国芝加哥大学的诺贝尔经济学奖获得者 Professor Gary Stanley Becker 和 Professor Robert W. Fogel，以及 Professor George S. Tolley、Professor Sabina Shaikh 和 Professor Sherry Manick，我在该校的访学和合作研究中，他们给予我很大的支持和关照。在他们的帮助下，本书的第二章"农地资源保护基础理论研究"和第三章"典型国家和地区农地资源保护机制经验与借鉴"得以很好地完成，本书的研究思路和核心观点也受到了他们的学术思想启迪。

感谢郑州大学刘荣增教授、肖艳霞副教授、沈琼副教授等对本研究的积极参与和贡献。郑州大学商学院的硕士研究生赵明、何春、孙诗瑶、王歌、赵晓芳、闫东丽、刘奎娟、于一洋，在本研究的完成和本书的写作过程中做了大量的调查研究及基础性和技术性工作，在此表示衷心感谢。

感谢河南省国土资源厅张荣军总规划师、调控和监测处王文清处长和张世全副处长、耕地保护处陈治胜处长、规划处雷子平处长、土地利用处赵亚平处长、周口市国土资源局余纪云局长以及《资源导刊》杂志社主编袁可林先生和副主编郭文秀先生等。他们对本研究的资料查找、数据提供、实地调研和写作等给予了很大的支持和帮助。

本书的出版，得到了国家社科基金项目（10BJY072）的资助，得到郑州大学及商学院领导的关心和支持，得到商学院出版基金的资助。中国社会科学出版社经济与管理出版中心主任卢小生编审作为本书的责任编辑尽职尽责，他大量的辛勤劳动使本书得以顺利出版。在此一并向他们表示衷心的感谢。

谨将此书献给所有关心、指导、支持和帮助我的人！

鉴于农地资源保护机制问题的理论和现实的复杂性，本书的探索和完成的研究成果还是初步和阶段性的；由于受自身理论水平和时间精力所限，本书还存在这样或那样的不足，恳请同行专家学者和读者朋友们不吝指正，我将在今后的研究中不断地予以提高和完善。

张合林

2015 年 3 月 26 日

于郑州大学祥园